女孩心理成长枕边书

桂宾/编著

中国纺织出版社

内 容 提 要

成长中的女孩，总是好奇而又敏感，时而忧虑、时而悲伤，青春的懵懂和对未来的迷茫让女孩感到恐慌，怎样来排解内心的愁绪，安抚青春的躁动不安呢？

本书从心理的角度出发，为女孩解答内心的困惑，解除来自学校、家人和自身的烦恼，帮助女孩建立自信，找到属于自己的位置，让美丽的心情伴随女孩从青涩走向成熟，从平庸走向不凡！

图书在版编目（CIP）数据

女孩心理成长枕边书 / 桂宾编著. --北京：中国纺织出版社，2016.7（2024.7重印）
ISBN 978-7-5180-2657-9

Ⅰ.①女… Ⅱ.①桂… Ⅲ.①女性—青春期—心理健康—健康教育 Ⅳ.①G479

中国版本图书馆CIP数据核字（2016）第114929号

责任编辑：闫 星　　　　责任印制：储志伟

中国纺织出版社出版发行
地址：北京市朝阳区百子湾东里A407号楼 邮政编码：100124
销售电话：010—67004422 传真：010—87155801
http：//www.c-textilep.com
E-mail：faxing@c-textilep.com
中国纺织出版社天猫旗舰店
官方微博http://weibo.com/2119887771
永清县晔盛亚胶印有限公司印刷 各地新华书店经销
2016年7月第1版 2024年7月第8次印刷
开本：710×1000 1/16 印张：15
字数：185千字 定价：78.00元

在成长的道路上，每个女孩都曾经有过无数的困惑，当需要做出选择的时候，她们还会承受纠结的烦恼。在成长的过程中，女孩不但要面临生理的渐渐成熟，还会遭遇心理成熟过程中的烦恼与困惑。对于每一个女孩来说，有的问题她们会问自己最亲近的妈妈，但是，有的问题她们只能独自面对。这个时候，如果有那么一本书，能够深入她们的心灵、洞察她们的困惑，站在完全客观的角度上给出中肯的建议，那么，这本书不但是锦上添花，更是雪中送炭。

女孩的心理非常细腻，很多时候，妈妈可能无法站在客观的角度来解决女儿的困惑。人们常说，十指连心，女儿又岂止是连着妈妈的心呢，女儿简直是牵动着妈妈每一根敏感脆弱的神经。一位母亲，即使再坚强，一旦所面对的问题关系到她的宝贝女儿，理智的城墙瞬间就会崩溃。也因此，母亲同样需要这样一本书，来了解如何冷静地面度女儿青春期的诸多问题和百出的状况。当然，针对于这本书中罗列的成长困惑，收益最大的其实是父亲。父亲本身是男性，对女性的了解少之又少，尤其是对青春期少女的知识几乎为零。这本书能够很好地帮助全天下的父亲更好地了解青春期的女儿。有了这本书，当更年期撞上青春期，也不会混乱啦。

女孩们，归根结底，父母只能给你外界的援助。进入青春期的你，即将成为独立的成年人，所以，面对一切困惑和困扰，你终将只能依靠自身解决。生活从来不是一帆风顺的，所以人们才会说人生不如意十之八九。坦然面对这些坎坷和挫折吧，感恩它们的出现，让你更快地成长和成熟起来！

“我来自偶然，像一粒尘土，有谁看出我的脆弱；我来自何方，我情归何处，谁在下一刻呼唤我。天地虽宽，这条路却难走，我看遍这人间坎坷辛苦……”人生，本就是一趟艰难的旅程。在人生的路上，我们只有去路，没有回程。人生短暂，就像沧海一粟。在这短暂的一生之中，我们从无到有，从弱小到强大，从强壮到衰老，历经无数世事。唯有怀着一颗感恩和宽容的心，我们才能拥有宽容平和的心态，才能淡然从容地走完这一生。在我们生命中出现的一切，不管是好的还是坏的，不管是痛苦还是喜悦，都是生命对我们最珍贵的馈赠。珍惜这一切吧，是它们伴随我们成长。

感恩有你，心怀大爱！

编著者

2016 年 2 月

第01章　成长是一种探寻，面对未知你准备好了吗

第02章　抬起双眸向前看，你可能看到远方的自己

第03章　让勇敢成为动力，做梦想道路上的坚持者

第04章　不做娇弱的花朵，不畏泥泞大胆前行

第05章　从小培养好品质，品质铸就女孩完美人生

第06章　自我管理很重要，好习惯成就你的好未来

第07章　有知识也有智慧，做有能力有魄力的女孩

第08章 积极乐观笑声甜，做一个明媚秀丽的女孩

第09章 女孩正确爱美丽，接纳和欣赏现在的自己

第10章 情窦初开莫紧张，正视与男孩儿间的相处

第11章　洁身自好有分寸，绝不能与异性越界交往

第12章　助人即是助自己，做受人欢迎的善良女孩

第13章　相处是一门学问，社交与你想象的不一样

第 01 章

成长是一种探寻，面对未知你准备好了吗

成长，是每个人都需要面对的头等大事。不管我们是否愿意，我们总是这样无可抗拒地长大了。今天的你，回想十年前的你，或许是个呱呱坠地的婴儿，或许是个刚刚懵懂知事的孩童，都是那么弱小和无助。然而，时光荏苒，现在的你已经有了自己的思想和喜好，有了自己的梦想和追求，已经渐渐独立于父母的你，应该如何学会长大呢？面对无处可知的未来，你到底应该怎样面对呢？只有做好准备，我们才能无所畏惧。

每个女孩都是最独特的个体

每个女孩的心里都有一个公主梦，梦想着自己有一天能够成为真正的公主，过上高贵富足、优雅惬意的生活。随着渐渐长大，我们意识到自己不可能成为真正的公主，心里却依然有着强烈的渴望，希望自己长得漂亮、美丽，拥有很高的学识，成为人人羡慕的成功人士，有完美的事业和完美的家庭。的确，愿景永远是最美好的，且高于我们的现状。很多人通过努力，能够把愿景变成现实，也有些人只能不断地行走在实现愿景的漫漫长路上。对于那些心随所愿的人，我们总是非常仰慕，甚至有很多人还会模仿他们，希望以这样的方式找到成功的捷径。然而，你就是你，你永远也成为不了别人。在这个世界上，每个人都是不可复制的个体。

每个女孩都是一朵美丽的花，从鼓出花苞到渐渐绽放，需要漫长的过程，需要付出很多的努力与坚持。每个女孩都是最独特的个体，都是不可复制的，这种美丽得天独厚，发乎自然，绝不虚假和造作。所以，每个女孩都应该活出最真实的自己。唯有真实，才能搭配这种天然纯洁的美丽。

浩浩是一名初三学生，最近，她原本在班级里遥遥领先的成绩一落千丈，变成了中等生。对此，妈妈非常担心，毕竟高考迫在眉睫，已经没有时间蹉跎了。为了了解浩浩的心理，妈妈特意读了很多关于青春期少女的书籍，还咨询了心理老师。通过和浩浩的一番深谈，妈妈终于知道了浩浩的苦恼。原来，浩浩进入青春期之后，一直觉得自己太矮了。最近，她们班里很多女孩都喜欢学校篮

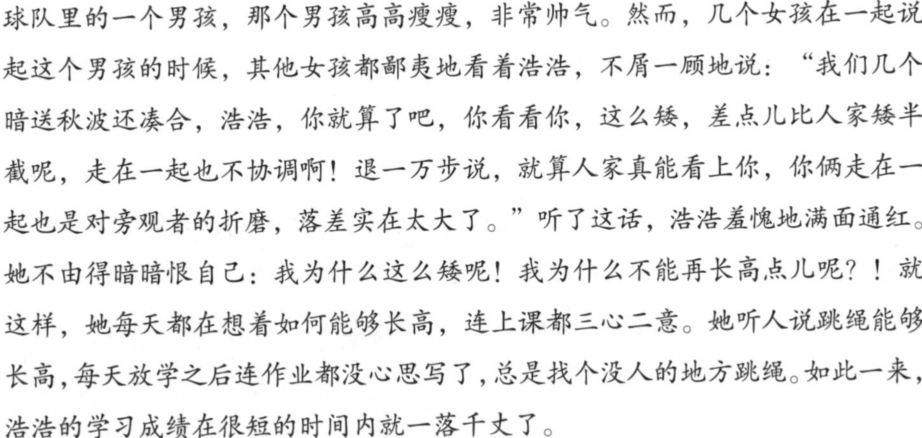

球队里的一个男孩，那个男孩高高瘦瘦，非常帅气。然而，几个女孩在一起说起这个男孩的时候，其他女孩都鄙夷地看着浩浩，不屑一顾地说：“我们几个暗送秋波还凑合，浩浩，你就算了吧，你看看你，这么矮，差点儿比人家矮半截呢，走在一起也不协调啊！退一万步说，就算人家真能看上你，你俩走在一起也是对旁观者的折磨，落差实在太大了。”听了这话，浩浩羞愧地满面通红。她不由得暗暗恨自己：我为什么这么矮呢！我为什么不能再长高点儿呢？！就这样，她每天都在想着如何能够长高，连上课都三心二意。她听人说跳绳能够长高，每天放学之后连作业都没心思写了，总是找个没人的地方跳绳。如此一来，浩浩的学习成绩在很短的时间内就一落千丈了。

知道浩浩的心思后，妈妈给浩浩订了牛奶，并且找出相关的科学文献，向浩浩证实喝牛奶的确有助于长高。后来，妈妈还特意带着浩浩看了心理医生。心理医生开导浩浩：“浩浩，个高有高的好处，身材娇小也有娇小的好处。你现在的当务之急是好好学习，只有充实自己，让自己掌握真本事，你才可能变得真正强大。你知道吗？真正的强大不是身体上的强大，而且精神上的强大。我再告诉你吧，其实，你看看我，身材也很矮小，但是我老公足足有一米八五呢！你知道嘛，他说他就是喜欢身材娇小的女生。所以，你完全不用担心自己以后能不能找到又高又帅的男朋友，而应该相信这个世界上肯定有一个深爱你的人正在某个地方等着你！你只要做好你自己，他就一定会出现。”说完，心理医生还把自己的婚纱照找出来给浩浩看了看。

听了心理医生的话，浩浩心理舒服多了。她不再顾虑自己的身高，而是每天都全心全意地学习。她知道，如果自己有能力考上好的大学，找到一份好工作，又高又帅的男朋友就一定会主动追求她的。浩浩重新变得乐观开朗，她虽然跑步不占优势，但是游泳却是班里最好的。她依然和其他女生在学习之余去给篮球队当啦啦队，因为她知道，她丝毫不比其他女生差。她，只需要做好自己。

每个女孩都有优势和劣势，每个女孩的劣势都完全不同。其实，所谓的劣势并非是绝对的劣势，而只是相对而言。就像事例中的浩浩，虽然因为腿长的局限，在跑步上不占优势，但是她却很擅长游泳，是班级里游泳最出色的。相信有很多女孩都和浩浩一样，对自己的某些方面不太满意，甚至因此而担心会不会有人喜欢自己。其实，每个人的欣赏眼光是不一样的，所以每个人喜欢的人或者物也不一样。遇到这样的情况，最好的办法不是盲目地改变、徒劳地悲伤，而是鼓起勇气，做最好的自己。

作为女孩子，一定要有自信，要相信自己的优秀和独特。东施效颦只会惹人发笑，只有个性独立、有特点的女孩子，才能发挥自己的天然优势，让自己变得更受欢迎。你，就是你，无需改变，无需逢迎。你，只需要做最好的自己。

学会独自面对，才能真正成长

每个人从呱呱坠地开始，就在父母的疼爱和呵护下长大。当我们还是小婴儿的时候，还不会说话、不会用语言表达自己的心意，所以我们只能哭或者笑。即便是如此简单的语言，父母也能从我们声调的变化中体察我们的内心，饿了喂我们吃饭，渴了给我们喝水，拉了尿了，还要洗洗刷刷。有的时候，我们觉得身体不舒服，父母也会根据我们的哭声猜测，帮助我们减轻痛苦。那个时候，父母最喜欢看到我们的笑容，那说明我们没有任何地方是不舒适的。后来，我们渐渐长大，在父母的保护下，我们第一次独立行走。虽然磕磕碰碰，但是始终有父母的陪伴。每个人都有无数的第一次、第一次吃饭、第一次说话、第一次独立行走、第一次独立面对黑暗、第一次上学、第一次唱歌、第一次跳舞……这些第一次，莫不浸透了父母的心血。随着这些第一次的到来，我们从完全依赖父母，到逐渐脱离父母，直至彻底脱离父母。虽然父母很爱我们，恨不得代替我们尝尽生活一切的苦楚，而把所有的甘甜留给我们，但是，他们终究无法取代我们。生活中的很多困难和坎坷，我们必须独自去面对。例如，第一次考

试失败、第一次遭到误解、第一次离开家远行、第一次在工作中遇到挫折……人生之中，还有很多的第一次，都是爱子爱女心切的父母无法取代的。很多事情，我们只有亲自去经历，才会获得成长。成长，终究要摆脱父母的羽翼，逼迫我们独自面对。

在成长的过程中，我们需要面对的事情有很多。有人说，人生就是不断接受改变的过程，我想说，人生就是在接受改变的过程中不断成长。我们积累的经验不断地被颠覆，随着阅历的丰富，我们才能真正成长起来。我们必须独自面对改变，几年前，有大学生背着需要照顾的父母去读大学，却很少听说父母因为孩子离不开自己的照顾而陪伴着去读大学。归根结底，父母也知道成长无法取代。就像鸟儿终究要脱离鸟妈妈的羽翼，我们也一样要脱离父母的照顾，独自经历风雨。在生活中，大多数女孩都会得到比男孩更多的母爱和父爱，那是因为父母觉得应该多多疼爱较弱的女儿。然而，一旦步入社会，没有人会因为你是女孩而特殊优待你，因为社会上的每个人都是平等的。如今，还有很多用人单位在招聘的时候存在性别歧视，也有很多女性朋友愤愤不平。其实，要想得到公正的待遇很简单，那就是展示自己的能力给别人看。现代社会，男女平等，不管是在生活中还是在学习上，亦或是在工作中，女孩都要努力拼搏，才能展示最佳实力的自己。尤其是女孩子，成长之后有很多问题都需要独立面对，所以应该从小培养自己的独立能力。对于成长过程中遇到的问题，在求助于师长父母和伙伴的同时，也应该学会独自面对，快快长大。

浩浩最近特别苦恼，原因是她的好朋友冷落了她。原来，浩浩和锦川是同桌，又是好朋友。她们俩每天一起上学，一起放学，每到周末还会一起去游玩，好得就像一个人似的。但是，最近锦川突然和珍珍的关系近了起来。看到锦川天天和珍珍同进同出，孤单的浩浩心里很难受。有的时候，她也会和锦川、珍珍一起玩耍。然而，看到锦川和珍珍走得近，她渐渐地就疏远了她们。

有一天，浩浩按捺不住，问锦川：“锦川，为什么你最近不和我当好朋友了呢？”锦川纳闷地说：“没有啊，我觉得咱们还和以前一样啊！”浩浩撇撇嘴，委屈地说：“你现在和珍珍是好朋友，你已经很久都不理我了！”锦川笑着说：

“浩浩，你可想多了啊。我和你、珍珍都是好朋友。我觉得，之前咱们两个人一起玩太寂寞了，现在多好，珍珍也和咱们一起玩，三个人多么热闹啊！”浩浩听了锦川的话，失望地说：“好朋友怎么能有三个人呢？三个人在一起，肯定会有远有近的。以前，我们两个人一起玩多好。我们总是形影不离，连老师都知道我们是好朋友呢！”

浩浩把自己的苦恼告诉了妈妈，妈妈想的也和锦川一样，觉得朋友越多越好，浩浩还是不理解。妈妈苦口婆心地说：“浩浩，朋友之间应该包容。虽然你觉得两个人当好朋友最好，但是锦川也有权利选择自己的朋友。锦川既想和你当朋友，也想和珍珍当朋友，你就应该尊重她。你不能因为锦川和珍珍也成了朋友，就不理锦川，否则你就一个朋友也没有了。你知道吗，人生的很多快乐都是从朋友那里得到的。妈妈觉得，你也可以寻找更多的好朋友加入你们的队伍，这样你一定会更加快乐。”

浩浩郁郁寡欢好几天，终于想明白了这件事情。如今的浩浩，不但和锦川、珍珍是好朋友，还结交了好几个朋友呢。她现在常常说：“朋友不是占有，而是分享。分享可以让快乐成倍增加！”

事例中的浩浩已经喜欢了和锦川形影不离的日子，所以当锦川和珍珍也成为好朋友后，她的心里变得很排斥。这是一种自私的表现，友谊是分享，而不是独享。在和锦川沟通之后，妈妈也很好地开导了她。她在寻求帮助之后，有几天时间一直早独自面对这个问题，让自己变得更加包容和友爱，最终接受了珍珍。成长之后的浩浩，后来也结交了好几个朋友，让她好朋友的队伍越来越壮大，她一定感受到了快乐。

在浩浩遇到问题的时候，虽然锦川和妈妈都给予了一定的理解和宽慰，然而，最终还是需要浩浩独自去面对这个问题。最终，浩浩想明白了，也获得了成长。女孩们，在你成长的过程中，是不是也时常遇到困惑和不解呢？身边的亲人朋友，即使是和我们毫无嫌隙的妈妈，虽然都可以开导我们，但是最终想明白一个问题，还是要靠我们自身的努力。所以，当遇到问题的时候，一定要及时开解自己！

把坚强变成女孩的本色

生活中，娇滴滴的女孩非常常见，她们动不动就大惊小怪、大呼小叫，好像已经被吓破了胆。也许有很多女孩觉得这样才能表现女性的柔美，其实，现代社会中的优秀女性都是刚柔并济的，而不是软弱的和不堪一击的。试想，我们的妈妈每天不但要工作，还要操持家庭，很多时候爸爸不在家，妈妈甚至要独自扛起煤气罐和几十斤重的米面粮油。如果妈妈和我们一样娇滴滴的，摘菜的时候看到虫子就大喊大叫，切菜的时候不小心切掉一块指甲就嚎啕大哭，遇到男主人不在家的时候就任由家里没火做饭，那么，妈妈还怎么照顾我们照顾家庭呢？现在的女孩，早晚有一天也会变成妈妈。如果在成长的过程中就弱不禁风，长大以后更不可能扛起生活的重担，不可能和未来的另一半一起为家撑起晴空。我们应该颠覆女孩柔弱的观念，现代社会，各种女汉子层出不穷，职场上更是有至少半数都是女强人。要想顺应时代的潮流，我们就应该改变心态，虽然不要时时刻刻都像女汉子，至少应该在需要的时候撑起半边天。

人们常说，人生不如意十有八九。面对生活的坎坷和挫折，每个人都应该学会坚强。尤其是女孩子，更要坚强。也许有人会说，女孩子生来是被保护的，不需要坚强。这话完全说错了。正因为是女孩子，才更需要坚强。向来，女性都被视为社会的弱势群体。遇到绅士，绅士会礼让和照顾女性。如果遇到心术不正的人，他们只会欺负弱者。所以，一旦女孩的名字变为弱者，就会受到很多坏人的欺负。既然如此，我们为什么还要伪装脆弱呢？即使真的脆弱，也要逼得自己坚强起来。坚强的女孩全都自立自强，也因此而备受尊重。如果把坚强变成本色，女孩的生存空间就会更加广阔。

小学升初中的考试，倩倩失利了。原本，以她的能力，完全可以考进县重点中学。也许是因为考试的时候身体不舒服，倩倩发挥得很不好，最终以两分之差，与重点中学失之交臂。这两分，在当时重点中学的录取条件下，需要缴纳两万元赞助费才能弥补。原本，父母准备拿出省吃俭用的两万块钱，把倩倩送到重点中学。然而，倩倩很懂事，她说："爸爸，妈妈，没关系，我就去二中读书吧。二中虽然没有重点中学好，但是只要我认真学习，我相信老师的教学水平都是一样的。能不能考上好高中好大学，最重要的还是在于我自己。你们放心吧，我一定好好学习，不会让你们失望的。"爸爸一心地想要花钱把倩倩送入重点中学，倩倩却很执拗，坚决不浪费父母的钱。就这样，她进了二中。

读初中之后，倩倩的学习成绩在班级里遥遥领先。虽然很多考试不如她的同学都花钱进了重点中学，但是倩倩非常坦然。她很坚强，没有觉得在那些同学面前抬不起头，相反，她总是说："人生的路都是自己走出来的。我没考好也不丢人，后面好好学习，等到高考的时候扭转局势就好。"初中三年，倩倩一天都没有放松。她每天都早早起床读书，晚上下了晚自习，还要学习很晚才入睡。转眼之间，倩倩读初三了。在一次模拟考试中，倩倩再次失利，虽然在全年级都名列前茅，但是却距离终点高中的分数线相差十几分。她毫不气馁，越挫越勇。初三的最后三个月，她几乎每天都只睡几个小时。即使父母催促她早点儿休息，她也坚持学习。她对父母说："爸爸妈妈，你们先睡吧。我年纪小，正是应该吃苦的时候。辛苦三个月，也许就能幸福一辈子呢！"听到倩倩的话，父母欣慰地笑了。

中考，倩倩金榜题名，顺利考入重点高中。直到此刻，倩倩心里才真正松了一口气，她如释重负地对父母说："爸爸妈妈，今天我真开心。三年前考试失误的错误，直到今天，我才弥补。让你们等得太久了，你们放心吧！"有这样的女儿，父母乐得合不拢嘴。他们最高兴的不是倩倩顺利考入重点高中，而是倩倩的努力拼搏和有担当。他们相信，这么坚强的女儿，即使遇到更大的风雨，也一定能坦然面对。

事例中的倩倩让人非常敬佩。三年的时间，正是青春年少的时候，原本可以度过美好的少年时光，倩倩却一直坚强地背负起自己的责任，直到顺利考入重点高中，她才总算觉得对含辛茹苦的父母有了交代。人生就是这样，每个阶段都有需要背负的责任。面对这些不如意的事情，你是选择逃避，还是选择像倩倩一样坚强面对？逃避的后果可想而知，如果一味地沉沦，倩倩的人生肯定会发生重大的转折。幸运的是，她没有在这个弯道上迷失自己，而是通过努力，再次获得自信，获得拼搏的资本。

最近热播的电视剧《俺娘田小草》中的田小草，也是一个非常值得敬佩的女人。小草没有妈妈，弟弟从小生病，爸爸还是个赌棍。小草从小就是家里的顶梁柱，照顾弟弟，还要看着爸爸不去赌博。后来，她的丈夫去世，小叔子也因为抗洪救灾去世，她一个人，不但要照顾婆婆，还要照顾两个年幼的孩子，同时也要惦记孤单的爸爸。即便如此，小草从未抱怨，总是尽心尽力地伺候婆婆。在没有多余钱的情况下，她把小叔子家的孩子送去读书，让自己的孩子干农活。这样的一个女人，让人油然而生敬佩之心。如果每个人都能像小草一样坚强，人生的路上，还有什么坎是迈不过去的呢！

优秀的自我管理能力让女孩与众不同

人人都知道，这个世界上没有绝对的自由。即便如此，人们还是崇尚自由。正因为如此，世界上就有了永远的不可调和之矛盾，即规章制度和人的自由之间的矛盾。其实，一个人要想真正把自己管理好，只靠规章制度是远远不够的。因为所有的规章制度都是被动地接受，而人对于被动接受的东西有着天生的抵触心理。要想把自己管理好，最好的办法就是自我管理。所谓自我管理，顾名思义就是自己对自己的管理。这样的管理也有一些尺度，区别在于这些尺度是你自己制定的。试想，谁会去大张旗鼓地推翻自己曾经耗费心力制定的制度呢？如此一来，不可调和之矛盾就不存在了。要想实现良好的自我管理，需要靠的

就是坚强的毅力。人们常说，有志者立长志，无志者常立志。很多人在制定自我管理的规范之后，也许连一天都执行不下去，就宣告作废。自我管理，最重要的就是要有长性。很多事情，做一次并不值得称赞，也没有多大的难度，但是天长日久地坚持下去，就会有意想不到的效果。很多伟大的人之所以伟大，就是因为他们有着优秀的自我管理能力，所以才变得与众不同。

举个最简单的例子，对于很多学龄孩子来说，早晨起床是一件很艰难的事情。很多孩子都会规定自己早晨六点起床晨读，然而，第二天早晨就睡到七点半才起床。这样的事情，相信很多女孩也都经历过。也许有些女孩在看到这里的时候，正捂着嘴巴窃笑呢！其实，这是人性的弱点。所谓管理，就是帮助我们战胜这些弱点。我们可以允许自己每周有一天或者两天睡懒觉，但是不能允许自己天天睡懒觉。生活如果一直都是休息，也就无所谓休息了，而是颓废。所以，生活应该是张弛有度、劳逸结合的。就像是糖，吃得多了也就不觉得甜了，必须是很长时间吃一块，才觉得甜蜜。生活的感觉是比较而来的，正是因为有比较，才有酸甜苦辣的区别。言归正传，再说说自我管理。在自我管理的时候，首先要相信自己有自我管理的能力。自信的人总是有着与众不同的魅力，只有自信的人，才能管好自己。如果一个人在自我管理的时候自己都怀疑自己能不能遵守或者坚持，那么他一定无法坚持下去。唯独有着坚定的信念，相信自己一定能够管理好自己，才能坚定不移地执行自我管理的规定，真正管好自己。

还有很多女孩依赖性很强，总觉得自己需要靠父母、学校的管理。其实，唯有成为自己的主人，才能主宰自己的人生。换言之，要想成为命运的主宰，就首先要管理好自己。很多事情，我们无法永远依靠别人。早日的独立，是为未来的人生之路打基础。纵观历史长河，大多数成功人士，都是自我管理能力很强的人。女孩要自立，首先从自我规划、自我管理做起。

美国著名科学家爱迪生曾经说过：“工作就是我的人生哲学。为了造福人类，我一定要揭示大自然的秘密。人生短暂，据我所知，以这样的方式服务人类是最好的。”自从立下远大的理想之后，爱迪生的一生都奉行这条原则。爱迪生自幼家贫，虽然他只上了三个月的学就辍学了，但是他从未放弃过学习。他每

天都要挤出时间自学，每天都只睡几个小时，最终在三十岁时发明了留声机。两年之后，爱迪生为整个世界带来了光明，从此，他发明的电灯造福于千家万户。为了发明电灯，他进行了为期数年的实验，尝试了一千多种材料，才找到合适的灯丝。如果没有超强的自我管理能力，他是无法成就卓越的。

读小学期间，浩浩是个自我管理能力很差的孩子。每天早晨，她都要在妈妈接二连三地催促声中才能起床，起床之后又因为困倦，磨磨蹭蹭，所以经常迟到。后来，妈妈想出一个办法，最终让浩浩变成了一个自我管理能力很强的孩子。原来，之前是妈妈为浩浩制定起床的时间。因此，浩浩总是觉得起床太早，很排斥起床。后来，妈妈让浩浩自己制定起床时间，并且承诺在自己制定起床时间的情况下，绝对不磨蹭、不迟到。浩浩很兴奋，当晚就把妈妈制定的六点半起床改为六点五十起床。第二天，闹铃一响，她一骨碌就爬起来了。起床之后，的确非常迅速地洗漱吃饭，和之前一样七点半准时到校。然而，如此三天之后，浩浩又开始赖床。这个时候，妈妈拿出浩浩自己下的军令状："六点五十准时起床，坚决不迟到。如果再迟到，就没收三个月的零花钱。"看到军令状，睡眼迷蒙的浩浩强打精神，穿衣起床。就这样，在坚持了一个多月之后，浩浩已然形成了生物钟，每天一到六点五十就自动醒来，再也不觉得起床难了。

后来，妈妈又用这种方法让浩浩制订了很多自我管理的条例，实行效果都很好。渐渐地，浩浩学会了自我管理，再也不用妈妈操心啦。

全世界的人都知道爱迪生，因为他给人们带来了光明。在那个年代，很难想象只上过三个月学的爱迪生是如何实现自学，又是如何成为一个大发明家的。唯一确定的是，他一定有着超强的自我管理能力，所以才能坚持不懈地学习，坚持不懈地寻找制作灯丝的材料。在第二个事例中，妈妈很聪明。她知道浩浩潜意识里很抵触妈妈制定的作息制度，所以给浩浩自主权，让浩浩自己制定作息制度，并且还让浩浩立下军令状，以督促浩浩坚决执行自己的自我管理制度。其实，很多事情一旦坚持一段时间就不成为难题了，浩浩在坚持一段时间之后形成了生物钟，起床再也不困难。

生活中，我们也可以用这种方法进行自我管理。当然，我们也要像浩浩一

样相信自己一定能够坚决执行自我管理的方案，并且将其变成一种习惯。人们常说，性格决定命运，其实，习惯在很大程度上决定了我们的人生。好的习惯，能够成就我们的人生；良好的自我管理能力，能帮我们养成好习惯、帮我们走上成功之路。

拥有充实的人生，才能给予自己安全感

生活中，几乎每个人都需要安全感。有安全感的人面色平和，内心是沉稳的，不会惊慌失措。与此相反，没有安全感的人则如丧家之犬，总是觉得自己生活在岌岌可危的楼房里。有安全感的人对人往往比较和善宽容，相比之下，没有安全感的人则总是对人心怀戒备，觉得大家都在陷害他，想占他的便宜，导致人际关系也非常恶劣。由此可见，有没有安全感对我们的生活非常重要。安全感，不仅仅是对我们的内心，也同样针对我们的生活。自古以来，安全感似乎是女性的专用名词。很少听到男性说需要安全感或者没有安全感，而大多数女性都说过自己缺乏安全感或者需要安全感。那么，安全感到底来自哪里呢？其实，安全感不是别人给我们的，而是我们自己给自己的。人人都想要更好更完满的生活，然而，这份生活别人并不能给予我们，而是要我们自己凭借双手去创造，凭实力去拼搏。对于现代的女孩来说，安全感来源于自身的实力。不管你是在学校里，还是在社会上，安全感都源于你的努力。天上不会平白无故地掉馅饼，没有人能够不劳而获。要想创造美好的生活，就必须不遗余力地去努力。今天的奋斗，是为了明日潇洒地生活。女孩，再也不要抱怨没有安全感，因为那是在抱怨自己。与其抱怨自己，不如奋起拼搏，打造一个美好的明天。

生活总是会遇到波折，不管遭遇多少坎坷，我们也应该迎难而上，战胜困

难，摆脱困境。妥协永远都是最于事无补的一种方式，妥协几乎是放弃的同义词。试想，如果你这次考试失利，那么你是放弃，还是努力？放弃，只能让你下次的成绩更加下降，唯有继续努力，你才能在下一次的考试中取得更好的成绩。人们常说，人生如戏，戏如人生。其实，生活中的很多事情都是人生的缩小版，期间的道理都是相通的。女孩想要获得的安全感有很多方面，包括身体上的和精神上的。笔者一向以为，女孩子学些防身术是有利无弊的。没有几个女孩家境厚实，能够雇佣保姆保护自己。学几招防身术之后，不但可以强身健体，还能防御坏人的攻击。当然，防患于未然的办法是要有自我保护的意识。很多事情，在没有发生的时候防止，比发生之后补救更好。这里说的是身体上的安全感。其次，是精神上的安全感。古人说，女子无才便是德。这句话已经完全不适应现代社会。人活着，总要有价值。现代社会，妇女已经从家庭生活中解放出来，和男人一样步入社会，创造社会价值。所以，女性要想得到社会地位，就要提升自己的能力，找到属于自己的一片天地。虽然经济基础决定上层建筑的话未必正确，但却有一定的道理。女性，应该从精神上武装自己，过充实而有意义的生活，才会有安全感。对于女孩来说，要抓住青春时期的大好时光，加大力度给自己充电，多多读书，提升自己的素质，提高自己的能力。如此一来，还愁找不到用武之地吗？拥有充实的人生，才能给予自己安全感。记住，缺乏安全感永远是和空虚相连的。

楠楠读初中了，学习成绩很不好。远在广州打工的妈妈给她打来电话，和她谈心。妈妈说："楠楠，你要好好学习啊。只有学好文化，考上好大学，你才能飞上枝头变凤凰。如果不好好学习，以后也和我一样出来打工，那你一辈子也不会幸福的。"楠楠丝毫不理解妈妈的苦心，而是哭着说："你让我好好学习？我长这么大了，你在哪里呢？你从来没有关心过我，也不关心我的学习。别的同学都有爸爸妈妈的疼爱，我呢，我只有爷爷奶奶。你没有资格要求我好好学习，我的生活里从来没有温暖，我一点儿安全感都没有。"听到楠楠的哭声，妈妈伤心地说："楠楠，我和你爸爸在外面打工，就是为了你们啊。"楠楠不理解，依然喊道："别人的爸爸妈妈为什么能在家，你为什么不能在家？你知

道吗，没有你和爸爸在家，我一点儿安全感都没有。”听了楠楠的话，妈妈沉默了。

晚上，奶奶来到学校，告诉楠楠：“楠楠，你说的话太让你妈妈伤心了，她打电话给我哭了整整一下午。你知道吗？你妈妈每天工作很辛苦，为了多挣些钱，她常常加班，每天都要工作十几个小时。楠楠，你已经长大了，你应该学会独立。你爸爸小的时候，我和你爷爷出去打工，他连做饭都要自己做。你呢，虽然爸爸妈妈不在身边，但是好歹还有爷爷奶奶照顾你。你知道么，你爸爸小学三年级就会做饭啦！”奶奶的话让楠楠陷入了沉思。其实，和妈妈吼过之后她也很后悔。她知道，自己长大了，应该自立了。她应该成长为爷爷奶奶的依靠，而不是一个只会和妈妈哭泣的小女孩。第二天，她打电话给妈妈道歉，还对妈妈说：“妈妈，放心吧，我长大了，我自己能给自己安全感。只要我处处留心，我就一定能够保护自己和爷爷奶奶。学习上我也会用心的，我知道，即使你和爸爸在家，也无法代替我学习。妈妈，我一定不会让你们失望的！”

故事中的楠楠，很羡慕同学们能够有父母陪伴在身边，因而心里常常缺乏安全感。其实，对于初中的少女来说，有很多事情都应该可以自力更生了。爸爸妈妈托付爷爷奶奶照顾楠楠，实际上，坚强独立的楠楠完全有能力照顾爷爷奶奶了。如今，有很多父母因为工作的原因，不能陪伴在孩子身边，伴随孩子长大。虽然有人说这样的缺位是不好的，然而，离开父母早的孩子，往往更加自立自强，也更有主见。他们就像小大人一样，完全不需要依靠父母，自己就能给自己很大的安全感，能料理生活的方方面面。

其实，即便是生养我们的父母，也不可能永远陪伴在我们身边。所以，我们唯有自立自强，掌握自己的命运，才能走上成功之路。不管什么时候，我们都要给予自己安全感，因为没有任何人是能够让你一辈子依靠的。女孩，加油，你一定行！

成长，就是哭过之后笑着面对

在追寻梦想的路上，每个人都会遭受困难和挫折。面对这些不期而至的坎坷，有的人能够坦然面对、百折不挠，有的人却黯然放弃、绕道前行，更有甚者，一遇到困难就知难而退了。毋庸置疑，没有任何成功者是知难而退的，相反，每一个成功者必然都是迎难而上的。在成长的路上，我们遭受的磨难更多。因为青春年少，我们不懂的东西很多，需要学习的更多。所以，每个年轻人都在人生之路上摸索着前行。最终能够走向成功的，是那些即便碰得头破血流也不曾放弃的人。在生活中，很多孩子都抱怨学习压力大，读书伤脑筋。其实，人的脑袋是越用越灵活的，不用才会渐渐生锈。在少年时期，正是我们长身体、发展智力的最佳时期，只有好好学习，才能为人生的未来之路打下坚实的基础。同样的，除了学习之外，我们还要树立正确的人生观、价值观，为自己的人生指引方向。在成长的过程中，很多小伙伴都曾经哭过、笑过。

和男孩相比，女孩往往更加脆弱。在青春期，女孩更容易受到伤害。她们的心灵一不小心就会遭受挫折，产生挫败感。其实，现代社会要求女孩也变得坚强，既然如此，就让成长成为一个含泪的笑吧。虽然有过痛苦、有过失败、有过挫折、有过磨难，但是最终还是微笑着长大。

晓娜是一名六年级学生，非常擅长写作文。有一次，学校派她参加县里的作文比赛，原本，晓娜是胜券在握的。然而，因为一个错别字，她屈居第二。对此，晓娜非常伤心。她懊悔地说："这个字我本来是会写的，就因为粗心，多写了一笔。"老师安慰晓娜："晓娜，没关系，你已经表现得很好了。错别字的情况虽然的确不应该出现，但是，对你以后也是有好处的。老师相信，你以后一定不会再轻易写错别字了，对吧？"听了老师的话，晓娜伤心地哭了起来。她一边哭一边说："老师，我怎么会再写错别字呢？不会写的字，即使用其他词

语代替，我也不会冒险写出来了。这次的错别字付出的代价太大了，我真的非常后悔。”老师拍拍晓娜的肩膀，笑着对晓娜说：“晓娜，这就是成长啊。进步，总是在犯错之后。所以，你哭也哭过了，接下来就擦干眼泪，笑着面对以后的比赛吧！”晓娜点了点头。

在我们成长的过程中，总会伴随着各种不如意。晓娜是一个非常平凡的女孩，但是她也有自己成长的烦恼。因为一个错别字，让她失去了第一名。在哭过之后，她的成长一定更快。

没有任何人的成长是一帆风顺的，成长中遭受磨难是正常的。我们只有擦干泪水，勇往直前，才能守得云开见月明。女孩们，你做好准备了吗？成长，是每个人都必须面对的。

人生不是复制，而是创新

在这个世界上，绝没有两片完全相同的叶子，也没有两个完全相同的人。也许有人会说，双胞胎就长得一模一样。其实，双胞胎的相貌也并非完全相同的，更何况是脾气秉性呢？也正因为如此，世界上就有了很多完全不同的人生。人生的轨道也许相似，但是绝不会相同。人们常常说，性格决定命运，习惯成就人生。世界上的每个人脾气秉性都完全不同，所以，人生也就不同。即便是刻意模仿，也不可复制。换个角度来说，如果每个人的人生都是一样的，那么生活还能五彩斑斓吗？生活之所以多姿多彩，就是因为每个人的人生都与众不同。我们活着，既是自己故事的主角，也是别人眼中的故事，更是别人故事的看客。在生活中，很多人喜欢看名人传记，想从名人的经历中提炼出成功的捷径。看

得越多，他们就会发现，成功没有捷径，人生不可复制。所以，要想走出属于自己的人生之路，我们就需要创新。

很多孩子都喜欢看名人故事，尤其是女孩，天生浪漫爱幻想，总是想象着自己也能和很多女强人一样叱诧风云，或者和女明星一样光鲜亮丽。然而，单纯地模仿无法成就她们的梦想。即使你再风情万种，你也不及奥黛丽赫本；即使你再擅长做科学，你也未必能够成为居里夫人；即使你终日浓妆艳抹，你也变不成大明星……女孩们，要知道，每个人都有属于自己的人生，你也是。前文我们就曾说过，你就是你，你要成为真实的自己，因为只有真实的你才是最好的自己。现在，我们依然要说，不要模仿。即使是身边人的优秀，你也只能汲取她的经验变为自己所用，而不能单纯地模仿。古人讲究天时地利人和，我们虽然没有如此大的格局，但是每个人的成功也都是有小环境的。你各个方面都与人不同，怎么可能仅靠模仿别人就获得成功呢？

从创新的角度来说，唯有创新，才能走出新天地。很多人都知道，金点子之所以叫金点子，是因为稀缺和创新。一个办法再怎么好，如果满大街人尽皆知，那么这个办法就无法像预期一样取得最好的效果。举例而言，一个人想卖集市上没有的望远镜，后来，大家都觉得卖望远镜能挣钱，都去卖望远镜，那么生意还能好吗？经历过高考的人都知道，很多专业报考当年热门的那个专业，毕业的时候就不热门了。与此相反，报考的时候是冷门的专业，也有可能在几年之后变成热门。所以，做事情千万不要盲目跟风，而要有自己的主见。

小小中考没有考上重点高中，而是考上了师范。对此，爸爸建议她向隔壁的娜娜学习。娜娜当时也是没有考上重点高中，后来复读了一年才考上的。对此，小小有自己的主见。她对爸爸说："爸爸，我不想复读了。我虽然文科好，但是理科不好。如果复读，即便能考上高中，估计数理化也会在高考的时候拖后腿。我准备去读师范。"爸爸坚决反对，说："读师范怎么行呢？现在，大专生找工作都不好找，最起码也要读个本科啊！"小小认真地对爸爸说："爸爸，我可以一边读大专，一边自学本科。或者，我可以读完大专再考个本科，我都打听了，师范学校每年都有保送名额呢！"

虽然爸爸再三说服小小复读，小小却坚持去读师范院校。果然，小小毕业后被学校保送去读本科，最终回校任教。看到女儿变成了大学老师，爸爸高兴得合不拢嘴。

事例中，小小非常有主见。现在，大城市里很多名牌大学生找工作都未必好找。机灵的小小拐着弯、绕着道，把自己变成了大学老师。对于女孩子来说，最重要的不是多么成功，而是要找到属于自己的成功之路。别人的成功终究是别人的，盲目模仿只会落得东施效颦的下场，只有属于自己的道路，才能助你最终走向成功。

坦然面对从女孩到少女的蜕变

十几岁的少女，正值青春发育期，不管是生理还是心理，都处在快速发育之中。对于很多女孩子来说，生理上的变化是最让她们难堪的。其实，生长发育是自然的生理现象，我们应该正确面对，没有什么不好意思的。下面，就让我们一起来了解青春发育的自然规律，只有掌握这些规律，你才能坦然面对自己身体的变化，满怀喜悦地迎接自己从女孩到少女的蜕变。

从生理的角度来说，青春发育期是一个过渡时期。孩子经历童年期之后，经过青春发育期，进入成年期。胎儿时期，内外生殖器官就已经具备，不过，在幼童时期，这些器官处于静止状态。到了青春发育期，它们才会快速成长，直至成熟。在这个阶段，女孩不但要面临生理方面的巨大改变，心理也会随之改变。

在 9 ~ 12 岁之间，大多数女孩的第二性征开始发育。她们原本平坦的胸

部渐渐隆起，就像小小的馒头。这个时候，很多女孩非常羞涩，会穿紧身衣，把胸部裹起来。其实，这样对于胸部的发展是非常不利的。正确的做法是穿松紧适度的胸衣，给胸部一定的托举，让其更好地成长。与此同时，女孩们的腋窝和外阴也开始生长毛发，由稀疏渐渐变得浓密。很多女孩为了爱美，会把腋窝的毛发剃光。这样做会损伤毛囊，不利于身体挥发汗液。这个时期，女孩的身高增长很快，在短短几年时间里，有可能增长 25 厘米左右。而且，女孩的体态变得匀称，胸部和臀部都会有脂肪的沉积，形成女性特有的体态。这是女性之美，要坦然接受。

从女孩到少女，最标志性的改变大约出现在十二三岁。这个时期，大多数女孩都会迎来月经初潮。这标志着女孩发育成为成熟的女性，自此开始排卵，具备生育的能力。对于初潮的到来，很多女孩都措手不及，她们或者正处于小学高年级，或者正处于初中低年级，往往手足无措。从此之后，月经会伴随女性几十年的时间，直到五六十岁的时候绝经为止。所以，女孩们应该调整自己的心态，千万不要觉得月经是一件很麻烦的事情。相反，没有月经的女性往往更加苦恼，因为这意味着她们没有机会成为母亲。现在，有很多帮助女性度过经期的产品，女孩一旦迎接初潮的到来，就应该为自己选择合理的经期护理用品，更加注意个人卫生。

随着生理的成熟，女孩在心理方面也发生改变。她们渐渐从假小子变成羞涩的小姑娘，开始关注异性和两性之间的关系。人们常说的情窦初开，往往发生在 12 岁左右。到了十五六岁，女孩们越来越渴望独立的人格和自由的行为。她们觉得自己已经是大人了，要求得到父母平等的对待和尊重。她们想自己选择朋友、独立解决问题，甚至开始偷偷地喜欢一个人。其实，这个时期的成熟是很不稳定的，很容易受到外界的影响。我们以为自己已经长大，是因为没有意识到自己的不成熟。在这个时期，遇到问题的时候一定要多多请教父母师长，不要任性而为。对于异性，可以喜欢，却不能冲动地做出让自己后悔的事情。青春时期，正值智力快速发展的时期，学习是首要任务。要想拥有美好的未来，就要多多花费精力用于学习，提升自己的能力。

六年级时的一个傍晚，珠珠突然觉得腹痛难忍。当时，语文老师正在讲解试卷，带着同学们进行中考前的冲刺复习，但是珠珠的肚子却绞痛起来。她不敢向老师请教，只好用两只手紧紧地捂着肚子，趴在桌子上。如此坚持了几分钟，珠珠因为疼痛满头大汗，当时，留着运动短发的她甚至连发梢都在滴汗。她的同桌若梅看到之后，惊恐地小声说："珠珠，你不会是要生孩子了吧，但是你肚子也不大啊。我看电视上，只有生孩子的女人才会这样。"珠珠疼得说不出话来，就这样，直到下课，她赶紧往厕所跑。然而，到了厕所之后，她发现自己并没有像预想的那样拉肚子。不过，在厕所蹲了一会儿之后，她觉得肚子好像没那么疼了。

放学回家之后，珠珠告诉妈妈肚子疼，妈妈带她去了医院。医生看了之后，笑着对妈妈说："没关系，她这是要成人了，所以肚子疼。你可以简单告诉她初潮的事情，可能最近就要迎接初潮了。"珠珠在一旁根本没听懂医生在和妈妈说什么。回家之后，妈妈拿出几片卫生巾，让珠珠放在书包里，并且告诉珠珠卫生巾的用法。听说自己会流很多血，珠珠担心极了。她惊恐地问："妈妈，流血太多会死吗？"妈妈笑着说："不会的，流出来的是污血，可以帮助女性排毒。初潮的到来，说明你成人了。以后，你就不是女孩了，而是真正的女人。你知道么，只有来月经的女性长大之后才能有资格成为母亲。"听了妈妈的话，珠珠不再恐慌，反而有些高兴。她暗暗想道：嗯，我是一个完整的女性。我长大啦！

果不其然，一个月之后，珠珠迎来了初潮。因为之前妈妈已经详细告诉过她如何应对，所以她偷偷趁着人少的时候躲到卫生间，用了卫生巾。

如果不是妈妈及时带珠珠去看医生，并且在医生的嘱咐下告诉珠珠初潮的真相，只怕珠珠会吓哭呢！女孩们，你们是否也已经做好准备，迎接初潮的到来了呢！初潮是女孩的成人礼，我们应该满怀喜悦地迎接她，而不要盲目地担忧害怕哦！

女孩到少女的蜕变，有很多细微的方面。除了我们本文所说的，需要注意的事项还有很多。女孩们应该多多留心自己身体的变化，有疑惑不解的地方，多和妈妈或者女性的老师沟通，这样才能从容度过青春期。

第 02 章

抬起双眸向前看，你可能看到远方的自己

鼠目寸光的人永远只能看到眼前和脚下，唯有放开长远眼光，才能立足高远。女孩们尤其应该站得高，这样才能有长足发展。很多女孩在生活中思维总是受到局限，其实，这样对于人生的规划是绝对有害的。闲暇的时间，与其逛街、闲谈，不如多多读书，古人云，读万卷书，行万里路。现代社会，我们依然要如此。读书，能陶冶情操，让我们虽然足不出户，却能看遍世界，日积月累，必然形成大世界观，视野与思想不会受到局限和禁锢。

女孩，让自己成为自由飞翔的鸟儿

“我要飞得更高，飞得更高，翅膀卷起风暴，心生呼啸……”汪峰的《飞得更高》唱遍了祖国的大江南北。无数人唱起这首歌，向着梦想的生活，努力奋斗。自古以来，人的梦想就是飞翔，像鸟儿一样自由地飞翔。莱特兄弟有着飞翔的梦想，始终坚持不懈地努力，最终让飞机来到这个世界上，为世界成为地球村创造了条件。在我们每个人的心里，不但想要做着飞机飞翔，更希望自己也能够生出一双翅膀，飞得更高更远，飞向那更为广阔和蔚蓝的天空。可以说，飞翔不是某个人的梦想，也不是哪一代人的梦想，而是人类有史以来世世代代的梦想。作为女孩，也许常常会做梦梦见自己飞了起来，想去哪儿就去哪儿，充分享受着飞翔的自由。当我们和父母说起飞翔的梦时，父母会告诉我们那是在长高。的确，要想飞翔，首先需要成长。我们无法像鸟儿那样长出一双真正的翅膀，却可以长出隐形的翅膀，助力我们的人生自由飞翔。

生活中，很多父母都有这样的观念：女孩，要个普通的文凭，能在家门口有份安稳工作就行；男孩，要上个好学校，以后走得远远的，奔赴前程。正是因为父母有这样的想法，所以很多女孩无形之中受到影响，渐渐变得安逸。其实，女孩和男孩一样，也需要尽情地展翅飞翔。麻雀永远不知道雄鹰的志向，因为它永远也无法到达雄鹰的高度。人也是这样，我们要想树立伟大的志向，就一定要站得高、看得远，才能取得长足的发展。曾经有名人说，人生就像登山，唯有登上顶峰，才能揽尽风光。人人都向往顶峰的美景，然而，顶峰的攀登不是一蹴而就的。在攀登顶峰的过程中，一定会遇到很多困难和突发的状况，

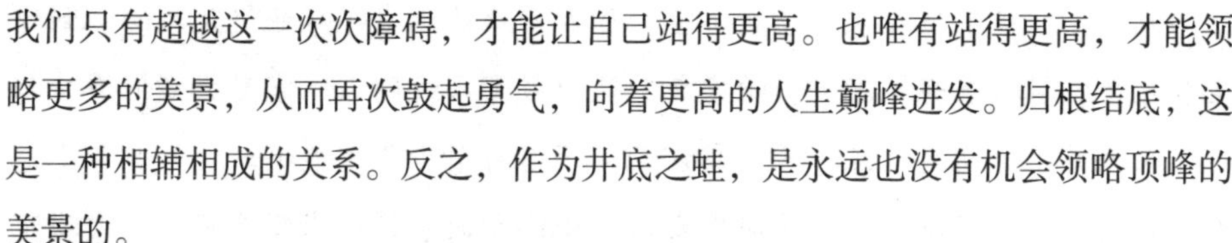

我们只有超越这一次次障碍，才能让自己站得更高。也唯有站得更高，才能领略更多的美景，从而再次鼓起勇气，向着更高的人生巅峰进发。归根结底，这是一种相辅相成的关系。反之，作为井底之蛙，是永远也没有机会领略顶峰的美景的。

女孩们，要记住，无限风光在险峰。当父母的爱牵绊着你无法远行的时候，请告诉自己：趁着年轻，我要努力拼搏，奋力打拼。也许很多女孩舍不得离开家，也的确有很多家庭存在特殊的情况。然而，对于大多数女孩来说，今日的离开，是为了来日更好的相聚。趁着父母还能照顾自己，我们应该毫无牵绊地去远行，开拓属于自己的天地。只要你足够努力，等到父母需要照顾的时候，也许你已经在陌生的城市站稳脚跟，可以把父母接到身边享福。所以，不要让父母的爱牵绊住你，也不要因为任何人而改变自己的人生规划。人生非常短暂，就像白驹过隙，很多好的机会转瞬即逝，一旦错过，也许再也不会有。记住，你只有成为雄鹰，才能领略大地的苍茫和天空的辽阔。

小米从师范学校毕业后，想和同学们一起去南方找工作。妈妈得知后，坚决反对：“你怎么看着国家分配的工作不要，要自己去找工作呢？这样一来，你一个人出门在外，我和你爸爸怎么能放心呢！而且，你们的工作是国家分配的，一旦丢掉了，想回都回不来了啊！”在妈妈苦口婆心地劝说下，小米回到了家乡　　一个小县城。她被分配到乡镇当教师，是最低级别的玩笑。每天，她就住在学校里，除了给学生上课，就是在办公室改作业。一年过去了，小米班里的同学成绩都提高了很多，但是她却觉得自己退步了。

小米又动了辞职的心思，她不愿意一辈子都过着重复的生活。这次，妈妈依然和她毕业的时候一样，说工资虽然不高，但是旱涝保收，再找个男朋友，一辈子就安稳了。小米灵机一动，想出了一个鬼主意。她说：“妈妈，你提起男朋友，我还真是有个好人选呢。你知道吧，我的一个学生家长准备把我介绍给她的小叔子，家就在学校旁边。那个学生家长说了，她小叔子常年在外打工，我呢，就在家教书看家。这是多好的日子啊！”听了小米的话，妈妈急得脸都红了：“你怎么能在农村找对象呢！难道你想一辈子待在农村吗？”小米慢慢

悠悠地说：“我不待在农村怎么办呢？你看看那些比我早毕业好几年的，到现在也还在农村待着呢！况且，咱家又不认识教育系统的人，家里办任何事情都要求人找关系。就我这点工资，想调动，还得再攒十年才能够送礼的。”小米的话让妈妈陷入了沉思，一段时间之后，她终于同意让小米离开家，去大城市打拼。她无法否认的是，凭借家里的人脉关系和经济实力，小米基本没有可能调动到县城的学校工作。

小米只身一人去了北京。她先是找了教师的工作，毕竟这是她的专业。站稳脚跟之后，她跳槽进入一家房产公司，做起了房地产销售。也许是因为超强的理解和表达能力，小米进入公司之后表现非常好，入职不到一个月就接连开单，卖了好几套房子。很快，她的月薪就相当于当教师时的年薪了。知道小米的现状，爸爸妈妈非常欣慰。又过了几年，小米依靠自己的努力，在北京买了房子，把爸爸妈妈都接到北京享清福了。

事例中的小米，如果没有下定决心辞职，很有可能一辈子都在农村的小学当教师。日久天长，她的眼界必然越来越狭窄，目光也必然越来越短浅，最终变成一个安守本分的普通教师。幸好，妈妈同意让她辞职，她才能在短短的时间内找到自己的翅膀，在北京安家落户，还把爸爸妈妈也接过去享清福。小米的经历，相信很多女孩都不陌生。那么，小米已经起飞了，你准备好了吗？你的翅膀长在你的心里，千万不要让它失去天空啊！

独立的女孩，才能拥有人格和尊严

“我如果爱你——绝不像攀缘的凌霄花，借你的高枝炫耀自己；我如果爱

你——绝不学痴情的鸟儿，为绿荫重复单调的歌曲……我必须是你近旁的一株木棉，作为树的形象和你站在一起……”舒婷的《致橡树》唱响了爱情的独立保卫战。很多女性正是在这首诗歌的鼓励下，在爱情之中保持着独立的人格。这样的女性，让人敬佩、让人仰视。相信有很多女孩都读过这首诗歌，甚至她曾经作为课文，让每一位同学都去诵读、欣赏和记忆。

其实，不仅仅是在爱情之中才要追求独立。作为女性，首先要成为独立的个体，拥有人格和尊严，才能在爱情中保持独立的姿态，与自己所爱的人并肩齐驱，畅享人生。早在青春少女时期，女孩就应该有意识地培养自己的独立性。现实生活中，很多女孩都以娇弱为美。还有些女孩，总是以自己是女孩子为借口，让别人帮助她、特殊优待她。其实，这个世界上只有父母对我们的爱是真正无私的，也只有父母会真心为我们付出。至于其他人，很多付出都是要求对等的。因此，女孩们，与其向他人求助，不如让自己变得坚强勇敢，独当一面。现代社会，已经不再崇尚林黛玉的病态之美、阴柔之美，而更加推崇薛宝衩的精明干练。尤其是现代职场上，女性朋友要想博得一席之地，除了要有真才实学之外，还要有独当一面的气势和独立自信的品质。如今，男女平等，很多女人在要求男人像绅士一样处处照顾她们礼让她们的同时，还要求得到别人的尊重。其实，尊重不是别人给的，是我们为自己争取来的。求来的尊重不是尊重，而是怜悯。唯独你自己博得的尊重，才是别人发自内心给你的尊重。求学、工作，之后才是成家立业。女孩们，如果你们能够在享受爱情之前，就拥有独立的人格，博得别人的尊重，你爱的人又怎么会不尊重你呢？你成长为木棉，他才会和你并肩而立。

美国著名作家海伦·凯勒，很小的时候因为发高烧，导致耳朵失聪，眼睛也看不见了。渐渐地，生活在无声无光世界里的她，连话也说不出来了。然而，她在黑暗中顽强地长大。海伦七岁的时候，父母为她请了一位家庭教师，专门教她文学知识。这位老师小的时候也险些失明，所以很了解海伦的痛苦。她非常有爱心，每天都用心地教海伦文化知识。小海伦也很好学，凭着手的触觉，认识了很多字，渐渐学会了读书。后来，她还通过摸别人的嘴唇，学会了发声，

学会了说话。

为了帮助海伦学习，老师经常带她接触大自然，让她多了解各种各样的事物，增强她的记忆力。在老师的谆谆教诲下，海伦竟然凭借顽强的毅力，学完了大学课程。她终于如愿以偿地进入大学学习。在读大学期间，她还写了一本书，讲述自己与病魔的抗争。书的名字叫《我生命的故事》，这本书给很多残疾人带来了战胜困难的勇气，肢体健全的人也因为这本书而精神鼓舞，燃起对生命的渴望和热情。这本书举世皆知，给全世界的人都带来了精神的力量。后来，海伦还写了很多书，并且在世界各地做演讲，帮助人们鼓起生的勇气，点燃人们对于生命的热望。海伦说，她的人生之所以产生如此巨大的改变，就是因为老师的到来解放了她的思想，让她从一个依赖别人生活的残疾人，变得独立、自强，最终赢得了全世界的尊重，活出了属于自己的精彩。

海伦的人生原本是凄惨的人生，她小小年纪就耳不能听，目不能见，生活在黑暗和无声的世界里。如果没有顽强的毅力，她根本不可能战胜这些致命的打击。她的本性就是积极乐观的。后来，家庭老师教给她很多文化知识，她不但学完了大学课程，还通过摸别人的嘴唇学会了发声，学会了说话。这在当时，简直就是医学界的奇迹。虽然命运很不公平，让海伦遭受了常人难以想象的挫折，然而海伦从未放弃过，她始终在努力。正是因为她的顽强，所以才从一个弱小的生命成长为一个独立的个体，拥有自己的个性，博得全世界人民的尊重。

女孩们，海伦身残志坚，能够在如此残酷的命运捉弄下活出自己，我们作为健全人，还有何做不到的呢？只要你独立、坚强，你就一定能够活出属于自己的精彩，博得人们的尊重！

接受生活的不完美，才能收获快乐

完美，几乎是每个人心中的梦想。我们奢望自己长得漂亮精致，堪称完美；我们希望自己学习成绩数一数二，考入人人心仪的大学，这是完美；我们奢求大学毕业后顺利找到好工作，衣食无忧，前程似景，这是完美；我们但愿自己找到高富帅、白富美的另一半，组成幸福的家庭，这是完美……然而，回过头来想想，我们希望的完美有几项如愿以偿了呢？长得不够漂亮，还又矮又胖；学习成绩不上不下，一遇到考试还会发挥失常；好不容考上个大学，还是个民办的三流学校；毕业之后找工作处处碰壁，最终挣的还没有小学毕业的发小打工挣得多；觉得自己处处都好，就是找不到合适的另一半，不是太矮，就是太丑，或者就是一贫如洗……这些，都是生活里的不完美。面对这些不完美，我们怎么办呢？怨天尤人，只会让不完美更多一些。只有坦然接受这些不完美，找到属于自己的生活方式，才能获得快乐。

男孩往往神经大条，相比之下，女孩不完美的闹心事似乎更多。诸如皮肤不够白皙、身材不够窈窕、没钱买漂亮衣服……这些都是女孩生命中的不完美。如果你总是因为这些不完美郁郁寡欢，那么快乐就会离你越来越远。可能，你发现身边的人都很完美。例如，你觉得笑笑很幸福，她的家庭很富裕、她身材窈窕、学习也好，但是你不知道，她常常因为父母吵架烦恼；你觉得娜娜很完美，皮肤白皙、有个好哥哥，但是你不知道，她的父母离婚了。归根结底，没有任何人的人生是完美的。既然知道不可能有绝对的完美存在，那么我们就要学着坦然接受这些不完美。不完美与生俱来，它和生命一样是值得我们珍惜的。要想获得幸福、变得快乐，只有与这些不完美共生，并且学会欣赏它们，才能逃离抑郁寡欢的泥沼。

艾伦今年 10 岁了，是个活泼可爱的小女孩。她的爸爸妈妈都是教师，家

庭生活虽然不很富裕，但是也从未捉襟见肘。只要是合理范围内的要求，爸爸妈妈总是尽量满足她。然而，艾伦还是觉得不快乐。她不快乐的原因很简单，她觉得自己缺少一个姐姐。艾伦常常想：我要是有个姐姐就好了，不能和爸爸妈妈说的心里话，统统都可以和姐姐说。娜娜就有个姐姐，娜娜非常幸福，因为她有很多漂亮衣服都是姐姐给的，她还经常和姐姐睡在一个被窝说悄悄话。

对于艾伦的烦恼，妈妈不以为然。艾伦呢，也知道自己不可能有个姐姐，但却常常不由自主地为此烦恼。有一次，艾伦和娜娜吵架了，娜娜有姐姐帮忙，大获全胜，艾伦却惨败。回家之后，艾伦生气地冲妈妈嚷道："都怪你，为什么不先生姐姐再生我呢！我要是有个姐姐，那该多好啊！"说着，艾伦伤心地大哭起来。妈妈笑着说："艾伦，你想过没有，也许娜娜很羡慕你呢。而且，就算你再怎么苦恼，你也不可能有一个姐姐啊。这样吧，爸爸妈妈商量了一下，想给你生个弟弟或者妹妹，让你当姐姐，你觉得怎么样？"艾伦大吃一惊，问："我也能当姐姐吗？"妈妈毫不迟疑地说："当然，你这么优秀，一定能够当好姐姐。不过，你从现在开始就要有当姐姐的样子哦，这样的话，你才能在弟弟或者妹妹降临人世的时候，成为一个合格的姐姐。"听了妈妈的话，艾伦真的觉得自己变成了姐姐。她坦然接受了自己没有姐姐的不完美，而越来越憧憬弟弟或者妹妹的到来。如今的她，迫不及待地想要尝尝当姐姐的滋味呢！

在妈妈的劝说下，艾伦接受了生命中的不完美——缺少一个姐姐。不过，妈妈很聪明，让弟弟或者妹妹的到来，分散了艾伦的注意力。很多事情就是如此，我们奢望生活十全十美，生活却总是有不尽如人意的地方。设想一下，你有哪一天是每分每秒都很快乐的呢！一天之中，你常常因为对一些事情或者人不满意而紧皱眉头。然而，他们却不会因为你的烦恼就好转起来。

要想获得快乐，首先要调整自己的心态。既然我们自己也是不完美的，那么就不要奢求别人是完美的。唯有以宽容之心待人，才能更加快乐。既然我们伤心难过也无法改变不完美，那么不如调整自己的心态，让自己积极乐观地面对未来的生活。只有这样，你的生活才能始终与快乐相伴！

女孩要当“大女子”，不为小事计较

几千年的封建社会，人们已经习惯了把“大”和“男子”联系在一起说，而把“小”和“女子”联系在一起。所谓的大男子，往往指的是男性有魄力、心胸开阔、遇到事情能够很快做出决断。相比之下，小女子就没有那么多优秀的品质了。大凡小女子，总是给人一种小家子气、娇柔软弱、心胸狭隘的感觉。随着时代的发展，社会快速进步，女子再也不是养在家中的附属品，而是和男人一样在社会生活中平分秋色。如此一来，“大女子”在社会上越来越常见。所谓“大女子”，在职场上丝毫不逊色于男子，她们性格豪爽，做事果敢，不但在工作上是一把好手，还兼顾着照顾家庭的重任。可以说，她们肩上的担子比男子更重。最重要的是，在遇到困难的时候，她们往往能够知难而上，从不怯懦。在与人相处的过程中，她们心胸开阔，从不为小事斤斤计较。

生活中，很多女孩子都斤斤计较。她们不知道，计较不会让她们得到的更多，只会让她们失去的更多。其实，得到和失去是事情的两面性，很多时候，我们看似占了便宜，实则是吃亏。反之，有的时候看似吃亏，实则得到了很多。举例来说，大多数女孩都有闺蜜，和闺蜜相处，如果斤斤计较，那么就会失去友谊。和闺蜜之间的情谊相比，利益得失是没有那么重要的。管鲍之交的故事大家多曾经听说过，鲍叔牙处处为了管仲的利益着想，哪怕损害自己的利益，也要维护管仲的利益。所以，他们的友谊流芳百世。再如，朋友和朋友之间，哪怕关系再怎么亲密，也会有产生矛盾的时候。遇到矛盾时，要对事不对人，不能因为一件事情有了分歧，就对朋友心存隔阂。总而言之，人们越来越喜欢和“大女子”相处，也越来越喜欢“大女子”。如果你还是那个娇滴滴、小肚鸡肠的女孩，那就赶快改变自己吧！一旦改变，你就会发现簇拥在你身边的朋友越来越多！

婷婷和田恬是好朋友，而且是同桌。有段时间，她们俩好得简直就像一个人，每天一起上学，一起放学，下课了就一起玩儿。不过，田恬最近发现婷婷好像在疏远她。田恬不知道怎么回事，心里很懊恼。

一天放学，婷婷正准备走，田恬喊住她，问："婷婷，咱们是好朋友，为什么我觉得你最近在疏远我呢？"婷婷搪塞地说："没有啊，你多心了，我只是最近要早点儿回家而已。"田恬懊恼地说："婷婷，你要是不想和我当朋友了，可以告诉我。或者，我哪里做得不对了，你也可以告诉我。"婷婷沉默片刻，问："如果我说真话，你能保证不生气吗？"田恬点点头，说保证不生气。婷婷放下书包，说："你知道吗，你哪里都好，就是爱耍小脾气。这一点，我特别不喜欢。我也是女孩啊，不可能天天哄着你。你还记得上次吗，就因为我不知道你在等我，从办公室拿了作业本之后就直接回家了，你接连好几天都没理我，我和你道歉你也不理我。我又不是故意把你晾在教室里的，我要知道你在等我，我肯定出了办公室就回来找你啊！还有一次，就因为我站队的时候没有挨着你，你就生气了，好几天都对我横眉冷眼的。"听了婷婷的控诉，田恬才意识到自己的心胸太狭隘了。她问婷婷："如果我改，你还愿意和我当好朋友吗？"婷婷笑着说："当然啦，我们现在也是好朋友啊。只不过啊，我不喜欢你的臭脾气，所以最近几天躲着你呢！"

在此之后，田恬非常注意控制自己的情绪。她不再动辄就发脾气，也不再计较小事。没过多久，婷婷又和她形影不离了。让田恬惊讶的是，现在，她不但拥有田恬这个好朋友，还有了更多的朋友。朋友们都说，田恬越变越可爱啦！

事例中的田恬，因为爱耍小性子，爱生气，所以好朋友婷婷都躲着她走了。幸好，田恬还能听得进去婷婷的意见。自从婷婷给她指出来之后，她就刻意控制自己，不再乱发脾气、不再小肚鸡肠、斤斤计较。让田恬喜出望外的是，如今，她不但有婷婷这个好朋友，还有了更多的好朋友。

女孩们，你们也和那个娇滴滴的小女子说拜拜吧，让自己成为心胸开阔的大女子，你们才会拥有更多的朋友，自己才会获得更多的快乐！

哭泣之后，想办法解决问题才重要

人有七情，喜、怒、忧、思、悲、恐、惊，还有八苦，生、老、病、死、爱别离、怨憎、求不得、五阴炽盛。看看这七情八苦，就知道人并非生而快乐。恰恰相反，在人的一生之中，很有可能苦痛比快乐更多。这也就注定了人常常哭泣。在降临人世的一刹那，婴儿哇哇大哭。他们从母亲温暖的子宫突然来到冰冷的世界，一定很难受吧。殊不知，在漫长的人生之中，还有很多次让人伤心和悲戚的时候。其实，哭泣是一种很正常的情绪反应引起的生理反应，很多科学家都研究证实，哭泣能够释放身体里的毒素，帮助舒缓情绪，有利于身心健康。如此说来，我们是不是有了哭泣的理由呢？其实不然。

生活中，很多女孩子都喜欢哭。她们遇到高兴的事情会激动落泪，遇到伤心的事情会悲伤哭泣，遇到为难的事情也会默默垂泪，甚至只是因为听到了一句不入耳的话，也会暗自掉泪。自古以来，最能哭的当属孟姜女，为了找到丈夫，她生生地把长城哭倒了；最爱哭的当属林黛玉，看到落花缤纷，她也会哭泣伤神。和女孩比起来，男孩显得勇敢得多。这是因为他们经常被灌输“男儿有泪不轻弹”的思想，觉得哭泣是娇滴滴的女孩子所为。其实，哭泣是很正常的事情。所以，刘德华才唱：男人，哭吧哭吧，不是罪。的确，在生活和工作中，我们常常会遇到不顺心的事情。压力大的时候、极度悲伤的时候，不管是女子还是男子，宣泄情绪总是没错的。然而，哭泣只能是偶尔为之。哭泣只能帮助我们宣泄情绪，却不能帮助我们解决问题。所以，不管是谁，在哭泣之后，都要擦干眼泪，积极地想办法解决问题。

现实生活中，很多女孩遇到事情的时候只知道哭泣。最终，非但没有解决问题，反而因为情绪混乱，导致事情更加复杂和恶化。如此一来，事与愿违的结果是谁都不想看到的。实际上，遇到问题的时候，如果你需要自己面对，那么一定不要哭泣。心理学家研究证实，人在情绪激动的时候，智商会暂时性降

低。由此可见，要想更好地处理问题，保持理智是最重要的。只有保持理智，你才能够冷静地思考。凡事都有利有弊，很多时候，只要处理得当，就能够弥补或者解决问题。与此相反，如果得意忘形，好事也有可能变成坏事。你想想，你应该如何面对问题呢？相信聪明的女孩都会做出正确的选择。

倩倩是个很聪明的女孩，遇到事情的时候非常冷静。有一次，她险些被人贩子拐走，幸好机智逃脱，才免遭厄运。

那天是个周六，倩倩和小伙伴们在小区的广场玩。突然，一个慈眉善目的阿姨走过来问去超市的路。大家都知道超市在哪里，纷纷告诉她。阿姨听了之后，为难地说："小朋友们，我刚刚来到这里，你们跟我说，我也找不到。你们能不能把我带过去，到时候阿姨给你们买糖吃。"倩倩很热心，说："阿姨，我带你去吧，我经常帮妈妈买东西呢！我不要你的糖，我要学雷锋。"就这样，倩倩领着阿姨的手向超市走去，路上，邻居看到倩倩时，问："倩倩，这是你家亲戚吗？"倩倩笑着回答："我们要去超市。"

到了超市之后，阿姨买了一些小零食，拼命地朝倩倩嘴巴里塞。倩倩想回家，阿姨说："小朋友，你这么好心，阿姨带你去游乐场吧！"说着，阿姨紧紧地拉着倩倩的手朝公交车站走去，倩倩挣脱好几次，都没有挣脱开。倩倩慌了，知道情况不妙。然而，每当有人盯着她们看的时候，阿姨总是装作是倩倩的长辈，说："你这孩子，怎么这么倔强呢！你妈妈让我带你去看奶奶，你偏不去。"倩倩眼睛里都是泪水，哭了起来。她无法挣脱阿姨的手。哭了几声，倩倩突然想出了一个好主意。她擦干眼泪，看着远处。等到公交车来了的时候，她冲着车里下来的一个男性喊道："爸爸，爸爸，你下班啦！"那个不怀好意的阿姨怔住了，倩倩趁机挣脱她的手，跑进附近的报亭，打了110。人贩子见状，赶紧溜走了。

如果倩倩一味地哭泣，一旦被人贩子拉上公交车，就很难再逃脱了。幸好，她哭着哭着恢复了理智，想出了一个好主意。她冲着下公交车的陌生男子喊爸爸，让人贩子一下子慌了神。趁此机会，她跑到报亭打110，最终吓跑了人贩子。

虽然没有抓住人贩子，但是保护了自己。

现在的社会上有很多坏人，他们用善良伪装自己，很多时候，我们根本无法识别。在发现自己身处险境的时候，我们一定要保持清醒和理智，千万不要放弃逃生的机会。当然，除了这些坏人之外，生活中也会突发其他的意外。不管遇到什么情况，冷静理智的思考都是解决问题的唯一方法，千万不要因为情绪激动就失去理智、一味哭泣。

女孩，你是世界上独一无二的自己

在这个世界上，不管有多少人，都只有一个你。你是独一无二的、无可复制的，你就是你。很多女孩常常抱怨自己的相貌不够漂亮，或者埋怨父母没有给自己好的家境，让自己锦衣玉食，或者觉得自己不够优秀，妄自菲薄。其实，不管你长得是高是矮、是美是丑，每个小天使降临人世的时候都是父母的心肝宝贝。父母倾尽所有地为我们付出，耗费所有的时间和心力陪伴我们成长，因为他们觉得世界上只有我们是他们的骄傲。那么，你呢？你还因为自己不够完美而甘于平庸吗？要知道，相貌只是人的一个方面，我们无法否认漂亮的相貌更让别人养眼。但是，这个世界上不都是美女，也有才女，也有女强人，也有温柔的女人。

世界上没有绝对相同的两片树叶，也没有绝对相同的两个人。每个人都有自己的长处，也有自己的短处，重要的是，我们要发扬自己的优点，扬长避短、弥补不足。现实生活中，有很多女孩都觉得自己什么也干不了。她们缺乏自信，总是怀疑自己的能力。她们没有意识到自己的身体里蕴藏着巨大的能力，也从来不去挖掘自己的能量。渐渐地，她们变得甘于平庸，一辈子就那样庸庸碌碌

地度过。鲁迅先生曾经说，时间就像海绵里的水。换言之，人的潜能也像海绵里的水，我们的能力远远超乎我们的想象。意识到这一点，你就知道自己虽然看起来很平凡，实际上非常独特，与众不同。女孩，你应该每天都告诉自己：我是世界上独一无二的自己。只有树立这样的观念，你才会在人生的海洋中扬帆起航，奔向遥远的远方。

现代社会，各种流行风接踵而至。为了追赶时髦，很多女孩都盲目跟风，或者隆鼻，或者模仿明星打扮，或者学着港台腔发嗲……她们不知道的是，她们在自以为追求美的过程中，已经迷失了自己。一个人，不管是优秀，还是平庸，只要是她自己，就是独一无二的。一味地跟风模仿，只会迷失自己，而不是成就自己。女孩们，坚持你们的本性和本色吧，那才是最美的。什么东西最珍贵？独一无二的东西最珍贵。

在国外举行的一场拍卖会上，出现了两枚邮票。这两枚邮票是全世界仅存的，非常珍贵。收藏家们纷纷出价，最终，一位财力雄厚的收藏家花了100万英镑，竞拍夺得这两枚邮票。这个价格非常之高，让整个拍卖场都震惊了。正当拍卖场的人们窃窃私语的时候，这位收藏家却做出了一个让所有人都瞠目结舌的举动。只见他缓步走到台上，拿起其中一枚邮票，将其点燃。全场沸腾了，人们全都以为收藏家疯了，有人冲到台上，想要抢救那枚邮票，邮票已经烧没了。这时，收藏家气定神闲地说："大家都亲眼目睹了，如今，这个世界上只剩下这唯一的一枚邮票，再也找不出第二枚。所以，它真正变成了独一无二的无价之宝。对于整个邮票珍藏界来说，这枚邮票都是可遇不可求的。现在，我要继续进行拍卖，将其卖给真正懂得鉴赏它的行家。下面，就请大家出价吧！"

他的话音刚刚落地，在场的邮票收藏家们都竞相出价，最终，这枚独一无二的邮票居然竞拍到500万英镑的天价。

女孩们，这就是独一无二的魅力。在世界上仅存两枚相同的邮票时，每枚100万英镑的价格，人们就已经觉得是天价了。然而，当眼睁睁看着这枚邮票变成了全世界的孤品，居然有人愿意出价500万英镑收藏。

也许我们注定不能成为伟人，也不会像众多明星一样光彩夺目，但是我们可以成为最好的自己。当独一无二的你遇到最好的你，注定是不平凡的。每个人都有属于自己的人生，我们要活出自己的精彩，而不要复制别人的人生。人们常说人生是一场漫长的旅程，重要的不是终点，而是过程。那么，就让我们在漫漫人生路上成就最精彩、最独特的自己吧！

自信，是女孩一种独特的魅力

人们常常说，有自信的人就相当于成功了一半。的确，一个人如果没有自信，总是怀疑自己的能力，那么他往往很难成功。尤其是在成长的过程中，我们需要学习很多新知识，面对很多此前从未经历的事情，如果没有自信，很难坚定不移地走下去。不管是对学习，还是对生活，自信都特别重要。举个最简单的例子，当我们坐在课堂里听讲，会觉得老师站在三尺讲台上讲课是一件很平常的事情。然而，当我们也需要走上三尺讲台面对台下的同学时，你会发现自己无法控制地紧张激动，心里还打着小鼓。这种情况下，唯有自信的人才能鼓足勇气，坦然地面对台下那一双双求知若渴的眼睛。

自信是一种独特的魅力。细心的女孩们会发现，生活中，有些女性长得并不美丽，但是却有一种与众不同的气质。究其原因，是因为她们从心底里洋溢着自信。自信，对于每个人来说，都是最好的妆容。自信的女人尤其美丽，不管她的相貌是美是丑。自信的人还有一种神奇的力量，能把身边的人都吸引过来，让他们以自己为中心。自信能够帮助我们战胜怯懦和恐惧，使我们的人生之路走得坦坦荡荡。自信，是一种气质，一种力量。

人生的道路漫长而又崎岖。在行走的过程中，我们总会遇到踩脚石，遇到沟沟坎坎，遇到艰难险阻。如果没有自信，你就会知难而退，让自己的人生变得畏畏缩缩。唯有自信，才能支撑着你在困难面前鼓足勇气，勇攀人生的高峰。自信的人，能够更快地成长与成熟，更迅速地占领人生的制高点。对于自信的人来说，即使失败，也能够马上从跌倒的地方爬起来，吸取经验和教训，再接再厉，越挫越勇。相比之下，自卑者的失败很可能就是人生的灾难，甚至会让人生遭受灭顶之灾。

要想主宰命运，自信不能仅仅停留在心里、表现在嘴上。生活中，有很多女孩伪装坚强，嘴上总是说自己不认输，实际上承受不了任何失败。这样的女孩，是用骄傲伪装自卑，用怯懦伪装自信。真正自信的人，永远不会让想法停留在想象阶段，而是有着当机立断的勇气，能够马上把想法付诸实践。不管最成功还是失败，都是成长与进步。前文说过，自信的人相当于成功了一半。然而，光有自信是不行的。只有行动力，才能让自信从理想变为现实。在密密麻麻的人群中，自信是最显眼的标签。相信自己吧，只有自信，才能帮你扬起梦想的风帆！

世界上赫赫有名的交响乐指挥家小泽征尔非常自信。有一次，他参加世界优秀指挥家比赛的决赛时，演奏了几次都感觉到有不和谐的音符。但是，他就是按照评委会提供的乐谱指挥演奏的呀？刚开始时，他觉得是乐队演奏出现失误，因此重头开始演奏。然而，几次之后，他认定不是演奏出了问题，而是乐谱不对。当他提出乐谱有错误时，在场的评委会成员都异口同声地说乐谱不可能出错，纷纷指责他。然而，他没有畏惧权威，经过慎重考虑，依然指出是乐谱的错误。就在他最后一次不容置疑地说“肯定是乐谱错了”时，评委会的成员们全都起立鼓掌。原来，真的是乐谱错了，而这个精心设计的“圈套”正是作为比赛的一项内容。由于他在全场的权威人士和音乐大师都否定的情况下始终坚持自己的主张，最终获得评委会成员的一致好评，顺利夺得冠军。

美国前总统林肯，在当选总统之前，人生非常坎坷。1832年，他失去工作。虽然受到很大打击，但是他决定参选州议员，成为一名政治家。遗憾的是，他竞选失败了。随后，林肯开始创办企业，但是不到一年，企业就破产了。这次破产，使林肯背负了沉重的债务，用了此后整整十七年时间，他才还清债务。在此期间，林肯又一次参加州议员的竞选，这次，也许是命运为了安慰他受伤的心灵，他成功了。1835年，林肯与心爱的姑娘开始筹划婚礼，新娘却在婚礼举行前几个月不幸离世。这次的打击对林肯而言是致命的，他大病一场，在病床上躺了好几个月。命运接连的打击，使他得了严重的精神衰弱。然而，经过两年的调养，1838年到1846年间，林肯先后竞选州议会议长和美国国会议员，均以失败告终。

接二连三的打击，并没有让林肯倒下。他始终像强者一样傲然屹立，并且于1846年竞选国会议员，重获成功。任期结束后，林肯想争取连任，却失败了，连申请当本州土地官员的请求都被驳回。随后，失败依然伴随着林肯，他却从未放弃。直到1860年，林肯的自信和执着终于感动命运，他成功当选美国总统，开启了人生的新篇章。

在第一个事例中，小泽征尔如果不是有着超强的自信，肯定会在比赛现场那么多的评委会成员、音乐大师和专业人士的质疑下妥协。如果真的妥协，他也就和冠军无缘了。幸好，他始终坚持自己的主张，博得了众人的赞赏。在第二个事例中，林肯的经历如果放在普通人身上，人们一定会早早地选择放弃。那么多次的失败和命运的打击，都没有把自信的林肯打败，所以美国历史上才有了这么一位优秀出色的总统。

虽然我们不是音乐家，也不可能成为美国总统，但是我们一定要和他们一样，拥有超强的自信。女孩们，从现在开始，昂起头、挺起胸，相信自己的美丽，成为一个自信的女孩吧！相信自己，命运一定紧紧握在你的手中！

第 03 章

让勇敢成为动力，做梦想道路上的坚持者

人生的道路上有太多的未知等着我们，这些未知或者是成功、或者是失败、或者是幸福、或者是失败……面对这些未知，你是躲避退缩，还是勇往直前。不同的态度，决定了你即将拥有的不同人生。作为有理想有梦想的新时代社会成员，我们更是需要面对更多艰难的挑战。唯有勇敢地面对，我们才能最终实现梦想。女孩们，勇敢起来吧，坚持梦想，你的人生才会更精彩！

别怕，要做勇敢的女孩

“妹妹你大胆地往前走，往前走，莫回呀头；通天的大路，九千九百，九千九百九呀……”这首歌是张艺谋指导的《红高粱》的主题曲，一夜之间就红遍了大江南北。人在面临危险和恐惧的时候，退缩是一种本能。人的本性就有怯懦的成分，这一点是无可指责的。人类之所以不断地在进步，人类社会的发展之所以越来越快速，就是因为我们在不断地战胜本性的弱点，让自己变得更加强大。

女孩，往往是非常胆小的。树枝上的虫子，也许都会吓得她们哇哇叫。女孩的胆小并没有随着成长而减弱，相反，人生不断面临的很多新的困境和挑战，使她们的恐惧心理有增无减。面对这样的状况，应该怎么办呢？其实，胆大都是锻炼出来的。如果意识到自己的胆小可能会给未来的生活带来困扰，女孩们完全可以让自己变得胆大起来。如果怕黑，就让自己待在黑暗的屋子里，渐渐习惯黑暗，一旦觉得黑暗不再那么可怕，你也就不会再恐惧走夜路了。如果怕坏人，可以学习防身术，再增强自我保护意识，这样一来，坏人也对你无可奈何。其实，随着渐渐长大，让女孩担心的事情越来越多。很多时候，并不是明确的害怕，而只是一种忧虑。

女孩的害怕显而易见的体现是恐惧，诸如上文说的怕虫子、怕黑等。还有一种隐性的畏缩，表现在遇到事情的时候犹豫不决，对于新的事物心怀抵触，或者是在创业和面对改变的时候，畏畏缩缩，不敢面对未来或好或坏的结果，这也是一种怕。现代社会，如果生活在大城市，见到虫子、独处黑暗的机会

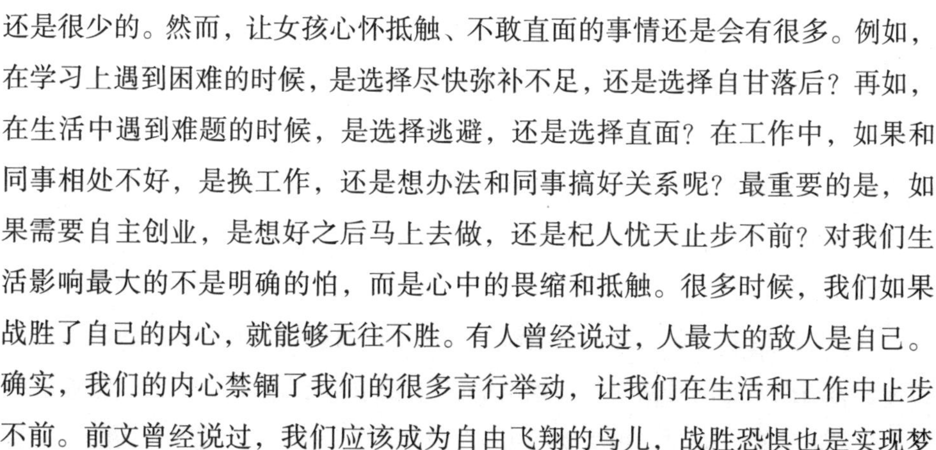
还是很少的。然而，让女孩心怀抵触、不敢直面的事情还是会有很多。例如，在学习上遇到困难的时候，是选择尽快弥补不足，还是选择自甘落后？再如，在生活中遇到难题的时候，是选择逃避，还是选择直面？在工作中，如果和同事相处不好，是换工作，还是想办法和同事搞好关系呢？最重要的是，如果需要自主创业，是想好之后马上去做，还是杞人忧天止步不前？对我们生活影响最大的不是明确的怕，而是心中的畏缩和抵触。很多时候，我们如果战胜了自己的内心，就能够无往不胜。有人曾经说过，人最大的敌人是自己。确实，我们的内心禁锢了我们的很多言行举动，让我们在生活和工作中止步不前。前文曾经说过，我们应该成为自由飞翔的鸟儿，战胜恐惧也是实现梦想的重要环节。

晓娜大学毕业之后，一时之间没有找到合适的工作，因此想回到家乡开淘宝网店。听了晓娜的想法，爸爸妈妈都表示反对。妈妈为难地说："晓娜啊，你看看，你读了四年大学，当初，咱们十里八乡的可就你一个大学生啊。现在，你在上海读完书，却不能留在上海，而要回到咱们这个小地方开网店。妈也不懂什么是网店，但是妈知道，亲戚邻居知道后一定会笑话你的。"晓娜耐心地和妈妈解释："妈妈，我不是找不到工作，只是觉得工作不合我的心意。我现在年轻，不想把时间都浪费在自己不喜欢的工作上。现在淘宝那么火爆，我觉得我趁着这个好机会开网店，一定能够有所作为。不一定在大城市当白领就好啊，每个人都有自己喜欢的生活方式。"爸爸也说："晓娜啊，爸妈辛辛苦苦地供你上学，就是希望你能够留在大城市啊。"晓娜说："爸爸，放心吧，等我的淘宝店越开越好，咱们没事就全世界溜达去，去大上海还不是分分钟的事情啊！"晓娜给父母做了很久的工作，她也知道乡邻们肯定会说三道四，但是她不怕，更不想因为流言蜚语改变自己的计划。

就这样，晓娜收拾行囊，带着大学毕业证书回到了家乡。果然，乡邻们看到她整日窝在家里，纷纷表示关心："晓娜怎么还不回上海啊？""晓娜找到工作没有？""晓娜整日待在家里可不好啊！"两个多月过去了，晓娜家里每天开始有了零星的快递。面对乡邻们的询问，爸爸妈妈只得想办法搪塞。半年

过去了，晓娜又雇佣了两个人，帮她的淘宝店当客服。渐渐地，乡邻们已经接受了大学生晓娜从上海回乡的事实。两年之后，晓娜开始办工厂，生产她在淘宝店卖的小玩意儿：婴儿三角巾、帽子、口水兜等。这些东西成本很低、生产工艺简单，但是利润非常高。晓娜在乡邻们惊讶的目光中，华丽变身为事业有成的女强人。

事例中的晓娜，其实当初从上海回到家乡的时候，也有很多担心的地方。和爸爸妈妈拒绝她的理由一样，她也很怕乡亲们的流言蜚语。然而，晓娜最终还是坚定地选择了面对，因为她不可能因为这些流言蜚语就放弃自己的人生规划。事实证明，晓娜大学毕业后回乡创业的想法是正确的。她的勇敢和执着，帮助她成就了自己的梦想。

女孩们，你们一定和晓娜一样，在生活中面临着各种各样的压力和不可知的未来。相信自己吧，如果你们和晓娜一样坚强勇敢，你们也能走出自己的人生之路！

试着战胜困难，你才能突破自己

在这个世界上，有人的一生是一帆风顺的吗？答案是没有。的确，没有任何人的人生是一帆风顺的，不管是有个好爹还是有个好妈，他们也许能够为我们创造最优越的条件，却没有办法代替我们成长。更何况是那些普通人家的孩子呢？更是需要面对诸多的坎坷和挫折。有人说，人生是不断接受改变的过程，也有人说人生是不断进步和开拓的过程，其实，人生更是一个战胜困难的过程。从呱呱坠地的婴儿开始，每个人都面对着困难。婴儿从母亲温暖的子宫里突然

来到冷冰冰的世界，他们撕心裂肺地哭泣，却不得不接受这份寒冷的刺激。在成长的过程中，每个人都学着翻身、学着说话、学着走路、学着独立吃饭、学着离开父母的照顾、独自去外面的世界打拼……这些，在当时看到，都是难以逾越的困难。然而，大多数人都凭借着自身的努力战胜了这些需要突破自身的困难，使自己在成长的道路上有了质的飞跃。

如果说人生是一座高山，那么困难则是爬山过程中一个又一个山坳。我们只有翻过这些山坳，才能渐渐地接近山顶。古人云，无限风光在险峰。要想领略人生的风光，我们就必须勇敢地攀登人生的顶峰，不管遭受多少艰难险阻，都不能放弃。一个人从出生，到走入学校，再到步入社会，有很多需要学习的东西。面对对自己的不断突破，必须有着坚强的毅力和破釜沉舟的决心。有位名人曾经说过，“人最大的敌人是自己；战胜别人也许很容易，战胜自己却很难。”这话说得一点没错。那些局限我们发展的并非是外部的力量，而是我们的内心。心的桎梏使我们无法展开翅膀，无法自由地在蓝天之中翱翔。

相传，古时候凤凰必须经历烈火的焚烧，才能涅槃而获得重生。其实，我们战胜困难的过程也是一次次涅槃。细心的人会发现，一帆风顺的坦途很难帮助我们快速成长，只有不断在困难面前提升自己的能力、锻炼自己的毅力，我们才能快速成长和成熟。在困难面前退缩的人，永远也没有资格拥有成功的人生。我们只有永不放弃地面对困难、战胜困难，才有可能拥有属于自己的精彩人生。

桑兰是我国著名的体操运动员，曾被赞誉为“跳马王”。然而，意外总是不期而至。在美国参加一次赛前训练时，桑兰的体操生涯因为一个没有完成的手翻转体动作而结束了。那一年，桑兰 17 岁，正是如花朵一般的年纪。桑兰的伤势非常严重，导致她的胸部以下和双手全部失去知觉。为了治疗桑兰的伤，美国的医护人员尽心尽力，给她设计了最好的治疗方案，并且用了效果最佳的药品。当地热心的民众也很关心桑兰，他们自发前往医院探视她。祖国人民得知桑兰受伤，全都热切关注、真诚祝福。

桑兰是一个非常勇敢的孩子。在这样致命的打击面前，她从未流过一滴眼泪。当再次出现在公众视线中时，桑兰依旧是那个爱笑的女孩。伤情稳定后，桑兰回到了祖国的怀抱，她的笑容却留在了世界人民的心里。康复治疗的痛苦简直难以忍受，坚强的桑兰挺过来了。她原本是个飞翔的精灵，如今却不得不依靠轮椅，行动受到极大限制。受伤之前，她的目标是为祖国争夺金牌；受伤之后，她的目标是恢复自理能力。她依然像在赛场上一样优秀，渐渐地，她可以独自穿衣服、洗漱，还能够独自从轮椅挪到床上。她恢复了青春的活力，开始学习英语，还学会了操作电脑。一段时间之后，她凭借自己的努力，进入清华大学附中学习文化知识。她的勇敢和坚强，帮助她战胜了人生中难以逾越的天堑鸿沟。桑兰，复活了。

她虽然身体残疾，但是却坚定不移地扛起人道主义的旗帜。中国第五届残疾人运动会召开时，她在上海点燃火炬。她变成了一面旗帜，一面自强不息、心怀大爱的旗帜。很多曾经误入迷途的年轻人在她的召唤下醒来，重新展开人生的画卷。而对于19岁的桑兰来说，她已经从跌倒的地方勇敢地站了起来，她把生命的坎坷踩在了脚下。永远到底有多远？永远就是活着的时候，脸上挂着永不凋谢的微笑之花。桑兰，为所有人诠释了生命的力量。

桑兰的事迹几乎尽人皆知。难以想象，一个花季少女，原本是飞翔的精灵，命运却和她开了一个最残酷的玩笑，几乎在眨眼之间，她就变成终身不能摆脱轮椅的残疾人。这样的打击，是生命不能承受之重。桑兰却微笑着面对，从未抱怨，从未放弃与命运的抗争。这样的女子，有资格获得全世界的尊重和敬慕。

和桑兰相比，每个姑娘都是幸运的天使。所以，从现在开始，在遇到困难的时候，不要抱怨，不要哭泣。学着桑兰微笑吧，乐观的人具有无限的力量，能扼住命运的咽喉，为自己争取更为广阔的天地。

学会合理地拒绝他人，也是保护自己

生活中，有很多技能需要我们学习。随着渐渐长大，我们逐渐脱离父母的保护和精心照顾，开始独自面对身边的人，或者融入团体。那么，在与他人交往的过程中，有一项很重要的人际交往的技巧，我们必须掌握，这就是——拒绝。也许有人会说，拒绝还不容易吗？说个“不”字，轻轻松松就做到了。其实，在人际交往中，要想与他人维持和谐融洽的关系，除了坚持真诚友善的原则之外，还要多多动脑。因为人际交往是一种智慧，要想处理好人际关系，必须掌握很多技巧，拒绝就是其中之一。在关系不够亲近的时候，拒绝可能是很容易做到的。然而，如果对方是你的同学、朋友或者家人，你还能义正言辞地说出“不”吗？很多人在面对亲近的人不好意思拒绝的时候，选择勉为其难地答应对方的请求。但是因为种种原因，她其实没有能力实现自己的承诺。这样一来，非但好心办坏事，还有可能耽误对方的事情，导致自己最终落下埋怨。日久天长，彼此之间的关系非但没有如愿以偿地越来越好，反而因为这些不如意的事情渐渐疏远。由此可见，学会拒绝很重要。

有的时候，我们自己的能力明明达不到，却因为羞于拒绝，而勉为其难地答应对方。最终，为了对方满意，我们自己付出了很多，导致自己受到伤害。这样的情况，在人际关系中并不是最佳的结果。

也许有人会说，拒绝一定会伤害对方。实际上，拒绝的方式有很多种。不可否认，生硬的拒绝的确会伤害人与人之间的感情。然而，高明的拒绝却能够有效地维护彼此之间的关系。拒绝的时候，沟通方式非常重要。良好的沟通，能够给予对方一种受到尊重的感觉。虽然被拒绝了，也能够坦然面对。当然，以恰当的方式拒绝，获取对方的谅解，让对方自尊心不受伤害，这些都很重要。最重要的是，女孩们，在面对别人的请求时，如果你的确力不从心，或者因为自身原因无法满足对方的请求，那么你一定要鼓起勇气，勇敢地拒绝对方。还

需要注意的是，拒绝的时候，一定不要觉得很愧疚。因为你的拒绝，无需得到对方的允许。换言之，对方请求得到你的帮助，主动权在你，而不是在他。如此想来，拒绝的时候，你就不会有沉重的心理负担了。

小敏和小麦是同窗好友。小敏学习很努力，每次做作业都非常认真。小麦则很贪玩，总是不想写作业。在进入期末复习阶段的时候，小敏常常提前把老师布置的作业写完，渐渐地，老师给了小敏一个特权，即只写自己认为需要复习的内容，会的可以不写。在初中时代，这个特权简直就像一个梦。全班同学都非常羡慕小敏，恨不得自己也变成小敏，可以获得老师的大赦。

有一天，小敏正在读书，小麦带着作业来找她。她知道小敏可以不写作业，因此笑着央求小敏："好敏儿，你能不能帮我写点儿作业呢？老师布置的作业实在太多了，我手指头都快累断了，到现在还没写完。如果我写不完，明天你就没有同桌了，因为老师一定会罚我去办公室面壁的。"小敏看到小麦的样子，就知道她一定是偷偷地玩了，所以才没有写完作业。为了对小麦好，小敏委婉地说："小麦，我很想帮你，但是我不能帮你。"小麦大呼小叫："为什么呀，咱们可是好姐妹呀！你看看，你在这里悠闲地看着课外书，难道你忍心让我苦巴巴地写作业吗？"小敏想了想，说道："小麦，我问你，你愿意把一日三餐都让给我吃吗？是不是我代替你吃了一日三餐，你就不饿了呢？"听了小敏的话，聪明的小麦一下子明白了意思。她老老实实地拿出作业本，坐在小敏身边开始写作业。

小敏非常聪明，她以一日三餐为例，告诉小麦学习和吃饭一样是不可替代的。小敏的拒绝方式非常好，让小麦心服口服，所以她才一声不吭地开始写作业。的确，一日三餐如果由别人代吃，自己还是会感到饥饿。作业让别人帮忙写，无非是自欺欺人，自己不会的知识还是不可能掌握。

女孩们，小敏的拒绝方式是不是很好呢？在生活中，你们也一定会遇到无法给别人提供帮助或者满足别人请求的时候，请你们也学习小敏的机智和勇敢，果断地拒绝他人吧。合理的、恰当的拒绝不是伤害，而是为了友谊之树万古长青。

女孩大胆一点儿，活出自己的精彩

自古以来，勇敢往往都和男性联系在一起。虽然花木兰代父从军的故事广为流传，但是人们依然觉得勇敢是男性的专利，女性只需要成为温柔娇弱的代言人即可。随着社会的发展，女性的社会地位越来越高。如今的花木兰要想代父从军，已经无需女扮男装，因为社会开始认可男女平等。在现代职场上，女性不仅和男性承担着相同的工作任务，还要兼顾家庭。所以，不够勇敢的女孩已经无法承担自己的角色。

要想成为上得厅堂、下得厨房的现代女性，就应该从小锻炼自己。有很多女孩子习惯于自己娇滴滴的形象，不管什么时候，总是爱展现自己的娇柔之美。殊不知，现代人们已经不喜欢林黛玉，而更加欣赏薛宝衩。女孩们，你们是否已经做好准备，成为勇敢的人呢？对于勇敢，很多女孩存在误解。她们误以为如果勇敢、处处逞能，就会失去女性的柔美，就会不够温柔，其实这样的理解是错误的。勇敢和诸如温柔等很多女性的特质并不冲突，作为一个勇敢的女孩，也未必就会变得不够可爱。很多时候，当女孩变得独立自主、勇敢坚强，也许会更加可爱。影视剧里那些故事中的女主角往往都是独立坚强的女性，她们虽然柔弱，但却非常勇敢。当女性小小的身躯里爆发出巨大的能量时，往往能够赢得更多的尊重和敬佩。年轻的时候，勇敢的女孩是可爱；成长成熟之后，勇敢的女性让人油然而生敬佩之心。如此想来，你还对勇敢心存顾虑吗？爆发你的小宇宙吧，即使你非常勇敢，也不妨碍你成为一个温柔典雅的美女哦！

勇敢体现在生活的方方面面。例如，在遇到可怕的灾难时挺身而出帮助别人，在遇到坏人时好不怯懦，在需要做出选择时一旦想清楚就马上身体力行，而不是畏畏缩缩，这些都是勇敢的表现。小的时候，柔嫩的小手不小心被刀割破了，忍住泪水，是勇敢；长大后，面对生活的艰辛和工作的障碍，勇敢地迈过去，是勇敢；创业的时候，对于可能发生的最坏情况，在充分预估之后有坦

然面对的魄力，也是勇敢。总而言之，人的一生之中，需要我们勇敢面对的事情太多太多。唯有勇敢的女性，才能有胆识有魄力，掀开人生的新篇章。

2008 年的汶川大地震中，有一个勇敢的女孩感动了所有的人。当女孩被救援人员从废墟中挖出来时，她的腿部受了重伤，左腿的裤子都被鲜血染红了。然而，她没有掉一滴眼泪。救援人员抬着她送往救助站，由于她的伤势太严重，每一次轻微的挪动都是巨大的痛楚。救援人员揪着心，尽量小心翼翼，但是她却笑着安慰大家："要勇敢！"因为伤员太多，到达救助站之后，她只能暂时被安排躺在地上。但是，她依然没有哭。

她是一个平凡的乡村少女，一个不知名的志愿者为她拍了一张微笑的照片，正因为如此，她的坚强和勇敢才能够温暖整个灾区，也让心系灾区的全国人民感受到了坚强和希望。在这次大劫难中，无数人失去生命，每个人都沉浸在悲痛之中，大多数人都陷入绝望的深渊。只有这个女孩，用她温暖的笑容，给身边的人生的勇气和力量。事后，救援人员四处张贴海报，寻找这个美丽坚强的女孩，却始终没有找到。然而，她含着微笑的坚定目光，永远定格在人们心里。大家相信，不管这个女孩最终在哪里生活，她都一定会像一朵坚强的雪莲花，傲雪而立，永不屈服。

人生是一次艰难的旅程，不期而至的灾难总会把我们的生活弄得一团糟。即便没有灾难的侵扰，不管你是 10 岁、20 岁，还是 30 岁、40 岁，你总会遇到很多困难。如果你也能像故事中的主人公一样保持积极乐观的心态，时刻告诉自己要勇敢，那么你一定能够战胜所有的困难，活出属于自己的精彩。

现代社会，需要女性勇敢面对的事情很多。在现实生活中，有很多女性朋友为了照顾家庭辞掉工作，一心一意地相夫教子。其实，很多成功的女性都是在家庭和工作之间取得平衡，才能事业有成、家庭幸福和睦。一边工作一边照顾家庭，的确需要非凡的勇气。作为现代女性，如果有这样的勇气，就一定能够活出自己的精彩。女孩们，你们也想成为刚柔并济、勇敢与温柔兼备的现代女性吗？那就赶快让自己变得勇敢起来吧！

你付出努力，命运才会给你回报

封建社会，崇尚女子无才便是德。正是因为这种思想的存在，无数女子被关在家庭之中，专心致志地相夫教子，两耳不闻窗外事。封建社会还有三纲，君为臣纲，父为子纲，夫为妻纲。这三纲把女性的自主权彻底剥夺了。不管丈夫给她什么样的生活，她都必须接受，绝对不能反抗。新中国成立之后，妇女翻身得解放，社会地位大大提升。尤其是进入现代社会，女性的社会地位和男性完全平等。除了要和男性一样在职场上打拼之外，还要挤出时间照顾家庭。如此一来，女性身上的担子丝毫不比男性轻。正所谓时势造英雄，如今，社会上涌现出越来越多的女强人，女人能顶半边天形容得非常贴切。

其实，不管是年轻的女孩，还是成熟的女性，都应该保持独立坚强的个性。如果一味地依赖他人，只会导致自己失去生活的主动权，凡事都陷入被动之中。与此相反，独立坚强的女性则能够最大限度地保证自己的权益，成为命运的主宰。生活中，很多女孩都以坚强的女性作为自己的人生楷模，那么就要要求自己也变得坚强、独立、自主。现实生活中，每个女孩都会遇到困难。有时在学习上产生困扰，有时在友情上遇到困惑，有时感情上会产生纠结……不管怎样，只有坚强的女性才能学会如何应对困难，只有战胜重重困难的强者，才能更好地面对一切艰难险阻，最终攀登人生的高峰。有人曾说，对于人生而言，最宝贵的不是拥有多少财富，而是拥有多少经验和阅历。没有经验和阅历，人生会很苍白。因此，女孩们，勇敢起来，迎接人生的挑战吧。有朝一日回首再看，你会发现一切都是最美好的锻炼。人生，正是因为有了这些挫折，才有了新的高度，才变得更加丰富。

小翠出生在一个贫穷的农民家庭。她非常努力，也很要强，学习上，从来没让父母操心过，每次都考班级第一名。每天放学之后，她还要帮妈妈去打猪草、

捡柴火。然而，小学毕业之后，父母为难地对小翠说："翠啊，爸爸妈妈知道你很喜欢上学。但是，你弟弟也到了上学的年纪，家里的负担越来越重了。你看，你能不能下来帮着干活呢！"小翠听了父母的话很伤心。然而，她知道妈妈身体不好，家里只靠爸爸一个人是不能维持正常生活的。所以，懂事的她说："妈妈，我有个请求。我虽然不上学了，能不能在家里自己学习呢。妈妈，只有掌握文化知识，才能不再受穷。"妈妈当即答应了小翠的请求。

就这样，只有12岁的小翠离开了学校，每天都跟着爸爸去地里干活，还肩负着接送弟弟上学放学的任务。小翠的老师很喜欢小翠，知道她坚持自学之后，为她找来了初中课本，并且会在小翠去学校接弟弟的时候，给小翠讲解难题。就这样，小翠用了四年的时间，自学完初中的课程。正值花季的小翠去南方城市打工了，她一边工作，一边利于空闲时间学习，居然考上了夜校，拿到了大专文凭。

小翠没有停止自己前进的脚步，她在工厂里表现非常好，连续几年都被评选为优秀员工。又因为她是所有工友里文凭最高的，所以工厂领导提拔她为车间主任。小翠依然前进在人生的道路上，她说："我还要考本科文凭，圆了自己的大学梦。我要成我一名真正的管理者，走出属于我自己的人生之路。"

事例中的小翠，如果辍学之后甘于命运的安排，不再奋起抗争，那么她的一生就会像父母一样，注定要面朝黄土背朝天。小翠没有甘于平庸，她始终坚持自学，最终在工厂里凭着优秀的表现和大专学历而崭露头角，得到领导的重用。

生活中，有很多女孩都觉得女性应该回归家庭，即使工作也不需要太过努力。其实不然。任何时候，只有经济和精神上的独立，才能决定人格的独立，才能获得尊严。要想成为生活的强者，我们就必须对自己高标准、严要求。归根结底，命运是公平的。你付出多少努力，命运就会给予你多少回报。

梦想，让你的人生飞翔

梦想是什么？梦想，就是你对美好人生的渴望与憧憬；梦想，就是让你扬起希望风帆的勇气和志气；梦想，就是帮助你的人生走向成功的助燃剂和推动器；梦想，就是你心底里的小秘密，是为你的人生不断提供正能量的源泉。人生之所以绚丽多彩，就是因为梦想的力量。正因为有梦想，所以你才更加渴望美好的未来。如果说人生的内核是一次次艰难地逾越困难的鸿沟，那么梦想就是人生的糖衣，让我们在感受苦涩、接受挑战的同时，享受实现梦想的喜悦与甜蜜。例如，如果说人生是一次航海，那么梦想就是那远方的灯塔，彻夜照料着我们的前进之路；如果说人生是一次飞翔，那么梦想能够帮助你变成展翅的雏鹰，摆脱低空的桎梏，自由地在蓝天白云间飞翔。梦想是一种伟大的力量，能够激发我们内心深处的潜能。

女孩们，要想成为自由飞翔的鸟儿，就赶快张开梦想的翅膀吧！当然，我们的梦想未必很远大。虽然我们的榜样是居里夫人、撒切尔夫人，但是，我们依然可以根据自己的人生，规划自己的梦想。我们常常学习伟人，学习的是一种成功的精神。毫无疑问，我们未必能够成为居里夫人，也不太可能成为撒切尔夫人，但是我们可以活出最精彩的自己，攀登属于自己的人生高峰。成功并不是盲目模仿别人去做，而是要根据实际情况，为自己争取一个最好的未来。每个女孩都应该有梦想，有梦想的女孩才有翅膀。不管梦想是脚踏实地的，还是志向高远的，只要你能够向着梦想不断努力，你就能超越自己。梦想有着神奇的魔力，原本非常艰苦的生活，在梦想的力量下，变得不再艰苦。因为一想到梦想，生活的一切困难都是可以逾越和战胜的。原本安逸的生活，因为有了梦想的鼓励，你会勇敢地打破常规，突破生活的桎梏，寻找属于自己的人生巅峰。总而言之，梦想让我们的人生飞翔。

在英国的一个小镇上，一个叫玛格丽特的小姑娘出生了。父亲对她的管教非常严格，总是告诉她："玛格丽特，不管做什么事情，你都要做到最优秀。你必须是一流的，不能落在别人后面。只要前排有座位，你就不能坐在后面，即使是搭乘公交车，也要这样。"在父亲的教导下，玛格丽特从小就有远大的梦想，遇到任何困难都不会说"太难了""我做不到"等。她已经养成了习惯，那就是永远要求自己成为最优秀的。她的信心非常强，做任何事情的时候，都积极乐观，从不轻易放弃。不管是在学习中，还是在工作中，她都一往无前。她告诉自己："我永远都要坐在第一排"。"永远坐第一排"，已经成了玛格丽特的梦想。正是因为这个梦想的鼓舞，她始终有着必胜的信念，一生之中从未认输、从未妥协。

读大学期间，玛格丽特以顽强的毅力，学完了学校规定五年之内学完的拉丁文课程。如此一来，她比起其他同学遥遥领先。也正因为如此，她才有更多的时间锻炼体育，发挥音乐特长，四处演讲，还不遗余力地参加学校的其他活动。正是基于这种拼命也要做第一排的精神，40 年之后，玛格丽特凭借自己顽强的毅力和永不认输的精神，成为英国第一届女首相。自此，她以铁腕精神雄踞政坛 11 年。整个世界都被这个"铁娘子"征服，玛格丽特终于实现了自己伟大的梦想。

玛格丽特曾经也是一个普通女孩。然而，"永远坐第一排"的观念，让她始终保持着积极奋进的人身态度，并且树立了远大的人生梦想。正是因为梦想的指引，她时刻都处于奋斗拼搏的状态，从不认输，从不向困难低头。在这个世界上，有很多人都想坐到第一排。然而，能够坚持这个梦想的人很少。他们总是轻易认输、轻易放弃，也因此，他们没有机会像玛格丽特一样实现更为远大的人生梦想。

女孩们，你们一定也有自己的梦想。我相信，你们的梦想或者平实，或者远大，也一定是你们心里最璀璨的光芒。面对梦想，我们一定要像玛格丽特一样坚持努力、不放弃。你要相信，成功就在拐弯处等着你。人生的辉煌是靠我们的努力坚持才换来的。也许我们很平凡，但是梦想照亮我们前进的道路，也照亮我们的一生。我们原本是茫茫人海里的一粒尘埃，是因为梦想，让我们变得高大，变得伟岸。成就美好人生，必须展开梦想的翅膀！女孩们，努力吧！

第 04 章

不做娇弱的花朵，不畏泥泞大胆前行

人们常常说，女孩是温室里的花朵。温室里的花朵的确很美丽，娇艳无比。它们不担心风吹雨淋，也不害怕病虫的灾害。它们生活在四季如春的温室里，只负责美丽。女孩像温室里的花朵一样就好吗？答案是否定的。我们不可能像花朵一样永远生活在温室里。现代社会，女性和男性一样平分秋色，必须独立、自主、坚强，才能担当重任。现代社会的女孩，应该成为顶风傲雪的腊梅，不畏惧风雨和严寒，依然美丽！

今天无畏风雨，明天拥抱朝阳

自古以来，无数的文人墨客想要诠释人生，然而，他们穷尽所有的才华，也只能展示人生的某一面。人生实在太复杂多变，没有人能够透彻地解读人生。人生就像五月天，时而晴朗，时而阴雨。面对人生，我们究竟应该采取怎样的姿态呢？其实，无论哪一种姿态都不足以应对多变的人生。我们唯有端正心态，无谓风雨，才能坦然面对人生的晴朗和阴霾。 如果把人生比作大海，我们就是大海中扬帆远航的小船。风和日丽的日子里，我们可以坦然欣赏海里的美景。一旦遇到暗礁或者突如其来的风浪，我们就要勇敢地面对，风雨兼程地驶向彼岸。归根结底，面对人生不是一时的喜乐心情，而是面对风雨的坦然和从容。

在人生之路上，我们会遇到很多苦难。有的时候是天灾，有的时候是人祸，也有的时候是各种各样的烦恼。细心的女孩会发现，在生活之中，烦恼是多种多样的。随着渐渐长大，与外界的相处也成为一大难题。的确，很多显性的问题很容易就能解决，然而，很多软性的问题是很棘手的。诸如，你和同学没有相处好，你很困扰应该如何处理和老师之间的关系，或者是和上下级之间的关系。自古以来，人们常常说做人应该宁折不弯。在现代社会的人际关系学中，适当的圆滑和变通也是必要的。有的时候，宁弯不折也许是更好的选择。总而言之，面对人生的风雨，无论如何，我们都要坦然笑对。

人生是很美好的。在一年四季的轮回之中，人生春有百花秋有月，夏有凉风冬有雪。在暖意融融的春天，人们脱掉冬装，迎接大地的萌动；在热烈奔放

的夏天，人们感受火热的骄阳和大地的惊雷；在硕果累累的秋天，人们迎接收获，享受生命的馈赠；在银装素裹的冬天，人们拥抱冬雪，释放生命。如此想来，暂时的风雨和困难又有何畏惧呢？当风雨来临的时候，让我们张开双臂热烈拥抱吧！今日拥抱风雨，才能换来明日的阳光明媚。我们要相信，一切风雨终将过去。就像老人们常说的，没有过不去的火焰山。只要我们足够坚持、足够勇敢，就一定能够傲视风雨、无谓风雨。就像一首歌里唱的："我不去想是否能够成功，既然选择了远方，便只顾风雨兼程……"

王亮非常不幸。4岁那年，她的妈妈带着她姐姐离家出走，一去不回。她的父亲因为爬树，摔断颈椎，胸部以下高位瘫痪。从4岁开始，她就和70多岁的爷爷一起照顾父亲。7岁的时候，王亮开始独自和父亲一起生活。她每天天不亮就起床，喂鸡喂猪，给父亲做饭，然后一路奔跑，到三公里之外的学校读书学习。中午放学，其他同学都带着饭在学校吃，王亮却因为要照顾父亲，不得不在短短时间内，跑一个三公里的来回。即便生活如此残酷，王亮并没有放弃努力。她始终坚持读书，每天都利用课余时间照顾父亲。初中的时候，王亮住校。每周都准备好父亲一周所需的饼干、方便面等食物，委托邻居照顾父亲。她在学校一边学习，一边惦记着家里的父亲。每到周五，她就赶紧往家奔。每次回家的第一件事，她就是帮父亲洗澡。如此三年之后，王亮已经开始读高中了。学校离家更远了，学校领导非常照顾她，不但免除了她的学杂费和生活费，还允许她带着瘫痪的父亲一起住在宿舍里。每天一放学，王亮就赶紧往宿舍跑去，因为她惦记着给父亲倒尿盆。在老师和同学眼中，王亮始终是"奔跑"的模样，他们都亲切地称呼她为"奔跑的女孩"。高中三年时间，王亮就这样在教师和宿舍之间奔跑着度过。

高考的时候，王亮发挥失常，没有考上理想的大学。学校非常尊重她的选择，继续免除她复读期间的学费和生活费。这一年，王亮依然辛苦。她起得比平时更早了，只为了每天能有更多的时间读书，学习。王亮说："我的梦想，是背着父亲读大学。"

对于一个女孩而言，王亮背负着她的年纪所无法承担的责任。她从 4 岁开始照顾瘫痪的父亲，直到读初中，读高中，还要背着父亲读大学。王亮很坚强，在这样的沉重打击面前，她毫不退缩，也从未想过逃避，更不抱怨。她只是以自己柔软的肩膀承担起照顾父亲的责任，不离不弃。

每个人的一生都会遇到困难，这些困难就是我们人生的雨天。如果你倒下来，就很难再站起来。只有迎风傲雪而立，才能战胜困难，成就自己。我们要相信，王亮未来的人生之路一定能够走出精彩，因为她已经经历了人生最残酷的考研，成为了人生的强者。风雨之后，等待着她的必然是晴朗的天。

女孩儿的示弱比逞强更有力量

现实生活中，个性强硬的女孩越来越多。在生命原始的萌动中，似乎只有展示力量才是证明自己实力的方式。看看吧，天气发怒的时候狂风暴雨，电闪雷鸣；青蛙遇到强敌无法逃脱的时候马上鼓起身体，让自己变得看起来更大；海洋里也生活着一种小鱼儿，一旦遇到危险，马上把自己变得像气球一样；猴王在遇到挑衅的时候，会站立起来，用前掌锤击自己的胸口，表现出自己的力量；作为万物之灵的人类也是如此，一旦遇到挑衅，一定要马上展示自己的实力，吓退对方。其实，有很多时候，这种展示是一种逞强。不能否认的是，很多时候，我们在展示自己恐吓别人的时候，自己心里其实正打着小鼓呢！我们一边对别人声色俱厉，一边想着万一对方冲上来暴揍我们一顿，那该如何是好？反思一下，以硬制硬真的好吗？

有一个北风和东风的故事。在寒冷的冬日，北风和东风打赌，看看谁能让路上的行人脱掉沉重的棉服。北风仗着自己呼啸有力，觉得自己无所不能，

因此对东风说：“你还是认输吧。你看看你，柔柔弱弱的，怎么可能比得过我呢？我可是充满了力量，再说，还有雪花给我助阵呢！”东风笑而不语，让北风赶紧施展威力。北风呼啸而至，刮得路上飞沙走石，连树叶都掉光了。然而，行人们非但没有脱掉棉服，反而把衣服领子全都竖起来，把头缩到衣服里，行色匆匆地往家赶。这时，北风邀请好朋友雪花来帮忙。雪花纷拥而至，一个劲儿地往人们的脖子里钻。人们更觉得寒冷了，纷纷拿出围巾，把头也严严实实地包裹起来，更别说脱掉棉衣了。北风累得气喘吁吁，也没有达成目的，只得放弃。这时，轮到温柔的东风上阵了。东风吹啊吹，很快，就把天上的乌云吹散了，露出了久违的太阳。太阳公公笑呵呵地看着人们，人们走着走着，都觉得浑身暖和起来。他们先是摘掉围巾，继而解开外套的纽扣，最后居然脱掉棉服，换上了轻薄的春装。北风见状，再也不敢吹牛皮了。这时，春风柔柔地对北风说：“北风老哥啊，你的确充满了力量。不过，你的寒冷只会让人们更加绞尽脑汁地抵御你，而不会脱掉衣服真心地接纳你。虽然我很温柔，不像你那样充满力量，但是人们却很喜欢我，他们知道我会带来温暖，驱散寒冷。”

北风和东风的事例形象地告诉我们一个道理：你给予别人什么，别人就会加倍回报你什么。所以，在现实生活和工作中，女孩们，千万不要想法设法地让自己变得像男人一样刚强。要知道，以柔制刚才是女性的制胜法宝。很多时候，我们要学会示弱。示弱，不但是比以强制强更高的姿态，也是一种更博大的胸怀。其实，生活中哪有那么多你死我活的争斗呢！很多事情都是不值得计较的，最重要的是我们要有一颗宽容善良的心。恰合时宜的示弱，不但不会给我们冠以懦夫和弱者的恶名，还会为我们迎来赞许和敬佩。只有真正的强者，才能坦然示弱，而不以为耻。我们知道，很多小草的种子都埋藏在石头下面，为了生长，它们不会不遗余力地企图穿透石头，相反，它们会改变生长的方向，让自己努力地从石头下面来到充满阳光、雨露的世界。还有一些古树，它们因为各种各样的原因，甚至身体里镶嵌着石头或者一半的身体被雷电劈倒的情况下，依然顽强地生存。这就是示弱，恰恰体现了最顽强最伟大的生命力。

恰到好处的示弱，不但显示了你是一个真正的强者，也证实了你是一个真正充满智慧的人。示弱，也是一种强大的力量。只要运用得当，示弱远远比逞强更有作用。

克洛普是瑞典人，他非常喜欢野外运动，尤其喜爱登山，他是一名职业登山人。1996 年春季，他从瑞典出发，骑着自行车，千里迢迢地来到了喜马拉雅山。他与 12 名伙伴一起，准备登上喜马拉雅山。要知道，对于登山爱好者来说，登上喜马拉雅山对他们的人生是一种标志。然而，在预定的返回时间因为情况恶劣，没有如期到达顶峰。不过，他们此时距离顶峰已经不远了，只需耗费不到一个小时，继续攀登 300 英尺。在这样的情况下，他经过慎重思考，决定放弃这次登顶活动。就这样，筹划已久的攀登喜马拉雅山行动前功尽弃了。为了在安全的时间里顺利返回，他们在与顶峰只差 300 英尺的情况下折返山脚。同行的 12 名伙伴不认可他的做法，固执己见，坚持攀登到顶峰。的确，他们之中的大多数人都到达了顶峰，领略了喜马拉雅山的壮美。然而，由于错过返回时间，他们遇上了风暴，很多人都葬身暴风雪之中，让人倍感惋惜。

克洛普顺利返回之后，吸取经验和教训，补充物资。果然，在第二次攀登喜马拉雅山的时候，他很顺利地到达顶峰。

虽然克洛普的伙伴们都很勇敢，勇于向大自然挑战，然而，他们之中的大多数人却失去了宝贵的生命。生命对于任何人来说都只有一次，在被暴风雪夺去生命的时候，他们一定在懊悔，为什么没有跟随克洛普按时返回山脚。虽然克洛普第二次才攀登到顶峰，但是他至少还活着，还能欣赏无限美景。假如克洛普和伙伴们一样不顾一切地向顶峰攀登，生命一定也会遇到极大的威胁。在神圣的珠穆拉玛峰面前，他示弱了，这是一种明智之举，非但不是怯懦，而是有智慧的强者所为。

女孩不要把温柔当作脆弱

曾经几时，温柔对于女孩子而言已经不是一种追求。人们似乎误解了温柔，把温柔和脆弱、怯懦、无能联系在一起。一个女孩子如果温柔，就一定是肩不能抗、手不能提的。渐渐地，女孩子们不希望自己再被冠以温柔的美名。随着温柔的渐渐退幕，“女汉子”“女强人”等时髦的称谓渐渐占据主角。其实，这完全是人们对温柔的误解。温柔，是一种气质，是内心的淡定平和。温柔的女孩，就像水一样。有人说水是最柔软、最无形的，其实水具有最坚硬的东西也无法比拟的力量，水无孔不入，能够完全地渗透。如果女孩温柔，就会像水一样，有着最柔韧的性格。

温柔不是脆弱。温柔是一种与人为善的气质，是一种博大宽厚的胸怀。温柔的人虽然性格如煦暖的春风，但是这并不影响他们拥有韧性的品格。相比之下，脆弱则完全是个贬义词。脆弱的人不能承担重任，一遇到困难就会放弃，经受不起生活的一点点挫折。因此，女孩们，让自己变得温柔吧，因为温柔是形容女性品格的最美词汇。让自己远离脆弱吧，并不是娇滴滴的女孩才配得上温柔的称谓。古有东施效颦，指的是东施看到西施那么美丽，就也模仿西施的样子，装得病恹恹的。现代社会，也有很多这样的女孩。她们以为娇弱就是温柔，以为脆弱就是温柔，动不动就娇滴滴地叫喊，动不动就说自己要崩溃了。其实，这样的女孩和温柔毫不搭界。温柔，是真性情，是真情流露，而不是虚伪矫饰。虽然我们提倡男孩都应该培养自己的绅士风度，但是东施效颦绝不可能造就淑女。我们唯有修炼自己的内心，让自己变得胸襟开阔，才能赢得真正的温柔气质。

草儿是个非常温柔的女人，在全村都出了名。村子里，老幼妇孺都知道草儿的为人秉性。草儿孝顺公婆，顺从丈夫，对孩子都轻声细语，从未大声说过话。大家都说草儿温柔，所以命运也好。草儿结婚的时候，公婆就盖好了楼房。

草儿进入公婆家的门，家里一应俱全，再加上草儿丈夫是个很棒的劳动力，每年农忙时侍弄田地，平时就出门挣钱，所以草儿的日子过得顺风顺水。

然而，造化弄人。命运总是在人们不经意的时候立下下马威。草儿过门没几年，孩子刚刚一岁多，她丈夫在工地上干活的时候失足从脚手架上摔落，脊柱受伤，瘫痪在床。原本一个风生水起的家，突然之间就失去了顶梁柱。草儿整日地哭，看着寻死觅活的丈夫，她含着眼泪，温柔地劝说、宽慰着丈夫。渐渐地，丈夫接受了自己瘫痪在床的事实，开始学着编制草鞋，挣钱贴补家用。草儿呢，突然之间就从一个家庭妇女变成了顶梁柱。她每天清晨起床，喂猪喂鸡，送孩子上学。回家之后再和丈夫一起编草鞋，和丈夫聊天，给丈夫解闷。自从丈夫不再自暴自弃，草儿从未哭泣过。她对丈夫说："大志，只要人在，咱们就什么也不怕。我想好了，明年我要养更多的猪，喂更多的鸡，闲时再和你一起编草鞋。这样，挣钱和照顾你两不耽误。你放心吧，只要你每天开开心心的，日子再苦再难我也能坚持。困难都是暂时的，人在，家就在。有你在，我心里就踏实，我觉得有主心骨。"听了妻子的话，大志感动得热泪盈眶。以前，草儿连虫子都害怕，如今，她却瞬间变成了一个温柔的女汉子。对公婆、对丈夫、对孩子，她一如既往地温柔似水。唯独对自己要求非常严格。她知道，如今这个家里的老人孩子都指望她啦。

温柔的草儿并不脆弱，在噩运突然降临的时候，她虽然也哭过，但是很快就坚强地面对。这样的女人，才是真正的温柔。日常生活中，顺风顺水的日子里，我们无法验证一个人的本性。唯独在这样的时刻，我们更容易看出一个人是坚强还是脆弱。

其实，在困难面前，脆弱于事无补。脆弱，只会让我们被困难打败。脆弱，不是强者的借口，却是弱者失败的原因。生命就是这样，没有任何人的人生是一帆风顺的。当厄运突如其来，每个人都应该如迎风傲雪的寒梅，自顾绽放、自顾美丽。

不要怯懦，做有主见的女孩

很多女孩子都很柔弱，行走起来就如弱柳扶风。对于这样的美，大多数人都表示欣赏和赞许。确实，对于女孩子来说，柔弱是一种美。阴柔，向来就是女性之美的代表。需要注意的是，柔弱并不能怯懦。对于柔弱，很多人将其与怯懦混为一谈。人们觉得女孩子不但应该体态柔弱，性格也应该非常软弱怯懦。实际上，现代社会与封建社会大为不同，如今再也不是女子无才便是德的年代。女孩子不但要学习知识、掌握文化和科技的力量，还应该养成独立的人格和尊严。因此，女孩们，千万不要怯懦。怯懦非但不能增强你的柔弱之美，还会使你变得唯唯诺诺，没有独立的主见，处处依附于别人，变得就像墙头草一样，随风就倒。这样的女孩，也许看似很温柔，实则是软弱怯懦。

和以往一味地提倡谦虚不同，现代社会虽然也倡导人们应该谦逊，但是却也把自信提高到了前所未有的高度。古有孔融让梨，也有当仁不让。现代社会，生活节奏越来越快，工作压力越来越大，一切的一切都要靠我们自己去打拼才能获得。所以，对于女孩子来说，自信也是必不可少的。要想避免自己变得怯懦，就应该与怯懦背道而驰，让自己变得自信果敢、满怀勇气。仅仅从表面来看，一个怯懦的女孩总是低眉顺眼，甚至连说话都不敢看着别人的眼睛。试想，在虎狼成群的现代社会，这样的女孩如何生存呢？相比之下，自信的女孩则显得更有魅力。自信的女孩走路虎虎生风，昂首阔步。她们目光坚定，与人说话时总是坦然地看着对方的眼睛。对于这样的女孩，每个人都会愿意与她交谈。女孩们，自信是一种能力，更是一种不可多得的气质。要想让自己变得自信，我们就要渐渐战胜怯懦、赶走怯懦。诸如，在课堂上听讲的时候，面对老师的提问，你是勇敢地举起手来，还是在心里踌躇很久也不敢举手，甚至压根连想举手都不敢想。大家都知道英国首相撒切尔夫人。撒切尔夫人自小就受到父亲严格的教育，所以长大之后才会有如此伟大的成就。在撒切尔夫人很小的时候，

她的父亲就对她说，不管什么时候，你都要做前排。学习的过程中，我们常常会参加很多公开的课程。你是躲在最后排的角落里躲避老师的提问，还是勇敢地做到前排与老师展开眼神的交流呢？你坐在那里，你的人生也会出现在相应的位置。这就是自信的力量。也许，我们刚开始时的自信是逼出来的，就像撒切尔夫人小时候第一次做前排一定也很忐忑一样，只要坚持下来，日久天长，你的自信就会变成骨子里的自信，怯懦自然也就无处可逃了。

也许有人会说，女孩生来就很较弱，是应该被别人呵护和照顾的。即使怯懦，也没有关系。然而在现代社会，不管是在学习上，还是在工作上，女孩都和男孩一样平分秋色，巾帼不让须眉。作为女孩，虽然天生柔弱，但是绝不能怯懦。社会要求我们也成为顶天立地的顶梁柱，和男孩一样撑起一片天空。我们应该顺应时代的发展，从方方面面加强自身的能力。

小米上三年级了。近来，每天早晨准备出门去学校时，都会伤心地哭泣。刚开始的时候，小米会谎称肚子疼、头疼等，让妈妈帮她请假不去上学。后来，小米什么也不说，就是呜呜地哭。妈妈觉察出异常，发现小米并非真的生病，只是不想去上学，不由得很纳闷。

最近，对于妈妈和小米来说，每天去学校都成了很痛苦的过程。一个因为上班即将迟到而心急如焚的妈妈，加上一个坐在自行车后座上哭泣的女儿，简直成了一道别样的风景。为了弄清楚小米为什么不想上学，小米妈妈委托同事的儿子强强帮忙观察小米，看看她白天在学校有没有异常。几天之后，小米妈妈终于知道了答案。据强强说，小米的同桌皮皮总是欺负小米。有一次，皮皮把小米打哭了，还警告小米："小米，你要是把我打你的事情告诉老师或者妈妈，我就会更加使劲地打你。"小米似乎很怕皮皮，回家之后，尽管妈妈再三诱导，她都没有把皮皮打她的事情说出来。

妈妈无计可施，只好直截了当地问："小米，我怎么听你们班同学说，看到皮皮课间打你了呢？到底有没有这回事？"听到妈妈这么问，小米哇哇大哭起来，一边哭一边说："妈妈，我不想上学。我要在家里，我不去学校。"小米哭完之后，妈妈终于问清楚事情的来龙去脉。原来，皮皮看到小米的学习用

具比他的好，就会打小米。每次，他都恐吓小米不许告诉老师和妈妈，小米因为从小就很乖，对爸爸妈妈的话言听计从，所以也对皮皮的恐吓信以为真。虽然被皮皮打了好几次，还抢走了好几个心爱的学习用具，但却从来没向老师和妈妈说过。

生活中，很多父母都以孩子乖巧听话为由，大肆赞美孩子。就像事例中的小米一样，也许是因为父母从小就教导他要听话，所以对于皮皮的话也信以为真，变得非常怯懦，受了欺负却不敢走漏风声。如果不是强强把真相告诉妈妈，只怕小米会把上学当成一件非常可怕的事情，时间久了，学习成绩也必然受到影响。

女孩原本就处于弱势群体，父母在教育女孩的时候，一定要引导女孩形成主见，有自己的思想和尊严，不要一味地畏惧权势。女孩们在成长的过程中，如果遇到问题，也要勇敢面对。当遇到自己无法处理的困难时，也要学会及时向师长父母求助，千万不要一味地被人欺负。女孩，应该成为一朵铿锵玫瑰，虽然娇艳，却无畏风雨。

坚强，是女孩最美的妆容

人生之路漫长而又布满坎坷和挫折，也许前一刻还是晴空万里，瞬间就厄运降临。很多时候，短短的一秒钟之内，人们的命运就发生了一百八十度的大转弯。那么，面对这样变幻莫测的人生，究竟应该采取怎样的态度呢？对于花季的女孩来说，也许命运不会这么波折，但是人生就是不断接受改变的过程，变化是一定有的。这些变化或好或坏，不管是好运还是厄运，我们都得坦然面对。

如何平静淡然地行走人生，最需要的品质就是坚强。风调雨顺的日子，毋庸置疑，大多数人都能过得风生水起。那么，一旦遇到灾难，如何应对呢？

生活中，有很多女孩就像温室里的花朵。从小，她们就在父母和祖辈的呵护下长大，从未亲手洗过袜子，更未受过任何委屈。然而，父母为我们营造的安逸环境能够维持多久呢？不管我们小时候是多么地集万千宠爱于一身，一旦长大，步入社会，就要与其他人接受平等的竞争。这样的生活里，既有快乐，也有苦恼，更有很多委屈和磨难。当你渐渐长大，时间悄悄溜走，父母也日渐老去。他们还能给你撑起一方晴空吗？当父母反过来需要你照顾的时候，你能否像父母当初为你遮风挡雨一样，也为父母撑起一方晴空呢？

如今，很多女孩都是独生女。“421”的家庭结构导致她们备受呵护，承受挫折的能力几乎为零。即便如此，当我们意识到自己终有一天必须独立面对这个世界时，还是要多多锻炼自己，磨练自己的毅力和韧性。在人类诸多的品质之中，唯有坚强，是必不可少的。要想行走于这个世界，我们就不可能不遇到困难和坎坷；要想踏平困难和坎坷，我们就必须具备坚强的品质。试想，当一个人走霉运的时候，打击接踵而至。这个时候怎么办？是放弃，还是倒地哭泣？这些都不能彻底解决问题，甚至会因为放任而使问题更加恶化。唯有坚强地面对，才能让事情朝着好的方面发展。

也许有很多人都觉得女孩天生娇弱，心理脆弱也是正常的。然而，真正美丽的女孩，是坚强、独立、自主的女孩。在人生之路上，唯有坚强，方得从容。

王淑婷是个花季少女，然而，她的人生在大多数人眼中一点儿也不美丽。从出生之后，她已经数次骨折了。原来，她就是传说中的“瓷娃娃”——碰不得，一碰就碎。王淑婷患了脆骨症，她不但不能像正常孩子一样嬉笑打闹，甚至连笑都不能大笑。对普通人来说不算病的感冒，到了她这里就是要命的病，因为即使是打个喷嚏，她也有可能骨折。出生之后的一年时间里，王淑婷居然骨折了三次。心力憔悴的父母带着她四处求医，最终确诊：脆骨病。从此以后，母亲放下一切心情，专心致志地陪伴和照顾王淑婷。然而，即便母亲万般呵护，百般小心，她还是骨折了十几次。其他孩子的童年是在玩乐中度过的，王淑婷

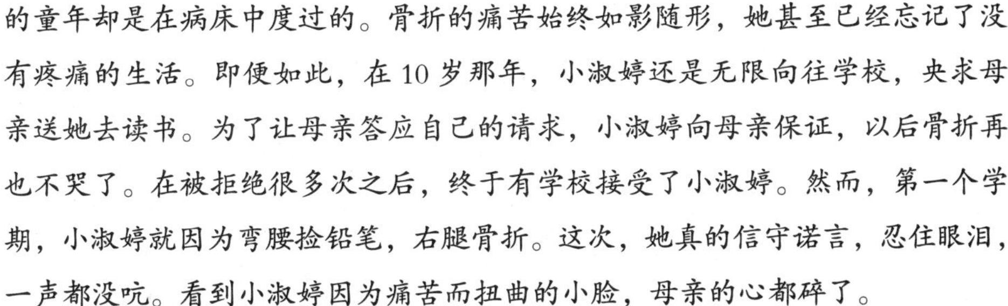

的童年却是在病床中度过的。骨折的痛苦始终如影随形，她甚至已经忘记了没有疼痛的生活。即便如此，在10岁那年，小淑婷还是无限向往学校，央求母亲送她去读书。为了让母亲答应自己的请求，小淑婷向母亲保证，以后骨折再也不哭了。在被拒绝很多次之后，终于有学校接受了小淑婷。然而，第一个学期，小淑婷就因为弯腰捡铅笔，右腿骨折。这次，她真的信守诺言，忍住眼泪，一声都没吭。看到小淑婷因为痛苦而扭曲的小脸，母亲的心都碎了。

只休息了三天，小淑婷就缠着母亲把她送到了学校。虽然腿上打着石膏，小淑婷依然专心致志、如饥似渴地学习。她知道学习的机会得来不易，她想像其他小朋友一样，也能够掌握文化知识。幸运的是，老师和同学们都很照顾小淑婷。在未来的三年里，她只骨折了两次。小淑婷很感恩，为了感谢老师和同学们，她常常用自己灵巧的双手，折千纸鹤、幸运星等作为礼物送给他们。虽然身体状况很差，小淑婷却很懂事。她常常坐在轮椅上帮妈妈干些力所能及的家务活，减轻妈妈的负担。为了给小淑婷治病，父亲和哥哥姐姐常年在外打工。尽管命运如此多劫，小淑婷却从未放弃生活。她非常乐观开朗，也很有韧性。最重要的是，她很坚强。面对肉体的痛苦，她从不流泪；面对精神的痛苦，她从不放弃。

张娜五岁的时候，就因为车祸失去了双腿。从此之后，母亲承受不了生活的绝望，自杀了。爸爸离开家，一去不返。陪伴张娜的只有满头白发的爷爷奶奶。张娜很懂事，她从未因为自己失去双腿而自暴自弃。7岁时，张娜用双手撑起自己沉重的身躯，经历了十几年的寒窗苦读，最终考上了大学。张娜从小就经常帮爷爷奶奶干活，非常孝顺，虽然失去双腿，但是却很自立。因为拐杖经常坏掉，家里又没有多余的钱买拐杖，张娜决定用手行走。大学报到的那一天，这个无腿的女孩独自带着行李来到大学校园，让无数人都心生敬佩。张娜永远记得爷爷说的，爷爷奶奶年纪大了，不能永远照顾她，所以她才如此坚强。

王淑婷和张娜的命运都非常坎坷。对于花季女孩来说，她们一个是“瓷娃娃”，一个是“无腿少女”。这样的命运降临到女孩身上，简直是生命不能承

受之重。幸运的是，她们都很坚强。正是因为坚强，她们的生命之花才没有过早枯萎。她们尽量努力，竭尽所能地让自己拥有正常的生活。

命运就是这样反复无常。面对命运的捉弄，坚强的女孩最美丽。也只有坚强的女孩，才能扼住命运的咽喉，主宰自己人生的方向。

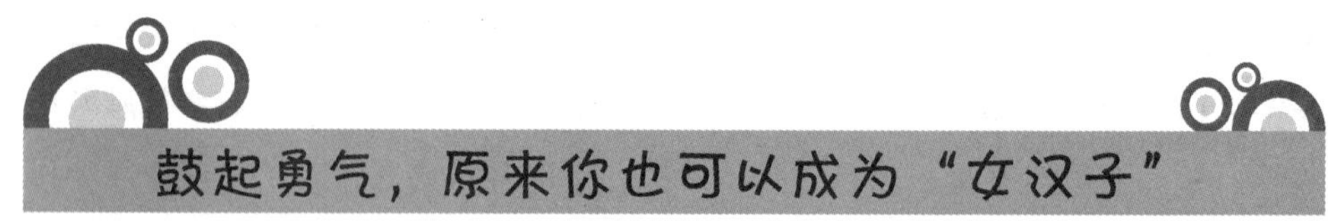

鼓起勇气，原来你也可以成为“女汉子”

很多女孩都觉得自己绝对不可能成为“女汉子”，一则她们缺乏自信，二则她们不愿意自己太过刚强。的确，如果是在封建社会，女孩只需要找到一个如意郎君，似乎一生就有所托了。然而，现代社会与封建社会大大不同。女子不再无才便是德，而应该是个全能，上学的时候学习拔尖，工作的时候工作出色，成家之后还应该成为贤妻良母。渐渐地，在生活的逼迫下，越来越多曾经娇滴滴的女孩变成了女汉子。近几年，女汉子成为流行语。就像贾玲在一期综艺娱乐节目里唱的“女神和女汉子，女神和女汉子”。无一例外，每个女孩都想成为女神，殊不知，女神在成为女神之外，也经历了很多挫折，也曾经是女汉子。

生活，从来不会特殊照顾某个人。相反，厄运却常常与人如影随形。就像有人曾经说的，生活的常态不是万事如意，而是事与愿违。那么，要想获得想要的生活，我们难免要去争取。现代社会，已经不再适合林黛玉式的生活，而更加推崇薛宝衩。她辅佐母亲撑起整个家庭，凡事都要思量和考虑，还常常抛头露面，为了家道鼓起勇气去争取、去谋算。谁又能说薛宝衩不温柔呢？谁又能说薛宝衩不是贤淑典雅的女子呢？由此可见，女汉子可以只是女人千面的其中一面，而不是从根本上把女人变成汉子。很多娇柔的女子在经历变故之后瞬间变得坚强自立，就是激发了自己心里女汉子的一面，是勇气让她们在短时间

里产生了如此的蜕变。

女孩们，你们尽管娇柔，尽管美丽，尽管如花儿一般绽放。只需要在恰当的时候，鼓起一些勇气，就会瞬间变身女汉子，成为最具有勇气和魄力的女子。生活如此，每个女孩都只能八面玲珑，施展浑身十八般武艺，耐心应对。女神和女汉子，就是你千面之中的两面。

从今天中午开始，小敏在学校出名了。原来，有几个人来到学校，给小敏送来了锦旗。送锦旗的原因让所有人都大跌眼镜，居然是因为小敏勇敢地抓小偷。要知道，大家心目中的小敏是一个看到毛毛虫都会尖叫的女孩子，从来都是娇滴滴、文弱弱的。原来，小敏周末乘坐公交车回家的时候，遇到了小偷正在偷钱包。当时，车上很多人都看到了，大妈却因为提着好几兜东西，没有注意到。正当大家都视若无睹的时候，小敏心里很犹豫：我是喊抓小偷呢还是不喊呢？如果我贸然喊了，小偷不会拿刀捅我吧。就这样，犹犹豫豫中，小偷得逞了。看着那些斜眼睥睨却不敢声张的人们，小偷居然得意地吹起了口哨。

突然，大妈好像意识到什么，把手里的提兜放到地上，一摸口袋，发现钱包不见了。大妈急得嚎啕大哭，喊道："丧尽天良的小偷啊，这是我刚刚取出来给老伴救命的钱啊！你把钱偷走了，老伴的病就没救了，我可怎么活啊！你干脆把我杀了算了，我不想活了呀。我省吃俭用，才积攒的这点儿养老钱啊，你怎么这么缺德啊，我老伴癌症晚期，躺在医院里等着做手术啊……"听着大妈的哭声，小敏突然觉得心中燃起了一股力量和勇气，走到司机身边，让司机到站不要停靠更不要开门。然后，她指着小偷说："你的口袋里装着什么？你连老人的钱也偷，难道你没有父母吗？"小偷恶狠狠地瞪着小敏："死丫头，你活腻歪了吧！你可别冤枉好人啊，真是找死！"大妈看到小偷如此猖狂，不顾一切地扑上去，和小偷扭打在一起。其他的几个乘客见此情形，也过去帮着大妈，果然，从小偷的口袋里找到了大妈丢失的钱包。

在公交车上，大妈激动万分地感谢小敏，小敏却说："没什么，这是我应该做的。"其实，小敏表面看起来平静，心里直到现在还砰砰打鼓呢！她一直在想：鼓起勇气，我就是女汉子！女汉子！女汉子！

连看到毛毛虫都害怕得失声尖叫的小敏居然成了抓小偷的英雄，还有哪个女孩不能鼓起勇气成为女汉子呢？！

生活就是这样，有很多突发的状况和突如其来的变故。没有人能够一辈子被照顾、被呵护。所以，当我们自顾自美丽的时候，也不要忘记在恰当的时候鼓起勇气，成为一朵铿锵玫瑰！

第 05 章

从小培养好品质，品质铸就女孩完美人生

对于一个行走人生的旅者来说，充沛的体力虽然是必不可少的条件，但是品质同样重要。不管是古代社会还是现代社会，人们都更讲究人品。可以说，良好的品质是我们行走人生的保障。很多时候，一些小聪明的人也许会暂时博得便宜，但长远来看，唯有高尚的品质，才能铸就完满人生。对于女孩来说，品质同样重要。在生活和学习中，女孩们应该有意识地提升自己的品质，让自己变得更加坚强、独立、品德高尚、正直善良。也许有人会说品质并不能给我们带来明显的效益，然而，那些成功人士和伟人，除了超凡的能力之外，无一不具备优秀的品质。

专注的你，最吸引眼球

何为专注？顾名思义，指的是做一件事情的时候非常专心致志，不为外界所干扰，集中所有的精神和注意力。毫无疑问，从孩童时代，我们就非常需要专注的能力。举个最小的例子来说，很多孩子吃饭的时候不够专心，一边吃一边玩，必须父母端着碗追赶着喂，他才漫不经心地吃一口。这样的孩子，吃饭的时候就极度缺乏专注能力。相比之下，有些孩子吃饭就很专心。他们吃饭的时候什么也不想，眼睛盯着餐桌上的饭，吃得非常香。大多数父母都因为孩子不好好吃饭而发愁，并且羡慕这些吃饭专注的孩子。实际上，专注能力是需要培养的。让孩子从事一些需要精细动作的游戏，或者是需要长时间集中注意力才能完成的事情，时间长了，孩子的专注能力就会得到提升。需要注意的是，很多时候，当我们集中注意力完成一件事情的时候，父母会要求我们终止，去做其他的事情。这种情况下，我们的专注能力就得到了破坏。可以说，不管干什么事情，都需要专注。

现代社会，女性不再像古代社会一样只需要留在家里相夫教子，精通琴旗书画。现代社会的职业女性，除了要和男性一样在社会上打拼奋斗之外，还要兼顾家庭，照顾父母和孩子。如此一来，社会给予女性前所未有的重要责任，也对女性提出了更高的要求。作为女孩子，早在读书的时代，就应该从各个方面提升自己的能力，以适应社会和生活的需要。其中，女孩尤其要培养自己的专注能力。也许有些女孩会说，我要专注能力做什么用啊，我只需要好好化妆，把自己打扮得漂漂亮亮的，就能吸引很多眼球，走在路上百分之百的回头率。

其实不然，如此被吸引来的眼球无非是猎奇的眼球和暂时性惊艳的眼球。如果你想吸引他人真正地欣赏你，给你投来赞许和敬佩的眼光，你就应该成为一个专注的女孩。专注的女孩最美丽。在大学校园里，最美的风景就是那些或者坐在图书馆里或者坐在林荫树下读书的女孩，还有些女孩专注地弹钢琴，一心一意地拉小提琴，甚至是跑道上专心致志跑八百米的女孩，都是专注而又美丽的。她们远远比那些搔首弄姿的女孩更加能够吸引别人的眼球，从精神上获得对方发自内心的赞美和赏识。所以，女孩们，如果你想真正得到他人的认可也实现自身的价值，那么就应该学会专注地学习、做事。当你凝心静气地沉浸于自己的世界里时，一定有无数双眼睛在看着你，也有很多敬佩你的人在心里默默地说：这个女孩真独特，那么美丽！

如果你不曾专注的做一件事情，你就无法体会到专注的巨大力量。专注可以最大限度地激发人们的潜力，使人把自己的潜力发挥到极致。这样的感受，只有真正专注的人才能体验到。如果你面对一件很难的事情，心里有丝毫的畏缩和怯懦都是不可能完成这件事情的，唯一的可能就是专心致志地面对，集中所有精神和精力去解决。沉浸在思考以寻找解决办法中的你，甚至完全忘记了自己的存在。关于专注的力量，早在两千多年前，荀子就非常提倡。在《劝学》中，记载道："故不积跬步，无以至千里；不积小流，无以致江海。骐骥一跃，不能十步；驽马十驾，功在不舍。锲而舍之，朽木不折；锲而不舍，金石可镂。"这段话的意思就是，做事情要专注，要坚持不懈，积少成多，要持之以恒，毫无他想。唯有如此，才能获得成功。女孩们都知道龟兔赛跑的故事，在这个故事中，兔子仗着自己跑得快，丝毫不把乌龟放在眼里。它很快就跑到了慢吞吞的乌龟前面，甚至完全有时间惬意地躺在树底下睡一觉。乌龟呢？它并没有因为自己跑得慢就放弃比赛，眼见着兔子一下子跑得无影无踪，它还慢吞吞一步步地往前爬。它很专注，它知道只要自己不停下来，最终肯定能够到达终点。最终，乌龟赢得了比赛，其实，乌龟是赢在了专注。在人群之中，天资聪明的人不在少数，然而，细心的人会发现，成功的人未必是这些天资聪明的人，相反，是那些天资平平但却富有坚持和专注精神的人，最终获得了成功。这些人也像乌龟一样，在漫长的赛道上非常专注，凭借着顽强的毅力最终获得了骄人的成就。

小时候，牛顿是个很普通的孩子。他并不比其他人聪明，也并没有特殊的技能。不过，他特别勤奋，不管是学习，还是从事研究工作，他都沉浸其中，甚至完全忘记了自己。有一次，为了进行一个难度很大的实验，他连续几个星期待在实验室里。因为沉浸在实验之中，饥肠辘辘的他浑然不知地把手表放进锅里煮，他还以为手表是鸡蛋呢！还有一次，朋友来拜访他，他正在做实验，便让朋友在客厅等待。直到仆人把饭做好了，他还没有出来和朋友见面。朋友左等右等，不见他出来，便自己坐在餐桌旁吃了起来。吃完之后很久，他还是没出来，朋友就回家了。直到做完实验，牛顿感到肚子很饿，就来到餐厅吃饭。看到桌子上的饭菜都被吃得所剩无几，牛顿拍拍脑袋，笑着说："哈哈，原来我已经吃完饭了，我居然又来吃饭！"说完，他不再理会饿得咕咕叫的肚子，便又一头钻进了实验室，直到晚餐时间也没出来。

王羲之是东晋时期著名的书法家，人称"书圣"。王羲之从小就苦练书法，因为天资聪颖，再加上勤学苦练，所以他7岁的时候，字就写得很好了。即便如此，他从未骄傲，依然坚持苦练。读书识字之后，王羲之按照《笔说》中的方法，每天起早贪黑，废寝忘食地练习。有一次，仆人把馒头和蒜泥送到书房。催促了几次，王羲之依然埋头练字。无奈之下，仆人把王羲之的母亲请到书房，让母亲劝说王羲之吃饭。母亲来到书房一看，王羲之眼睛盯着字帖，一只手里正拿着一块黑乎乎的馒头往嘴巴里送，嘴唇上也是乌黑乌黑的。原来，王羲之只顾着练字，不知不觉间，把墨汁当成蒜泥，蘸着馒头吃了。见此情形，母亲哈哈大笑。王羲之不知所以，笑着对母亲说："母亲大人，今天的蒜泥真香啊！"正是因为有这样专注于练字的精神和毅力，王羲之在能博得"书圣"的美名。

牛顿在科学界倍享盛誉，王羲之在书法界成为泰斗，他们的成功都不是因为天资的聪颖，而是因为专注的力量。虽然我们未必能够成为像牛顿一样的大科学家，也不一定能够成为像王羲之一样的书法家。即使作为凡人，如

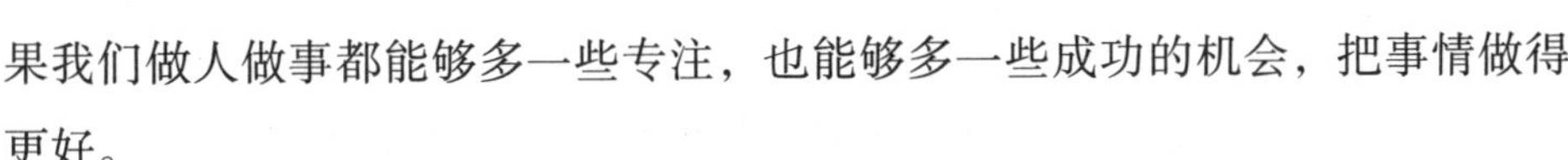

果我们做人做事都能够多一些专注，也能够多一些成功的机会，把事情做得更好。

女孩们，不管做什么事情都要专注啊，唯有专注的你，才是最美丽的！

有责任心的女孩更让人敬佩

责任，顾名思义，就是一个人应该承担的分内之事。大凡能够承担起某种责任者，一定是把那种责任当成了自己理所应当承担的。既然是分内之事，责任的界定范围就与份内的界限有着密切的联系。其实，对于份内的理解，每个人都有着不同的尺度。有些人基于良心道德的范畴，有些人基于法律的范畴，有些人是根据约定俗成的规矩……总而言之，份内的界定个人都有个人的标准。也因此，对于责任心，每个人也有着自己不同的理解和对应的行为。责任心强的人，会主动承担起更多的责任和义务，并且觉得责无旁贷；相比之下，责任心差的人，总是明哲保身，和自己无关的事情就想出各种理由推脱。责任心强的人承担着各种沉甸甸的担子，也从不抱怨；责任心差的人，虽然没做什么事情，却怨声载道。相比之下，不管是生活还是工作，必然都更加欢迎有责任心的人。

也许有些女孩会说，责任不是男人才应该承担的吗？女孩是被呵护和宠爱的，无需承担责任。这句话大错特错了。现代社会，女性和男性一样承担着工作的责任、照顾家庭和赡养父母、抚育孩子的责任。因此，女性也同样要有责任心。在网络上的一些新闻事件中，很多母亲因为家庭突然遭受变故，承受不了巨大的压力，无法肩负家庭的重任，因此抛弃家庭和孩子离家出走，一去不返。这样的母亲不配称为母亲，也给家庭和孩子带来了很大的伤害。再举例而言，在学校生涯中，很多女孩都希望自己能成为班干部。要知道，老师和同学们在考量是否举荐某个人当班干部时，主要是看这个人是否能够承担起相应的责任。例如，班长就要身先士卒，在班级里的活动中起到带头作用；学习委员就要成绩优异，在学习上成为全班同学的表率。进入大学之后，还会有学生会主席的职务，学生会主席不但要在班级里身为表率，还要在全校同学面前起到示范作用，成为全校同学的榜样。尽管人们把温柔作为女孩的标签，但是现代女孩不但要温柔，也要坚强。试想，一个女孩不但能文，温柔似水，而且能武，在遇到事情的时候不慌乱不推诿，能够勇敢地承担起责任，那么这个女孩一定能够博得更多的赞许和认可，得到人们的敬佩。

小敏和晓娜在同一家公司工作。有一次，老板让她们把一个价值不菲的古董花瓶作为礼物送给客户。还让她们请客户吃饭，以便让客户签约。她们把客户约到一个高档会所，小心翼翼地把古董花瓶展示给客户看，客户果然很喜欢，原来，老板早已打听好这个客户就是喜欢收集古董花瓶。

在宴席上，小敏和晓娜陪着客户吃饭，聊得很尽兴。不知不觉间，小敏和晓娜都喝多了，客户最后还是给她们倒了杯酒，说如果想签约，就一饮而尽。看到顺利签单就在眼前，小敏和晓娜只得硬着头皮端起酒杯，一饮而尽。小敏觉得想吐，晓娜赶紧起来扶着她去洗手间。不想，晓娜被地板上的酒盒绊倒了，带着小敏，一起倒在了旁边的凳子上，把凳子上放着的古董花瓶碰到地上，摔碎了。她们瞬间被吓醒了，浑身都是冷汗。要知道，这个古董花瓶可是够她们挣一辈子的。客户醉眼朦胧地看着她们，说："小敏，晓娜，这个花瓶摔碎了，可不能算我的啊！"

回到公司之后，老板严肃批评了她们，还说要开会研究决定如何处罚她们。中午，办公室里的人都去吃饭了，晓娜走到老板办公室，说："老板，花瓶摔碎了真的不怪我。我那天就是学雷锋，做好人好事，才陪着小敏去洗手间。要不是为了小敏，我也不会摔倒啊。你不知道，小敏喝醉了，身体太沉了，使劲撞了我一下呢！"老板看着晓娜，说："我知道了。"其实，在晓娜来找老板之前，小敏就已经找到老板了，她对老板说："老板，古董价值不菲，您要罚

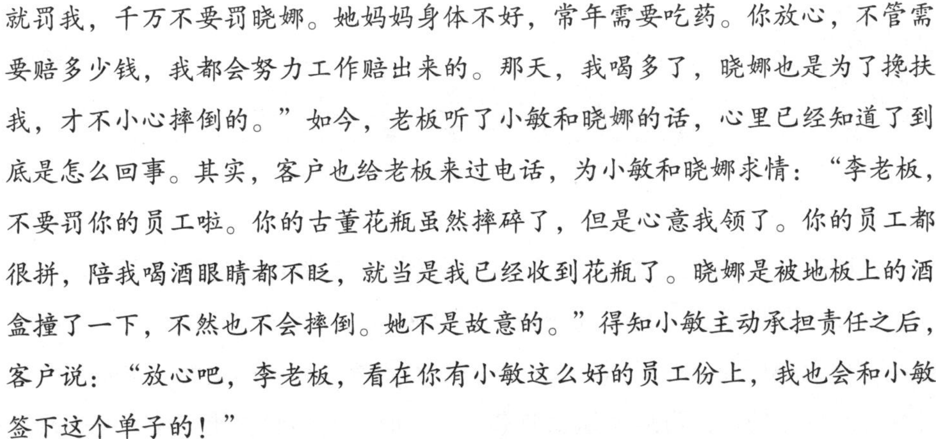

就罚我，千万不要罚晓娜。她妈妈身体不好，常年需要吃药。你放心，不管需要赔多少钱，我都会努力工作赔出来的。那天，我喝多了，晓娜也是为了搀扶我，才不小心摔倒的。”如今，老板听了小敏和晓娜的话，心里已经知道了到底是怎么回事。其实，客户也给老板来过电话，为小敏和晓娜求情：“李老板，不要罚你的员工啦。你的古董花瓶虽然摔碎了，但是心意我领了。你的员工都很拼，陪我喝酒眼睛都不眨，就当是我已经收到花瓶了。晓娜是被地板上的酒盒撞了一下，不然也不会摔倒。她不是故意的。”得知小敏主动承担责任之后，客户说：“放心吧，李老板，看在你有小敏这么好的员工份上，我也会和小敏签下这个单子的！”

后来，老板在开会的时候说：“这件事情，我已经知道了来龙去脉。不过，我要额外奖励小敏。她遇到事情的时候没有推脱责任，而是勇敢地站出来承担责任，保护晓娜不受到处罚。这样的员工，是我们必须重任的员工。从现在起，小敏升任销售部主任。晓娜，你应该为有这样的小伙伴自豪啊！”听了老板的话，晓娜羞愧地低下了头。

小敏勇敢地承担责任，非但没有受到惩罚，反而还得到了嘉奖。这样有责任有担当的女孩，不管是哪个公司哪个老板，都会很欣赏的。人生就是如此，每个人都承担着相应的责任，唯有努力地拼搏、勇敢地担当，才能最终得到属于自己的回报和认可。

女孩们，你们也想拥有老板的赏识和同事的认可吗？其实，不管是在工作中，还是在学习中，都需要我们去认真地对待、勇敢地承担。责任感不但包括我们自身的生活，也包括对国家，对社会的责任感。鲁迅先生以手中的笔作为战斗的武器，唤醒了无数国人，让他们奋起反抗，这就是社会责任感。古有岳飞在背上刺字——“精忠报国”，这就是对国家、对民族的责任感。责任感和其他很多优秀的品质一样，是我们做人的脊梁。

真诚，永远是人际交往的良药

法国著名诗人雨果曾说：“世界上最宽阔的是海洋，比海洋更宽阔的是天空，比天空更宽阔的是人的胸怀。”的确，一颗真诚宽容的心，比海洋更辽阔，比天空更高远。然而，人心不但是如此博大高远的空间，也是一个比针尖更小的空间。人心就是这么复杂，有的时候宰相肚里能撑船，有的时候比针尖更小，甚至无法穿透一根头发丝。如此一来，也就使得人与人之间的交往变得非常复杂。可以说，人心是世界上最难以琢磨的东西。不过，对于想要交到好朋友的人来说，人际交往有一件制胜法宝，那就是真诚。真诚就像春日煦暖的阳光，能够让人感受到无边的温暖；真诚就像冬日纯洁的白雪，让人胸怀坦荡地去接纳它、融化它；真诚就像夏日灼热的骄阳，让人每一个毛孔都渗透出真情；真诚就像秋日累累的硕果，让人发自内心地满怀欣喜。这就是真诚的力量。

当你面对陌生人，你是用心计，还是用真诚？答案当然是后者。要知道的是，这个世界上没有傻瓜，所以不存在比你更傻的人。因此，千万不要想设计陷害谁，对方也许在某些方面表现得没有你那么聪明，至少因为他太善良。唯有真诚，才能让你打开一个陌生人的心扉，让他胸怀坦荡地接纳你的友情。古人云，吃亏是福。也许有人会害怕自己太过真诚，会吃亏上当。那就想想这流传了千百年的四个字吧，吃亏是福。命运总是公平的，当别人千方百计地要占你的便宜时，你看似吃亏，却因为坦荡的心获得了更多的快乐和宁静。拥有真诚的人就拥有了这个世界上最宝贵的财富，因为真情是打开友谊之门的唯一钥匙，也是能够让你得到更多真朋友的唯一方法。现代社会，成功离不开很多东西的辅助作用，其中，人际关系的融洽与通达是帮助我们走向成功的最宝贵资源。唯有真诚，能祝你一臂之力，让你拥有这样的资源。

小米刚刚来到学校，此时此刻，她就拎着沉重的行李箱站在学校门口。小米只是初一新生，父母望女成凤，花光了家里的积蓄，才把她送到这所贵族初中读书。小米一个人拎着行李就来了，这是她第一次离开父母独自行动。看着陌生的校园和行走在校园里的一张张陌生面孔，小米产生了一种欲哭无泪的感觉。

这个时候，一个女孩停在小米面前，笑着对小米说："同学，你是来报到的吗？我也是新生，我带你去报到处吧。"看着这个女孩的微笑，小米恍惚觉得自己看到了天使，又像是即将溺水的人抓到了一根救命的稻草。女孩不由分说地提起小米沉重的行李箱，吃力地走在前面。时不时地，因为担心小米跟不上，她还会回头朝着小米微笑。小米很开心，一进学校就有了愿意帮助她的朋友。太巧了，小米和这个女孩不但是同班同学，还住在同一个宿舍，还是上下铺。因为小米恐高，女孩原本是睡下床，但她很痛快地就把自己的下床让给了小米，自己则选择了上铺。

就这样，小米和这个女孩成了一辈子的好朋友。她们一起读完初中，考上了重点高中，后来虽然读大学的时候不在同一个城市，但是丝毫没有影响她们的友谊。用时下最流行的话来说，她们是骨灰级的闺蜜。

女孩的笑容感动了小米，她的笑容那么真诚，没有任何的矫饰和虚伪。她也真心真意地对待小米，这才让对环境完成陌生、充满戒备的小米放下戒心，诚心诚意地接受了她的友谊。好朋友之间就是这样，友谊就像我们的眼睛，揉不得任何沙子，否则就会流泪。

真诚是人际交往的法宝，其实，不管是对我们的朋友，还是对于陌生人，甚至是对同事、路人，真诚都能够帮助我们打开对方的心扉，获得对方最真挚的友谊。女孩们就像一朵朵鲜花，如果能够像事例中的女孩一样不吝啬自己真诚的微笑，一定会拥有更多的朋友。

坚持下去，你就会看到自己的蜕变

人和人之间，差别究竟有多大？答案是，人的天赋其实都差不多。那么，在生活中，为什么有的人非常优秀，是凤毛麟角的强者，而有的人却处处不顺，做什么事情都很失败，一生平庸？其实，区别就在于坚持。经常看名人传记和历史书籍的人都知道，大凡成功者，不管是在政治的道路上，还是在科学技术或者文学艺术的道路上，都是具有坚持品质的人。他们并不是一蹴而就获得成功的，和大多数普通人一样，他们也经常遭遇坎坷。为了最终获得成功，他们甚至接受了更多的失败。诸如，爱迪生发明电灯仅就某一种类型的材料就进行了六千多次试验；居里夫妇为了提炼出宝贵的微量元素，一生之中都在进行艰苦卓绝的科学实验；司马迁之所以能够完成《史记》，完全是因为他超强的毅力，身残志坚，在遭受非人摧残的情况下，始终坚持写作……纵观历史长河，不管是中国还是外国，不管是古代还是现代，只要是成功之人，一定有着不同寻常之处，一定有着坚持的品质，历经磨难而百折不挠。试想，哪个人的人生是一帆风顺的呢？做哪件事情能够不费吹灰之力就获得成功呢？如果遭受一点挫折就放弃，没有任何人能够获得成功。

在人们的观念中，历来觉得女孩都是娇生惯养的。在民间，也流传着穷养儿子富养女的话。其实，女孩现在已经不能被呵护在温室之中了。社会要求女性和男性一样平分秋色，甚至在某些领域，女性比男性拥有更出色的表现。如此一来，女性不但要在工作上表现良好，也要在家庭中表现出色。所以，女孩们，从孩童时代开始，我们就要练就自己的坚强品质。在学习上，遇到困难的时候，不要轻易放弃。例如，遇到一道不会的题目，就要苦心研究，或者和同学们一起想办法，而不要放弃；再如，在进行体育锻炼的时候，如果坚持不了八百米，就应该先跑 400 米，再跑 600 米，如此循序渐进，逐渐增强体质。在生活中也是如此，遇到困难的时候，一定要给自己鼓劲，努力坚持下去。要知道，很多

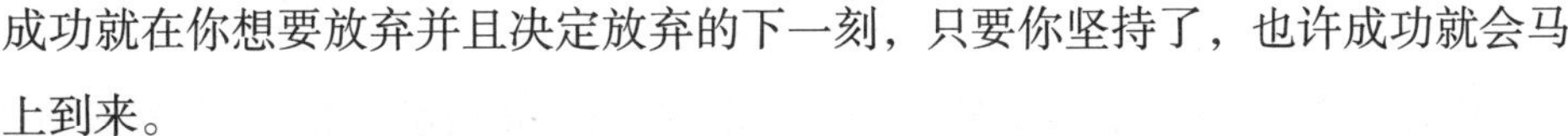

成功就在你想要放弃并且决定放弃的下一刻，只要你坚持了，也许成功就会马上到来。

作为女孩，尤其应该有理想。理想是我们人生的引航灯，只有在理想的指引下，我们才不会偏离航道，才能向着目标不停地努力，争取实现最好的自己。然而，在实现理想的过程中，注定我们要经受很多坎坷和挫折。这种情况下，坚持的女孩一定能够走到成功，半途而废的女孩注定与失败相伴。生活中，即使是很小的一件事情，也需要坚持才能成功。例如，一个女孩想给妈妈编织一条温暖的围巾，她不停地织啊织啊，织到一半的时候就想放弃了。这时候，如果她能够坚持，妈妈很快就会拥有一条女儿亲手编织的围巾。反之，如果她放弃，这条围巾就成了永远无法完成的半成品。由此可见，生活中的很多事情都需要我们去坚持。女孩们，要想拥有完满的人生，就要学会坚持哦！

再过一个月，学校就要举办秋季运动会了。艾薇是一名大一学生，她也报名参加了比赛，3000米长跑。当得知文弱的艾薇要参加3000米长跑时，同学们都惊呆了。要知道，艾薇可是个娇弱的女孩子，记得军训的时候，她还因为训练强度太大哭了好几次呢！难道，短短的一个月之后，艾薇就变得坚强了。

原来，艾薇因为军训的时候哭鼻子，被同学们嘲笑了好几次。这次运动会，她决定要改变自己在同学们心目中的形象，变成一个铿锵有力的女汉子，不让大家都觉得她只是一个爱哭的女孩。从开学之初，艾薇每天早晨都早早起床，在同学们还在酣睡的时候，她已经在操场上跑了好几圈了。为了增强体质，艾薇也不再减肥，而是每顿饭都刻意吃多一些。一个月过去，艾薇的体重增加了六斤，体力也明显变好了。艾薇很自信，只要继续锻炼一个月，虽然她未必能够在3000米长跑中获得名次，但是跑完全程肯定没问题。

转眼之间，秋季运动会如期召开。在同学们的鼓励声中，艾薇踏上赛程。一圈，一圈，又一圈。突然，艾薇脚下一软，摔倒了。同学们发出惊呼声，艾薇却站起来，继续往前跑去。虽然膝盖在流血，但是艾薇的脸上始终带着微笑。最终，艾薇坚持跑完了全程，还获得了第三名的好成绩。同学们都难以置信地看着艾薇，艾薇却笑着说："从今以后，大家都对我刮目相看吧！"

娇柔的艾薇，在摔倒的情况下坚持跑完3000米，还获得了第三名的好成绩。对她来说，最重要的不是获得第三名，而是完成了对自己的突破，坚持跑完了全程，这就是坚持的力量。如果艾薇没有坚持每天晨起锻炼，别说3000米了，只怕1000米都很难坚持跑完。很多时候，我们只要一次又一次地坚持，就一定能够看到自己的改变和质的飞跃。

女孩们，坚持，改变自己。要想走向成功，从现在开始，也像艾薇一样，勇敢地改变自己吧！相信自己，你的力量是无穷的！

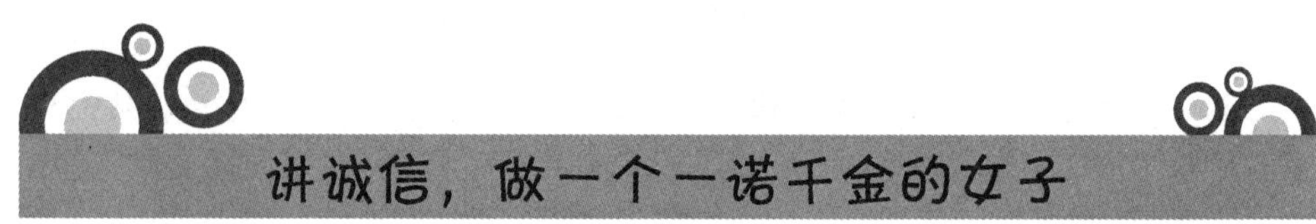

讲诚信，做一个一诺千金的女子

中国有着上下五千年的悠久历史，自古以来，中国的文化博大精深。老祖宗给我们留下了很多祖训，其中，“诚信是为人之本”这句话广为流传。自古以来，我们的老祖宗就非常讲究诚信。在古代社会，社会机制发展得不够完善，人们的很多言语行为，都靠着诚信去约束和规范。社会发展到现代，诚信机制越来越完善。在生活中，如果我们借了银行的钱逾期不还，在整个银行系统的诚信档案里就会留下不光彩的一笔，次数多了，我们就会被银行拉入黑名单，再需要向银行借钱，银行就会拒绝。在大城市生活的人们都知道，买房买车，都需要向银行贷款。所以，一旦被拉入黑名单，再严重影响我们的生活。如今，随着诚信制度的日渐完善和细化，包括乘坐公交车或者地铁逃票，也都将纳入我们的诚信系统，影响我们以后生活的很多方面。从小的方面来说，失去诚信即使不被纳入诚信系统，也会被人们口耳相传，影响我们的信誉。例如，你口头答应某人做好某件事情，结果你没有兑现自己的诺言，那么，时间长了，大

家都会知道你是一个不讲诚信的人。日久天长，谁还会相信你的话呢？！就像“狼来了”的故事。在故事中，放羊的孩子一次次撒谎，说狼来了。刚开始的时候，大家还相信他的话，纷纷跑过去救他，但是三番五次之后，大家再也不相信他的话。等到狼真的来了，没有任何人赶过去救他。故事虽然很简单，但是揭示的道理非常深刻。我们应该像爱惜自己的眼睛一样爱惜自己的信誉，否则，一旦失信于人，你就失去了所有人对你的信任。

关于诚信，郝伯特曾说：“失掉信用的人，在这个世界上已经死了。”这句话虽然听起来骇人听闻，实际上却毫不夸张。人是群居动物，在社会上生存，没有任何人能够脱离其他的群体而独自存在、独自生活。所以，对于失去诚信的人来说，相当于失去了整个人群的信任。那么，当他需要别人配合或者帮助的时候，还有谁会伸出援助之手呢？

每个人都需要诚信，包括女孩。诚信的人往往能够勇敢地承担起自己的责任，不推诿、不狡辩。这样的女孩在生活和工作中都是很受欢迎的。试想，如果大家知道一个女孩一旦遇到事情就会逃避，把责任交给别人承担，大家还会愿意和她交往吗？失去诚信，不但不敢承担责任，还会失去友谊，失去每个人的信任和帮助。由此可见，后果多么严重。虽然有的时候讲究诚信需要我们付出极大的代价，但是讲究诚信也会给我们带来无形的财富。你信守诺言的名誉，你一诺千金的人品，会让你的身边簇拥着很多朋友，同时也会使你的人生得道多助。

公元前361年，秦国的新君秦孝公登上王位。为了招纳贤才，他下令号召有才之士去秦国做官。贵族公孙鞅在卫国始终未得到重任，得知这个消息后也赶到秦国，在别人的引荐下见到了秦孝公。商鞅对着秦孝公侃侃而谈，阐述了自己的高谈妙论，他尤其强调要改革，而且要赏罚分明。秦孝公很认可商鞅，但是当时秦国的大臣和贵族都不主张改革，生怕损害他们的利益。因为担心贵族和大臣造反，商鞅只得暂时不改革。两年之后，秦孝公王位稳固，给予商鞅很大的权利主持改革。

商鞅得令之后，当即开始起草改革的法令。为了树立威信，他并没有先颁布新法令，而是先让人扛了一根三丈高的木头竖立在南门。百姓们不知道商鞅想干什么，纷纷围观。商鞅告诉大家："谁能把这根木头扛到北门，就赏十两黄金。"人们一传十，十传百，很快，越来越多的人都聚到南门口。人们窃窃私语："怎么可能赏十两黄金呢，肯定是拿我们百姓寻开心的！"大家说什么的都有，就是没有人真的去扛木头。眼看着人越来越多，却不相信他，商鞅把赏钱提高到五十两黄金。出人意料的是，赏金越高，人们越不相信。过了很久，人群中站出来一个人，他一边扛起木头往北门走，一边说："哎，我就试试吧，管他真的假的呢！"这个人刚刚把木头扛到北门，商鞅就派人送给她五十两黄金，一文不少。

看到商鞅真的赏了扛木头的人五十两黄金，人群瞬间沸腾了。在短短的时间内，人们口耳相传，很快，全国人民都知道商鞅是个一诺千金的人。眼看着时机已到，商鞅马上下令公布新法令。新法令赏罚分明，由于商鞅在颁布法令之前先立木取信，在全国树立了很大的威信，所以大家都不敢无视新发令。就这样，新法令推行得非常顺利。新法令颁布后，因为赏罚分明，百姓无一不服，很快秦国的国力越来越强盛。

商鞅非常聪明，在颁布新法令之前，先以扛木头的事情树立了自己的威信，得到了百姓的信服。所以，新法令颁布之后，其规定的赏罚措施才能顺利推行。自从立木取信事件之后，商鞅无疑成了百姓心目中一诺千金的大官。

在生活中，虽然我们只是普通的凡人，没有官位，也没有财权，但是依然要凭借诚信立世。只有作为一个诚信之人，别人才能相信我们是一诺千金的，才会重视我们的话，与我们更好地配合与合作。女孩们，想想看，作为一个一诺千金的女子，是多么让人钦佩啊！

宅心仁厚的人，命运必然也会厚待她

“赠人玫瑰，手有余香”原本是英国的一句谚语。从字面就不难理解其意思：哪怕只是赠送给别人一支微不足道的玫瑰，也会在受赠者的心里带来美好的感受。当然，赠送的人，也会感到非常美好。后来，人们常常以此来比喻对他人微不足道的帮助，虽然很小，但是却能给人美好的感受和体验。的确，生活中没有那么多的轰轰烈烈，很多时候，恰恰是这些点点滴滴的小事，给予我们最美好的感情。在生活中，有谁不需要别人的帮助就能活得很好呢？除了全能的上帝，恐怕没有人能摆脱别人独自生活。既然如此，我们就应该学会友善地对待身边的人，不管他们是我们的亲戚朋友，还是同事同学，亦或是毫不相干的陌生人。我们都需要友爱地对待他们，唯有如此，我们的心里才会也充满爱和感恩。常常有人说，人心就像是一面镜子。你看到什么，是因为你的心里住着什么。所以，女孩们，我们应该学会让自己的心里长满玫瑰，在愉悦自己的同时，也给别人带来芬芳和美好。

人活着本来就很艰难，人们常说人生不如意十有八九，这句话一点儿都没错。既然本就艰难，我们就应该学会创造生活的美好。也许有的女孩会说，我自己还想要得到呢，为什么要去施予？请你问问自己，你是喜欢手心朝上，还是手背朝上？施予的快乐是双倍的，索取却毫无快乐可言。不管遇到什么事情，只要我们一心想着付出，早晚都会得到回报。很多时候，在付出的同时享受的愉悦和满足，就是命运赐予你的最珍贵的回报。因此，为人处事千万不要斤斤计较，只有拥有博大的胸怀，才能更加豁达的付出和施予。

很久以前，有个小男孩孤苦伶仃的生活在镇上。小男孩从小就失去了父母，无依无靠，跟随年迈的爷爷奶奶一起生活。爷爷奶奶根本没有钱供小男孩读书。所以，小男孩一到放假就要挨家挨户推销产品，为自己积攒学费。这个寒假，

小男孩一天也没有闲着。他每天都在走家串户地推销，今天还下起了大雪，大雪如鹅毛般瞬间铺满了大地，男孩又冷又饿，却毫无收获。

他艰难地在雪地里行走，来到一户人家的门前。他鼓起勇气敲开门，站在他眼前的是一位年轻漂亮的女孩。男孩嗫嚅着不知道该说什么，许久才问："您好，女士，请问可以给我一杯热水吗？"女孩从男孩的脸上看出来他饥寒交迫，和善地说："你稍等会儿。"说完，女孩转身走回屋内。没过多久，女孩就端着满满一大杯热牛奶回来了。男孩小口小口地喝着牛奶，感受着牛奶的温度。喝完之后，他满脸通红地问："请问，我应该付您多少钱？"女孩笑了，说："你不用付任何钱。奶奶告诉我，赠人玫瑰，手有余香。"男孩冲着女孩连声说谢谢，他觉得自己充满了力量。

若干年过去，男孩成为了一名赫赫有名的医生。一天，他在厚厚的病例中看到一个女孩的名字，那个女孩来自他的家乡。突然之间，他想起了那杯牛奶，心中涌起异样的感觉。他冲到病房，看到了躺在病床上奄奄一息的女孩。男孩马上为她制订了最佳的治疗方案。一个月之后，女孩接到了出院通知，心里暗暗发愁：我如何支付昂贵的治疗费用呢？只怕倾家荡产，也不够啊！然而，当她看到缴费通知单时，却发现费用已经结清了，在缴费人那一栏，赫然写着："一杯牛奶。霍华德·凯利医生。"

很久以前，有个盲人每天晚上都去小区附近的花园里散步。邻居很惊讶，因为这个盲人的眼睛连一丝光都看不到，但是他每次不管是下楼还是上楼，都会提着一盏明亮的手提灯。有一次，邻居终于按捺不住，问他："您的眼睛看不见，为何还要点灯呢？"盲人平静地说："虽然我看不见，但是我点着灯，别人能看见我。我为别人照亮了路，别人也看见了我，不至于撞到我的身上。"

多年前，女孩的一杯牛奶温暖了男孩的心灵，让他在大雪纷飞的冬日，找到了人生的温暖和方向。多年以后，已经成为医生的男孩救了女孩的命。这就是命运的安排。在第二个事例中，盲人虽然自己什么也看不见，但是点着灯却给别人照亮了路，也正因为如此，别人才不会撞到他的身上。佛说，渡人就是

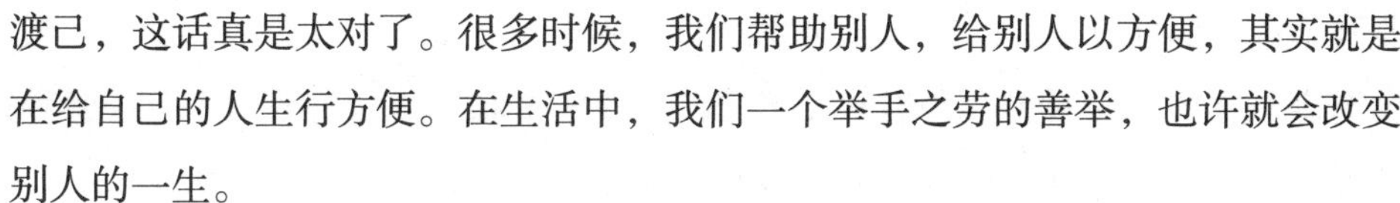

渡己，这话真是太对了。很多时候，我们帮助别人，给别人以方便，其实就是在给自己的人生行方便。在生活中，我们一个举手之劳的善举，也许就会改变别人的一生。

人的一生，不可能一帆风顺地度过。在别人需要的时候，力所能及地帮助别人，也往往会给我们自己带来意外的惊喜。宅心仁厚的人，命运必然也会厚待她，就是第一个事例中的女孩。“送人玫瑰，手有余香”，是获得幸福人生的秘诀。

女孩儿不做弱者，不向命运低头

人们常说，人生是一趟旅程。我想说，人生是一场艰难的旅程。在这趟旅程中，我们只能朝着目的地一往无前地行走，而不能回头。在这趟旅程中，我们不是一直走在平路上，而是会遇到坎坷和挫折，还会遇到荆棘和沟壑。我们也许需要淌过冰冷刺骨的河水，也许需要翻越终年积雪的高山，我们的双脚也许会被荆棘刺破，流出鲜血……面对这一切的困难，我们是选择放弃、就此止步不前，还是选择勇往直前。毫无疑问，每个人都渴望成功，害怕失败。成功，在每个人的心里都有着耀眼的光芒，让每个人都对它顶礼膜拜。然而，在我们以敬仰的眼光无限憧憬地看着成功者的时候，我们一定不要忘记，所有的成功者都经历了无数次失败，品尝了比普通人更多的艰辛和困苦。所以，我们无需抵触和害怕失败。没有经历过失败的成功，一定就像没有经过风吹日晒的果子一样，酸涩而缺乏甘甜。只有经历过失败的洗礼，成功才能有更加甘甜的滋味。失败是成功之母，这句话我们从上小学就天天挂在嘴边。然而，生活中真正能够把失败视为成功之母对待的人少之又少。大多数人一旦经历失败，就会变得

萎靡不振、郁郁寡欢，瞬间斗志全无。如果你曾经目睹别人成功的经过，你就会知道，成功者面对失败是坦然接接受，是淡定平和，是从失败中汲取经验和教训，让自己变得更加经验丰富，心理坚强。失败，是我们走向成功的阶梯！

在一生之中，每个人都想实现自身的价值。的确，我们要成为一个有价值的人，不能成为一个可有可无的庸庸碌碌之辈。如此，就要求我们努力追求成功。因为，我们的价值不是由失败决定的，而是由成就决定的。想到这里，聪明的女孩当然知道，我们要把失败当成生命对我们的一次历练，坦然面对，踩着失败的阶梯走向更高的顶峰。只有这样，我们才能最大限度地挖掘自身的价值，让自己成为一个不可或缺的人。就像一个刚刚学会走路的孩子，当他开始摇摇摆摆地在路上行走、一不小心摔倒的时候，是就此倒地不再行走吗？当然不是。生命的本能教会我们，应该在摔倒的疼痛中擦干眼泪，站起来继续朝前走。只有不断地练习，我们才能越走越好，越走越稳当。女孩们，记住，越挫越勇才是生命的本能，千万不要被自己外表的柔弱蒙蔽了眼睛。

很多女孩都欣赏过温室里的花朵，那些花朵看起来无比娇艳，从未经过风吹雨打，精致而又完美，就像一件不可多得的艺术品。然而，她们的生命力却很脆弱。一旦有任何风吹草动，她们就会凋零。相比之下，那些露天地里生长的花朵有着更加顽强的生命力。不管是风吹还是雨打，都不能使她们屈服。我们都看过顶风傲雪的腊梅，作为岁寒三友之一，她虽然娇艳，却与青松、翠竹一样都受到人们的赞誉。究其原因，就是因为她顶风傲雪，从不屈服。女孩们，我们也应该成为那株在风雪中吐露芬芳的腊梅。

米粒没有考上重点高中，分数只够读中专。对此，她丝毫没有气馁。她决定复读一年，考重点高中。这一年，因为教材变动，她依然没有考上重点高中。看着父母那么辛苦和劳累，米粒决定去读中专。爸爸觉得很可惜，说以米粒的勤奋，好好读高中一定能考上名牌大学。米粒安慰爸爸：“爸爸，没关系的，我即使读了中专，也可以自学大学课程的。”

读中专的第一年，米粒就参加了自考。一边读书，一边自学，米粒压力很大。第一次自考，米粒只报考了两门课程，全部通过。第二次报名的时候，米粒报

了四门课程，只通过了一门。不过，米粒毫不气馁，继续报考。当别的同学都出去玩耍的时候，米粒却坐在教室里安安静静地读书、学习。就这样，三年中专生涯结束，米粒报考六次自考，通过了十几门课程。工作以后，米粒依然很热爱学习。她知道，爸爸一直因为没有供养她读名牌大学而内疚，米粒一边工作，一边考上了研究生，是人民大学的研究生。在送米粒去北京的家庭宴会上，爸爸留下了激动的泪水。

每个人都会遇到挫折，挫折有大有小。事例中的米粒中考失利，没有考上心仪的重点高中，又因为不想给父母增加额外的负担，她选择了就读中专。不过，她并没有放弃自己对梦想的追求。她刚刚进入中专院校读书就报考了自考，后来还在参加工作之后考上了人民大学的研究生。可以说，米粒顺利度过了人生的坎，进入了另一个崭新的阶段。还有些女孩就没有米粒这么幸运了，她们遇到的打击是很沉重的。例如，张海迪高位截瘫，海伦重度残疾。不过，她们都很坚强，在命运的挫折面前越挫越勇，从未放弃和命运的抗争。

女孩们，人生就是如此。每个人看到的和所经历的人生都不尽相同，然而，强者的命运都有着共同之处，那就是越挫越勇。只有弱者，才会在命运面前低下头颅，俯首为臣。

第 06 章

自我管理很重要，好习惯成就你的好未来

在这个世界上，每个人都希望自己的人生能够顺心如意，都希望自己能够走到成功的巅峰。然而，真正成功的人却少之又少，大部分人过着平庸的日子，甚至连最简单的愿望都无法实现。这到底是为什么呢？科学家研究发现，人与人之间，智力相差无几。很多时候，决定我们一生命运的不是天赋，而是习惯和自我管理。人生需要规划，就像有位名人曾说的，一日之计在于晨，一年之计在于春。我们也可以说，一生之计就在于人生的规划。当然，实现规划的保障是我们的自我管理。好的习惯、有序的管理，能够帮助我们更快地走向成功。

自我管理助你走向成功的阶梯

什么叫自我管理？顾名思义，自我管理就是自己管理自己。听起来，这个词语似乎很宽泛，也很不可捉摸。也许有人还会说，领导干部都是管别人的，难不成咱们小老百姓想当官想疯了，管不了别人就来管自己？其实不然。自我管理并不空洞和空泛，而是非常实际的一件事情。很久以前，有位名人就说，人最大的敌人是自己。一个人如果战胜了自己，就会变得无往不胜。这句话是很有道理的。人是有劣性的，这是人的本性。自我管理，一则是为了自我提升，让自己更快成长和进步，二则是为了与人的劣性做斗争，让自己更加接近完美。例如，人生而懒惰，就像民间常说的，好吃不过饺子，舒服莫若倒着。如果可以，估计每个人都像舒适惬意地躺在床上，看看电视和电影，慵懒地度过一天又一天。然而，为什么有人那么勤奋呢？他们似乎不知疲倦，总是精力充沛地奔跑着、努力着。难道他们真的不知道累吗？其实不然。他们只是给自己的人生设定了目标，并且能够义无反顾、勇往直前地一直努力。他们的毅力来源于严格的自我管理。人的潜力是无穷的，大多数时候，我们以为自己不能做很多事情，无形中限制了自己的发展。一旦事情发展逼迫得我们必须硬着头皮往前走，你会发现原本不可能的事情变成了现实。这就是自我管理的力量。

不会进行自我管理的人，他的人生就像是一盘毫无章法的棋。为什么走上一步，如何走下一步，丝毫没有规划。甚至于，此时此刻应该做些什么，也茫无头绪。相比之下，善于自我管理的人，人生则显得非常通达，秩序井然。他们每一步人生的规划都是经过深思熟虑的，即使是在日常生活中，他们的学习

和工作也更加有秩序。举个最简单的例子，擅长自我管理的女孩，会把自己的衣柜和床铺收拾得干净整齐，东西放在哪里心里全都知道。在学习上，她们也很善于利用点点滴滴的零碎时间，什么时候读书、什么时候拓展能力、什么时候开展活动，她们都预先做了很好的安排。对于这样的女孩，你很少看到她们有手忙脚乱的时候。她们总是像淑女，最终也会变成真正的淑女，那么文雅大方、淡定从容。还有些“假小子”，她们不但神经大条，就连行动也很像粗心大意的男孩子。她们的床铺乱七八糟，也许一个星期都不曾整理，衣服总是随便地扔到衣柜里，想穿的时候根本不知道去哪里找。学习上呢，说得好听是随性，说得不好听是马虎。她们常常等到交作业的时候才发现作业本杳无踪迹，总是等到要考试之前才到处找人借复习资料。可以预见，如此两种不同的女孩将来走出校园，走入生活和工作，必然也会拥有不同的人生。

古人云，没有规矩，不成方圆。这句话的意思是说，不管做什么事情，都应该有一定的规范和形式。其实，在我们的生活中，管理几乎无处不在。在这个世界上，没有人享有绝对的自由。当我们还小的时候，父母管理我们的生活起居；进入学校之后，我们必须遵循学校的时间和课程安排进行学习；工作之后，单位的各种规章制度制约着我们；即使独自一人，我们也无法做到完全地放纵。一个成功的人，除了被动地接受管理之外，能够帮助他走向成功的恰恰是良好的自我管理。外界的管理是我们必须被动接受和遵守的，主动的自我管理才是真正能够提升我们自身能力和水平的。由此可见，自我管理是成功的阶梯。

自我管理并非是简单的一件事情。在进行自我管理之前，首先要进行全面的自我认知。也许有人会说，每个人都对自己那么熟悉，还需要认知吗？自己，是我们最熟悉也是最陌生的人。很多时候，我们自以为了解自己，其实对自己很陌生。只有全面了解自己，自我管理才能取得事半功倍的效果。进行自我管理，还需要进行自我克制。人有很多劣性，诸如惰性、欲望，我们必须很好地克制自己，才能扬长避短。自我管理还需要养成良好的习惯。很多事情，坚持几次并不困难，难的是坚持一辈子。很多成功的人并无独特之处，他们唯一不同的是把很多人做不到的事情坚持到了极致。如此一来，我们的人生也将因此而改变。

1998 年 1 月 18 日，在法国巴黎，聚齐了 75 位诺贝尔科学奖获奖者。为了解决人类所面对的重要科学问题，他们展开了讨论。在会议进行时，一个人请教一位诺贝尔科学奖获奖者：“愿在科学领域取得了伟大的成就。请问，您是在哪所大学学到了帮助您走向成功的知识？您一定有一个对您的研究至关重要的实验室吧？”听到这个问题，满头白发的科学家说：“对我一生影响最大的学校是幼儿园。”听到这个回答，提问者愣了一下，又问：“您究竟在幼儿园学到了什么重要而又高深的知识呢？”科学家回答道：“在幼儿园，我学会了与小伙伴分享我的所有，学会了不要占有他人的东西，学会了吃饭前洗手，不撒谎，还学会了把自己的物品摆放整齐，让他们看起来秩序井然。每当我做错事情，老师都会让我道歉。我还学会观察周围的世界，尤其是美妙的大自然……”

在幼儿园，这位科学家学到的影响他一生的深奥知识正是良好的自我管理的习惯。正是这良好的习惯，帮助他在未来的人生道路上走得更远，也帮助他走向了成功。的确，那些成功的人未必是智商多么高，或者有着多么奇异的天赋，而只是因为他们能够坚持自我管理，坚持好的行为习惯。

女孩们，每个人的人生都离不开自我管理。古人云，一屋不扫，何以扫天下。我们要说，如果连自己都管不好，还谈何人生的规划呢？！千里之行始于足下，要想拥有完满的人生，就让我们从学会自我管理开始吧！

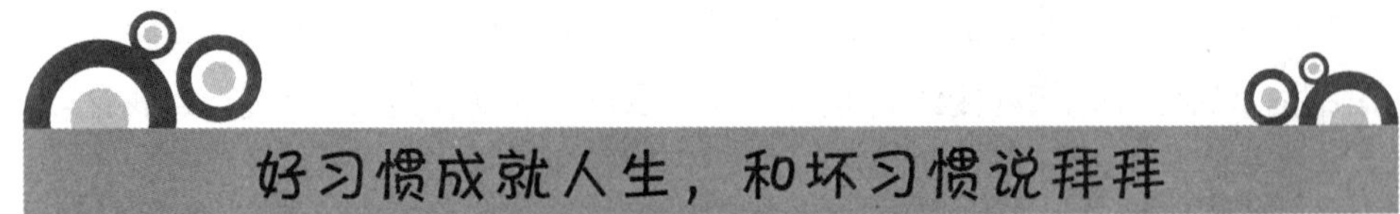

好习惯成就人生，和坏习惯说拜拜

一位美国的心理学家说，“播种一个行动，收获一种习惯；播种一种习惯，收获一种性格；播种一种性格，收获一种命运。”从这句话不难看出，习惯是

决定命运至关重要的因素。也许有人会说，性格是天生的。其实不然，很多时候，当我们养成某种习惯的时候，就会发现我们的性格也在渐渐发生改变。例如，在西方国家，男性都以自己是绅士为荣。那么，难道他们生来就是绅士吗？不是的。每个人呱呱坠地的时候都在不停地哭泣，每个婴儿都有相似的成长过程。他们之所以是一位真正的绅士，是因为他们从想要成为绅士之初，就处处以绅士的言行标准要求自己，久而久之，当他们表现得像一个真正的绅士，他们便再也不会出言不逊，最终变成了一位真正的绅士。著名科学家爱因斯坦也曾说过，一个人取得的成绩取决于其高尚的性格。要想拥有高尚的性格，我们恰恰要养成良好的行为习惯。当我们养成的好习惯越来越多时，我们的能力也会变得越来越强。

毋庸置疑的是，好习惯的养成是一个漫长的过程，坏习惯的养成却轻而易举。这是因为，坏习惯顺乎我们的本性，符合人的劣性，更容易在不知不觉间就养成。好习惯却因为要纠正我们的不良惰性或者欲望，因而需要我们花费更多的时间和精力，才能循序渐进地养成。在生活中，很多好习惯对于我们的人生都有极大的好处。例如，有些女孩爱干净，总是把自己打扮得清爽利索，让人看起来也很舒服。有些女孩学习很认真，喜欢利用点点滴滴的时间多多读书，这对开阔眼界、提高修养很有帮助，能够帮助我们足不出户就放眼世界。还有些女孩非常讲礼貌，待人很友善，充满爱心，喜欢乐于助人，这样的好习惯必然帮助她在未来的人生之路上收获满满的友谊。很多时候，影响我们一生命运的不是多么重大的事情，而恰恰就是这些小事。很多细小的习惯看起来不起眼，却在关键的时刻改变了我们一生的命运。

小萌今年读大四了。班级里的同学们都四处寻找工作，小萌也不例外。不过，小萌就读的大学名不见经传，因此找工作的时候处处碰壁。在一次招聘会上，小萌看到有一家很知名的企业也在招聘，便抱着试试看的心态递交了简历。让她受宠若惊的是，当天晚上，小萌就收到了面试的电话。

次日早晨，小萌早早起床，来到那家大公司的会议室，等候面试。看到会议室里的几十号面试者，小萌不由得心里打鼓。闲聊中，她得知那些竞争者都是毕业于各大名校，不由得暗暗地想：和他们相比，我的学校简直不能相提并论啊。为什么这家公司也会通知我来面试呢，按照道理，应该是直接在通知的时候就把我淘汰了。算了，不管了，既来之，则安之，我就本来面目对待吧，尽力就好。很快，面试的主考官来了，和大家简单介绍了公司情况之后，开始让大家上台进行自我介绍。每个人都准备得很充分，大家都在短短的几分之内尽量地介绍自己。第一轮面试之后，考官说："今天的面试到此结束，之后几天，公司将会综合大家的情况，通知符合条件的人进行第二轮面试。请大家都回去等通知吧。"说完，主考官开始整理大家的面试资料。面试的人听说面试已经结束，纷纷起身离开教室。小萌一直坐在那里，她隐约觉得主考官还没离开，就这么走了不太合适。等到大家都走得差不多了，小萌才站起身，把板凳放回到桌子下面，然后她对主考官说："考官，再见，您辛苦了！"考官抬起头，冲着小萌笑了笑。小萌走到门口的时候，发现门口的垃圾桶倒了，垃圾都洒了出来。因此，她弯下腰，把垃圾桶摆放好，把垃圾都捡到垃圾桶里，这才关好门离开了会议室。

当天晚上，小萌收到了公司人力资源部的电话，通知她次日去公司报到。小萌就像中了一千万彩票一样，惊讶得合不拢嘴。第二天，她早早地就去了公司，趁着同事们还没到的时候，把办公室打扫得干干净净。对于小萌的表现，老板在公司的晨会上公开进行了表扬。正是在晨会上，小萌才知道自己被录用的原因。原来，那天的垃圾桶也是一道考题，就是考官所说的第二轮面试。遗憾的是，除了小萌，所有人都没有通过这道测试。公司招聘的办公室助理，作为一名助理，除了要有能力之外，也是办公室的管家。如果眼里看不到细节，就无法把办公室方方面面的事情都处理好。因此，虽然小萌的学历并不是所有人里最佳的，但是小萌的能力和品质却是最适合这个职位的。

小萌之所以能够成功获得自己心仪的职位，就是因为她有着良好的习惯。小萌从小就很爱干净，常常帮助父母干一些力所能及的家务活。领导肯定不知道，小萌在家就是负责卫生的，在学校住校的时候还是宿舍的舍长呢。正是这个讲究卫生、干净勤快的好习惯，让小萌从众多面试者中脱颖而出，出人意料

地进入这家名气很大的公司。

女孩们，你们在生活中有哪些不起眼的好习惯呢？如果你觉得和小萌相比，自己的好习惯还不够多，那就赶快行动起来吧，多度养成好习惯，在未知的未来很可能能够帮助你走向成功哦！好习惯，不但对于我们自身的成长有好处，对于我们的人生也是有利的，何乐而不为呢！

别磨蹭，时间在悄悄溜走

“门前老树长新芽，院里枯木又开花，半生存了好多话，藏进了满头白发；记忆中的小脚丫，肉嘟嘟的小嘴巴，一生把爱交给他……时间都去哪儿了，还没好好感受年轻就老了，生儿养女一辈子，满脑子都是孩子哭了笑了……”近来，这首歌红遍了祖国的大江南北，唱红了无数人的眼睛。寥寥数语，唱出了父母辛勤操劳的一辈子。为了儿女，父母还没有好好享受青春年华，就已经生出了华发。古人云，树欲静而风不止，子欲养而亲不待。这首歌告诉我们，孝顺父母一定要尽早，不要等到父母已经不再了才追悔莫及。然而，我们不但是那个不知不觉间长大的孩子，终有一日，也会成为父母。那么，我们的时间将会去哪里？其实，不但是在生儿育女的过程中时间飞逝，在人生的每一分每一秒钟里，时间都在悄悄流逝。从我们呱呱坠地开始，我们就正式踏上了人生的旅程。这趟旅程只有终点，没有回程。如果说上帝在对待所有人的时候有一点是绝对地平等，那就是时间。不管是对富人来说，还是对穷人来说，时间都不偏不倚。那么，当我们想要真正赢得别人的时候，也应该是在时间上。也许，我们的父母无钱无权，没有别人的父母那样有权有势。但是，我们的父母同样辛辛苦苦地抚育我们长大，让我们和诸多有钱人家的孩子一样读书识字，和他们一样享受快乐的童年、朝气蓬勃的青年和壮年，再拥有安逸幸福的晚年。这就是时间。

时间是组成生命的材料，是人生之中最值得珍惜的东西。对于爱惜时间的人来说，在有限的时间里，生命会被拉长。相反，对于挥霍时间的人来说，在有限的生命里，时间会被缩短。举个最简单的例子，一个小时的时间很短，也许发发呆就过去了。一个小时的时间也很长，足够一名外科医生从事一个阑尾炎手术，挽救一个患者宝贵的生命。如果不是医生，一个小时也可以读几十页说，了解世界各地的风土人情，或者了解历史上的著名时间。一个小时，也许只够和朋友们侃侃大山，但是如果认真地参加一次考试，一个小时也许就能帮助你多一个文凭。这就是时间的魔力。每个女孩都知道，对于女性来说，最美丽的青春年华只有短短的十几年。所以，每个女孩都想尽办法让自己变得更美丽，或者整容，或者化妆，或者买一些华丽时尚的衣服。对于这些女孩来说，时间的确很快就会飞走。另外的那些女孩呢？她们利用美好的青春年华，认真读书和学习，努力地充实自己，提升自己的技能，让自己变成有学识、有素养、有文化的高雅女性。十几年的光阴转瞬即逝，虽然时光带走了她们平滑的肌肤和美丽的容颜，但是她们腹有诗书气自华。在岁月的沉淀中，她们变得更加有气质，更加富有女性文雅高贵的魅力。这样的女性，虽然岁月无情，但是却独独眷顾她们，让她们如尘封的红酒，散发出独特的香味。相比之下，究竟哪种女孩在珍惜时间，哪种女孩在浪费生命呢？聪明的女孩，一定知道正确的答案。

著名科学家爱迪生小时候只上了三个月的小学，就因为家境贫困辍学了。在母亲的教导下，他依靠自学，掌握了很多知识。因为对新鲜事物有着强烈地好奇心，爱迪生走上了发明创造的道路。他一生之中进行了数千次实验，发明了很多东西，为人类做出了伟大的贡献。

和普通人相比，爱迪生的生命非常充实，这得益于他特别珍惜时间。爱迪生常常教导助手：“浪费时间，是最大的浪费。人生如此短暂，我们要想方设法地用有限的生命做最多的事情。”有一天，爱迪生把一只敞开口的玻璃灯泡递给助手，让其测量灯泡的容量。随后，他又埋头开始做实验。过了很久，爱

迪生问助手："测量好了吗？灯泡的容量是多少？"助手没说话，爱迪生抬头一看，发现助手正在用尺子测量灯泡的各个尺寸，面前还摆放着一堆草稿纸。爱迪生不由得训斥助手："时间，时间，效率，效率！你看看你，怎么过去这么久了，还没有找到答案呢！"看到助手手忙脚乱的样子，爱迪生走过去，拿起那个灯泡，将其灌满水，然后交给助手，说："把水倒在量杯里，告诉我测量结果。"助手马上照做，得出了灯泡的容量。爱迪生教导助手："这个测量方法不但简单，而且准确。最重要的是，它极大地节省了时间。你为什么没有想到呢？按照你的测量和计算方法，再过两个小时也无法得出结果。这不是浪费时间吗？"助手红着脸低下了头。

爱迪生自言自语地说："人生这么短暂，简直太短暂了。必须最大限度地节省时间，这样才能做更多的事情啊！"

作为伟大的发明家，爱迪生一生都在和时间赛跑。他跑赢了时间，为科学的发展做出了巨大的贡献。对于每个人来说，时间的长度都是有限的，在有限的时间里做更多的事情，无异于拓宽了我们的生命。

尤其是对于青春短暂的女孩，更应该抓住青春时光，好好充实自己，提高自身素养和能力。唯有如此，才能让我们永葆青春，永远美丽。

相信自己，"固执己见"

固执己见，顾名思义，就是坚定地相信自己的想法，不愿意接受别人的建议而改变自己。的确，生活中固执己见的人很让人头疼，他们有的时候明明是错的，却因为碍于面子，还是要坚持自己的想法和做法，最终伤害自己甚至伤害别人。与固执己见相对的是什么呢？是随波逐流。虽然固执己见不好，但是随波逐流也同样不好。随波逐流的人在生活中没有主见，总是盲目地听信别人的话，随意地改变自己的想法。这样的人虽然从善如流，但是也容易犯不够坚定的错误。从某种意义上来说，固执己见有的时候比随波逐流还要好一些。最起码，固执己见的人能够坚定地遵从自己的内心。虽然有的时候犯下错误，但也总比盲目跟随别人没有自己的主意更好。人们常说失败是成功之母，固执己见的人往往是不撞南墙不回头的类型。一旦他们真的意识到自己的错误，还是会心甘情愿地改正的。

生活就是不断接受改变和挑战的过程。要想坦然淡定地面对生活，一定要相信自己。在生活中，我们有很多机会遇到和别人意见相悖、看法不同的情况。在这种情况下，你是选择相信自己，还是选择相信别人？答案当然应该是相信自己。一个人如果没有自信，即使能力再强，也无法干成大事，更无法获得成功。因为如果听信别人的，那么就会有无数个别人跳出来对你指手画脚，扰乱你的内心。如此说来，还是相信自己更好，至少答案是唯一的。相信自己，即使失败了，我们也能从失败中汲取经验和教训，为下次的成功做足准备。相信别人，失败之后你会更加困惑，万一选择换一个人相信，那么结局只会越来越差。现代的女孩子都知道命运掌握在自己手里，所以，她们比以往更加有主意，有主见。对于女孩来说，固执己见也是没错的。社会太复杂，可以说，真心对我们好的、愿意不惜一切代价让我们好的，只有我们的亲生父母。既然如此，当我们脱离父母的羽翼，开始独自生活，我们唯有相信自己。当然，本文所说的固执己见并非指的是一味地排除外界的意见和建议，而是指应该更多地相信自己。对于别人的看法和建议，取其精华，去其糟粕，不要盲从，而应该有选择地听取他人的意见，最终做出自己的决定。只有这样的“固执己见”，才能远离偏执和执拗，最大限度地争取最好的结果。

每个人都有自己的梦想，很多时候，大多数人的梦想都因为别人的建议或者意见而宣告结束。唯有固执己见的人，能够坚持自己的梦想，直到把梦想变成现实。固执己见的人有着极大的自信，还有着顽强的毅力。一旦他们认准的事情，即便有千难万难，也会毫不犹豫、勇往直前地去做。很多成功的人，都

是固执己见的人。他们在吸纳他人建议的基础上，不断地在实现梦想的道路上拼搏、奋斗，直到获得成功。

很久以前，有两个孩子约定各自从家里偷偷拿出一些食物去野外郊游。他们都想把好吃的带给对方，不知不觉都拿得有点儿多。到了野外之后，他们一通疯玩，然后敞开肚皮吃了起来。然而，东西实在是太多了，他们根本无法吃完。由于没有办法保存食物，他们只得眼睁睁地看着食物在灼热的阳光下变质。

时光流逝，这两个孩子小学毕业后，进入同一家中学读书。他们的友谊越来越深厚。闲暇之余，他们常常结伴沿着冰冻三尺的湖畔散步。突然有一天，那个叫涂德的孩子说："嗨，哈皮，你还记得咱们上次偷偷从家里拿出食物，带到野外郊游吗？"哈皮连连点头，说："当然记得啊！那一次，咱们还浪费了很多食物，太可惜了！"涂德指着湖里厚厚的冰，说："你看，湖里的冰那么厚！"哈皮不以为然地说："是啊，这里的冬天很冷，每年都有这么厚的冰。"涂德沉思片刻，兴奋地说："你说，如果咱们把这些冰运到炎热的加勒比海港口，一定能够卖个好价钱，那咱们就发财了！"哈皮嘲笑着说："哎呀，你别异想天开了。等到了加勒比海港口，这些冰早就变成水啦！你说的根本就是白费劲！"涂德一声不吭，继续沉思着望向湖面。

几年之后，21岁的涂德再次去找哈皮，邀请他和自己一起运冰贩卖。然而，哈皮和之前一样，说涂德是异想天开。无奈之下，涂德只得一个人干这件事情。他为自己争取到资助之后，就开始贩运冰块。他花了1万美元，批发了130吨冰，将其用大轮船运到炎热的马提尼克岛。在此之后的15年时间里，涂德在全世界范围内贩卖冰块。只要是轮船能够到达的地方，都享受到了涂德的冰块带来的清凉。果然如涂德所料，那些炎热国家的人们非常喜欢喝冰镇饮料，也很喜欢用冰冷藏容易变质的食物。正是因为贩卖冰块，涂德变成了世界冰王，当然，他也赚得钵满盆满，变成了亿万富翁。后来，在涂德的启发下，科学家们还发明了冰箱，让人们随时随地可以享受清凉冰爽的世界。

哈皮不会想到，正是那个他几次三番都看不上眼的贩卖冰块的计划成就了一个亿万富翁。直到涂德的生意做遍全世界，哈皮也依然过着碌碌无为、平平庸庸的生活。当他得知涂德变成亿万富翁的时候，一定很懊悔自己当成没和涂德一起贩卖冰块吧！幸运的是，涂德非常相信自己的创意，从未因为哈皮泼冷水就放弃自己的金点子。可以说，涂德是个固执己见的人，因为他的想法经过几年的时间，只是发酵成熟，并没有被搁浅。想想当初，肯定不止哈皮一个人觉得涂德贩卖冰块的想法是在异想天开，但是涂德从未放弃，这就是“固执己见”的力量。

女孩们，你们的心里是不是也有着不为人知的好点子？当你把点子说出来的时候，你原本想要博得大家的赞赏和认可，然而，不得不防备的是，也许听到的人给你的是一盆又一盆凉水和各种否定的理由。在这种情况下，你当然可以听取别人的意见，然而，目的是让你的想法集思广益变得更完美，而不是彻底否定。相信自己吧，相信自己是最棒的，你才能坚定不移地实现自己的梦想！

未来已来，你要勇往直前

每个人都有梦想，然而，真正能够实现自己梦想的人却少之又少。究其原因，是因为成功者大多数都天赋异禀吗？还是因为我们普通人太傻太笨？其实不然。科学家经过研究证实，人们的智力水平都是大体相当的。决定一个人能否成功的诸多因素中，能够坚持到底起到了决定性作用。不管做什么事情，如果总是半途而废，即使天时地利人和也无法获得成功。相反，对于一个有毅力坚持不懈的人来说，就算生命中有很多坎坷和挫折，也能够不遗余力、想法设法地战胜重重阻碍，直至获得成功。细心的人会发现，大凡成功者，不管其他方面的条件如何，一定是一个有决心、有毅力的人。他们从来不会轻易放弃，有着不到黄河心不死的勇气和魄力。

在人生之路上，阻碍我们追求梦想的因素有很多。困难常常让我们止步，小小的成功也会让我们得意忘形。我们唯一需要记住的是，不管是遇到困难还是获得成功，都不能因此而停下脚步。困难只是暂时的，每一次战胜困难的过程，对我们而言就是一次凤凰涅槃、浴火重生。成功也只是暂时的，小小的成功只是我们阶段性的胜利，并不能代表什么。如果因为小小的成功就止步不前，那么我们的损失就太大了。归根结底，我们不能停下人生的脚步。未来，在不经意间来到我们的身边，带来很多人生未知的讯息。我们要学会正确解读这些讯息，不要因此耽搁人生的脚步。只有作为一个勇往直前的人，才能不断突破自己、创新人生。很多喜欢登山的人都知道，当我们第一次登到五百米的高度，会觉得自己视野开阔。然而，等到我们登顶一千米高的山峰时，就会发现五百米的山峰只是一个小土坡。很多真正的热爱登山的人，在条件允许的情况下，最大的梦想就是登上世界最高峰——珠穆朗玛峰。这是生命与大自然的较量，是对人体极限的挑战。然而，对于人生来说，珠穆朗玛峰也不能算是高峰，因为人生是上不封顶的。人们常说，心有多大，舞台就有多大。我们也要说，心有多高，梦想就有多高，现实就能达到多高。每一次突破自己，我们都在超越前一刻的自己，拔高自己人生的高度。如此想来，不管遇到多大的困难，也不管取得多大的进步，我们探索人生都应该永无止境。人的潜力是无穷的，只要我们不断地给自己制定更高的目标，就会不断激发自己更大的潜力，获得更加美好的未来。

告别从两岁开始就陪伴在她生命里的游泳池，桑雪不由得热泪盈眶。她很爱跳水，跳水曾经一度是她生命的全部。即便是从摔伤导致的休克中刚刚醒来，她脱口而出问道："我还能跳水吗？"如今，她不得不告别自己生命的舞台，忍住心痛和不舍，远离掌声和奖杯，回归最平凡的自己。在训练馆进行最后一次跳水之后，桑雪离开了。

她知道，从此刻开始，她不再是奥运冠军。她去了一家咖啡馆当服务员，做着最普通的工作、挣着最低的薪水。她还找了一份兼职工作，这样能提高收入。对于桑雪的选择，人们给予的是误解、鄙夷、恶意揣测。然而，桑雪知道，她想要怎样的未来。通过不懈的努力，她考上了人民大学新闻学院。她知道，自己将要在这里开始成长，开始人生的蜕变。为了尽快成长，桑雪付出了很大的代价。当初为了进行练习，她的文化课荒废了很多。如今，她不得不像当初进行艰苦卓绝的训练那样，每天捧着厚厚的书本，用心地读书。经过几年的刻苦学习，桑雪于2006年顺利获得大学毕业证。与此同时，她还凭借幽美的嗓音，获得了唱片公司的认可，录制了人生之中的第一首歌曲——《伤雪》。

凭着顽强的毅力和勇往直前的精神，桑雪经历了几次华丽的转身。她在事业如日中天的时候选择退役，而后一切从头开始，默默地咽下了所有的委屈和误解，只顾着努力和拼搏。

桑雪是一个非常聪慧的女孩，她知道，人生也如跳水一样，双脚必须向下用力，才能弹跳而起，爆发力量。在腾起的瞬间，向下的力量越大，腾起的空间也就越大。她很理性，在光芒和掌声蜂拥而至的时候，选择了以退为进。这样的退，是为了积蓄更多的力量，是为了更加蓬勃地勇往直前。

大多数人仰慕站在领奖台上的成功者，其实，获奖之前坚持、努力、不放弃的他们更加值得敬佩。未来已经来到我们身边，它就是今天。在昨天，今天就是我们的未来。在今天，我们必须持续地努力。人生就是一个不断追逐的过程，一旦追逐的脚步停下，人生也就没有了目标和方向。现代社会，很多老人退休之后选择读大学，或者学习某样技能，也是为了让自己的人生始终保持前进的状态。女孩们，正值花季的你们一定要好好努力，为了已经到来的今天和还未到来的明天，不遗余力地拼搏和奋斗！只有今日的努力，才能让明日的你感谢今日的你！

时间是海绵里的水，要挤才会有

生活中，很多人常常抱怨时间不够分配。他们每日行色匆匆，奔波在大城市，为了理想和生存过着蚁族的生活。他们每天按部就班地上班下班，常常没有时间给父母打个电话，没有时间陪伴家人一起吃晚饭，甚至没有时间静下心来想想自己的人生。这就是现代人的悲哀。在忙忙碌碌中，我们究竟错过了什么？我们错过了花开，错过了叶片的舒展，错过了鸟儿的鸣叫，错过了雨滴的滴落。就这样，我们在不经意间错过了人生。我们常常有很多规划，所以我们经常挂在口头上的话是："等有时间了，我要陪妈妈逛逛菜市场。""等有时间了，我要陪孩子去游泳。""等有时间了，我要去学习一项技能。""等有时间了，我要好好睡一觉。"在一句句空洞的许诺中，时间悄然溜走。母亲的两鬓已经有了白发，妻子不再年轻，孩子的童年已经结束，不再需要你的陪伴，你却依然在忙碌着。为什么我们不能想想鲁迅先生的话，把琐碎生活里的时间挤出来，去做自己真正想做的事情。

很多人参加工作之后，会发现最美的时间是在校园里。当所掌握的技能不足以应付工作上的难题时，他们会懊悔自己上学的时候为什么没有掌握更多的技能和知识。然而，他们一边懊悔，一边依然故我。下班之后，宁愿和同事去酒吧里喝酒，也不愿意安安静静地看书。其实，如果我们能够更加高效地利用校园里的时间，工作之后就会轻松很多。例如，在小学和初中阶段，我们可以利用学习之余的时间，多多读书，开阔自己的眼界。再如，大学时代的学习节奏相对自主空间很大，在学好课程的同时，我们可以多学习一项技能。要知道，技多不压身。多一项技能，在未来的人生里，就会多一条出路。其实，生活中零碎的时间很多。很多学霸之所以在学习方面表现得那么厉害，就是因为他们每天早晨起床之后，一边洗漱，一边听英语。课间的时候，也会多多练习口语。甚至在吃饭的时候，还有很多勤学者在苦背单词。所以，不要再抱怨没有时间。

对于很多女孩来说，与其把在校的时间用来化妆、聊天，不如用来学习。学生时代是青春的美和清纯的美，不需要浓妆艳抹、衣着妖艳。最美的女孩是凝神学习的女孩、是专注读书的女孩、是不断提升自身的女孩。

自古以来，每位有所成就的人都很珍惜时间。鲁迅先生还说过，“哪里有天才，我只是把别人喝咖啡的时间都用在工作上了”。关于时间，朱自清也曾写过一篇散文《匆匆》，文中记载：“燕子去了，有再来的时候；杨柳枯了，有再青的时候；桃花谢了，有再开的时候。但是，聪明的，你告诉我，我们的日子为什么一去不复返呢？——是有人偷了他们罢：那是谁？又藏在何处呢？是他们自己逃走了罢：现在又到了哪里呢？”时间，只有有心的人才能抓住它们细小的脚步，让它们无处遁形。当我们挤出零碎的时间高效地利用，无异于拉长了自己有限的生命。

北宋时期，著名的政治家司马光不但是个清正廉洁的好官，而且学识渊博，编著了历史巨作《资治通鉴》。其实，司马光小的时候常常觉得自己生性愚笨，在读私塾的时候，为了让自己和其他同学一样牢固记住所学的知识，他总是利用其他同学玩耍的时间，独自留在学堂里看书、背诵。在把所学到的知识背得滚瓜烂熟之前，他从来不会出去玩耍。这个珍惜时间学习的好习惯，影响了司马光的一生。

对于大多数人来说，骑在马背上或者夜晚无法入睡的时间，一定是用来发呆的。但是，司马光从不浪费这些点点滴滴的时间。每当在马背上赶路无所事事的时候，或者晚上睡不着觉的时候，他都会回忆文章的内容，并且趁着无人打扰的时候凝神静思。时间长了，他不但把文章的内容记得烂熟于心，还养成了深入思考的好习惯。正是因为如此勤奋努力，不浪费任何点滴的时间，司马光为自己奠定了深厚的文学功底和史学知识，后来才能写成巨著《资治通鉴》。

除了读书学习和写作，司马光从未浪费时间。他的生活非常简朴，在居住的地方除了硬板床和被褥之外，只有数不清的书籍。不得不提的是，司马光的枕头非常特别。大多数人都喜欢枕松软的枕头，他特意为自己准备了一个硬邦邦的圆木枕头。晚上一旦他睡熟了，枕头就会毫无征兆地滚动，把沉睡中的司

马光惊醒。如此一来，司马光就可以马上从睡梦中醒来，开始点灯夜读。由此不难看出，司马光不但珍惜点点滴滴的时间，甚至连睡觉也舍不得睡很长时间。司马光完成《资治通鉴》整整花费了 19 年的时间。如果换做平常人，只怕这部历史巨作要花成倍的时间才能完成。

时间就是生命，浪费时间就等于浪费生命。这句话，是我们每个人都耳熟能详的。然而，在生活中，真正能够做到像司马光一样珍惜时间的人少之又少。当我们年少不更事的时候，总是把大量的时间用于玩乐。等到我们白发苍苍、人进暮年的时候，我们又没有多少时间可以珍惜了。所以，女孩们，趁着还年轻，赶快珍惜有限的生命吧！当你抱怨没有时间学习的时候，不如想想司马光完成《资治通鉴》的毅力和坚持。其实，每个人都愿意在暖暖的被窝里多睡一会儿，也愿意在温暖的阳光下纵情玩耍。然而，生命是有限的，我们虽然无法控制生命的长度，却应该竭尽所能地拓宽生命的宽度。唯有如此，才不负此生！

每个女孩都该学会笑着说“谢谢”

在生活中，几乎每个人都说过“谢谢”，以表达对别人的感谢之情。“谢谢”这两个字，虽然看起来非常简单，但却很神奇。如果能够把这两个字恰到好处地用到该用的地方，那么，它将发挥巨大的作用，给我们的生活带来更多的友善和方便。美国心理学家曾经进行了一项实验，发现“谢谢”的作用远远超出了我们的预期。绝大多数人都以为谢谢只能表达感谢，殊不知，谢谢也能够使人和人之间的关系更加和谐融洽。尤其是当“谢谢”和真诚的微笑一起呈现出来时，更能够起到事半功倍的效果。中国有句古话，伸手不打笑脸人，说的就是这个道理。对于一个满面微笑的人，别人尚且不好意思粗言恶语，更何况这个人在提出请求的时候还连声地说着“谢谢”呢。心理学研究发现，人都有回报心理，即不管我们接受别人的好意是主动的还是被动的，只要别人对我们表示了感谢，我们在潜意识里就会愿意帮助对方，以便让自己无愧于这份感谢之情。

生活中，几乎每个人都需要他人的帮助。人是群居动物，现代社会讲究分工合作。很多时候，即便是同事之间按照正常程序去工作，假如我们能够对配合工作的同事说声谢谢，同事关系和彼此之间的合作也会进入更好的状态。对帮助自己的人说声谢谢，不但能够使彼此都感到很愉快，也会对我们产生心理暗示，让我们不知不觉间对帮助我们的人更多了几分崇敬与感谢，还会不由自主地产生回馈对方的想法。很多时候，我们需要和陌生人打交道。在这种情况下，多多说“谢谢”更是有必要的。例如，我们去其他班级借彩色粉笔用，对方如果只剩下一盒，原本不想借，但是你在提出请求的最后就已经表达了极大的谢意，那么，对方肯定不好意思拒绝，一定会借给你。也许有人会说总是说“谢谢”，是一种流于形式的行为，事实却证明，说谢谢不但是一种形式，更是促进受助者与施助者彼此感情的最佳形式。这就是谢谢的魔力。中国是礼仪之邦，人们崇尚礼尚往来。如此你帮我，我谢你，我回报你，你再谢我……人与人之间的关系就能够进入良性循坏，让彼此之间更融洽、更友善。从大的方面来说，每个人常把“谢谢”挂在嘴边，对和谐社会的发展都是有极大好处的，也会产生很积极的推动作用。

从施助者的立场上看，帮助别人之后，如果对方丝毫不表示谢意，就会觉得很沮丧。例如，在公交车或者地铁上，年轻人给老年人让座，虽然是社会提倡的尊老爱幼行为，但是如果接受座位的老者毫不客气地一屁股坐下去，连句谢谢都不说，那么，主动让座的年轻人一定会觉得不舒服。相反，如果老者能够真诚地表示感谢，再坐下去，那么年轻人下次肯定还会心甘情愿地给老幼病人让座，并觉得付出是值得的。从这个角度来看，社会良好的风气不但需要每个人努力，也需要每个人积极地去维护。

艾雪今年就要去美国读大学了。女儿这么有出息，爸爸妈妈都很开心。然而，开心之余，他们也很担心。去美国的机票很贵，爸爸妈妈不能去送艾雪，但是艾雪从小就晕车，妈妈很担心她坐飞机也会晕。看到妈妈担心的样子，艾雪连连安慰妈妈：“妈妈，放心吧，我会照顾自己的。如果有需要，我会求助于别人的。”

出发的日子到了，爸爸妈妈听说靠近窗户的位置因为能看到风景，会有效缓解晕机。但是，他们没有买到靠窗的飞机票。看着艾雪独自一人走向检票口，妈妈担心极了。上了飞机之后，艾雪知道妈妈肯定还在担心自己晕机的问题。因此，她笑着问身边的一位男士：“您好，先生，我能请您帮个忙吗？”那位先生抬起头看着艾雪。艾雪继续说：“是这样的，这是我第一次做飞机，我妈妈很担心我晕机。我想和你交换座位一分钟，坐在靠窗的位置上给妈妈拍张照片，告诉她我坐在窗边，不会晕机。”艾雪一边说，一边微笑着看着那位先生，最后，艾雪还不忘表示感谢：“真的非常感谢您，否则，我妈妈一定会担心得一晚上都睡不好。谢谢您！”如此彬彬有礼的请求，还带着微笑和感谢，先生怎么能忍心拒绝呢？他不但和艾雪互换位置让艾雪拍照给妈妈看，还主动让艾雪就坐在靠窗的位置。他笑着说：“小妹妹，你就坐在靠窗的位置吧。我一直飞来飞去的，坐在哪里都无所谓。再说，我可不想看到这么美丽的女孩坐在我旁边吐得七荤八素啊！”艾雪又是连声感谢，最终，她居然和那位先生成了朋友。直到下了飞机，那位先生还热心地把艾雪送到学校呢！

面对微笑和“谢谢”，只要不是铁石心肠，只要不是强人所难的要求，我们的请求往往都能够得到满足和回应。很多人一旦接受了别人的感谢，就觉得帮助对方是自己的分内之事。其实，说谢谢不但能帮助我们得到别人的帮助，如果我们总是习惯于非常有礼貌地说谢谢，时间长了，自身也会变得更加彬彬有礼。

每个人都希望自己的人生一帆风顺，只要我们经常把“谢谢”挂在嘴边，就会有更多的朋友愿意帮助我们，人生自然也会更加顺利。即使偶尔遇到困难，多个朋友总是有利无害的。

试着推销自己，不要有所畏惧

英国首相撒切尔夫人从小就坐在前排，这是因为她的父亲始终严格教育她，让她只要有机会就坐在前排。想想生活中的我们吧，女孩们。当有机会挑选座位的时候，你会选择坐在哪里？如果是观看演出，想必大多数女孩都会选择坐在前排。如果是老师上课呢，你还会坐在前排吗？你会不会有意识地躲在教室的后排座位，因为这样你就无需担心被提问了。如果是领导开会，你会主动坐在前排吗？你会不会担心因为坐前排，领导把更多的工作任务安排给你？但是，撒切尔夫人不管什么情况下，哪怕只是搭乘公车，都会毫不犹豫地坐在前排。正是因为这样的习惯，她才能成为英国的女首相，以刚强闻名于世界政坛。其实，撒切尔夫人坐在前排就是在推销自己，她相信自己能够应对所有的情况。很多女孩选择坐在后排，则是不够自信的表现，她们想把自己藏起来。

虽然我们不是销售员，但是，在每个人的一生之中，都必须推销自己。如果我们不把自己推销给别人，我们就无法开展任何社会活动。很多了解销售行业的人都知道，那些在销售工作上表现非常出色的人，一定是非常自信、勇敢地推销自己的人。试想，如果你是一名推销电脑的销售员，那么，你一定要先把自己推销给客户，博得客户的信任，客户才会从你手里购买电脑。相反，如果你唯唯诺诺，让人觉得你毫无自信，那么，你在介绍商品的时候也必然吞吞吐吐，如此一来，客户怎么会花费几千块钱从你手里购买电脑呢？也许有些女孩会说，我们不会去卖电脑，也不会去卖房子，总之不会去卖任何东西。那么，你辛辛苦苦读书，大学毕业之后总要找工作吧。试想，你在面试的时候，面对主考官的提问根本不能自信地、确凿无疑地回答，主考官还能通过你的面试吗？面试的过程，其实就是推销自己的过程。面试的时候，我们就是自己的商品，要想得到主考官的认可，让其给我们一份心仪的工作，就一定要让他相信我们有能力胜任工作。

也许还有些女孩会说，中国是礼仪之邦，历来崇尚谦逊。需要注意的是，推销自己和谦逊毫不冲突。推销自己是把自己展示给别人看，让别人认识我们的能力，进而赏识我们。谦逊是做人做事的态度，是在日常生活中的表现。现代社会，竞争无处不在。在学校里夺取三好生的名额需要竞争，出来找工作需要竞争，包括现在的公务员考试，竞争可谓一年比一年更激烈。作为现代社会的女孩，唯有适应竞争，能够扛得起巨大的压力，才能证明自己的能力、实现自己的梦想。我们应该勇敢地推销自己、展示自己。

战国时期，赵国的都城被秦国的军队团团围住了。为了解救赵国，赵王派平原君去劝说楚王，让其与赵国结盟，一起出兵攻打秦国。出发去秦国之前，平原君想从诸多门客中挑选二十名随从。然而，他挑来选去，只找出了十九个人。正当平原君绞尽脑汁也找不到最后那个人时，门客毛遂向平原君自我推荐："我去吧！"平原君说："有能力的人就像是尖锐的钉子，早晚会把装它的布袋刺破，展露锋芒。然而，三年以来，你始终默默无闻，可见你很平庸啊！"毛遂不以为然，说："假如我早点儿被放进布袋，早就把布袋刺破了，何止是展露锋芒呢，一定会鹤立鸡群的！"就这样，毛遂说服了平原君，随同平原君一起出使楚国。

平原君费尽唇舌，耗时很久，都没有说服楚王与赵国结盟一起出兵攻打秦国。除了毛遂，其他门客们见状心急如焚，却无计可施。只见毛遂手握长剑，上前一步，对楚王说："结盟的事情，利害关系非常清楚，有什么不能决定的呢！"楚王怒斥毛遂："这里没有你说话的份，赶快退下！"不想，毛遂毫不畏惧，继续上前几步，说："如今，我就在大王面前，随时能取大王的性命。纵使大王有千军万马，也对我无可奈何！"楚王知道自己不占道理，又担心毛遂真的刺伤他，居然无话可说。毛遂乘胜追击，接着说："实际上，楚国幅员辽阔、兵强马壮、国力强盛。如此想来，楚国又何须惧怕秦国呢？！大王现在不愿意与赵国结盟一起出兵攻打秦国，难道要等到秦国把其他国家都打败，再来收拾楚国吗？"楚王不由得信服，当即答应与赵国结盟，一起出兵攻打秦国，为赵国解围。

事例中的毛遂，如果没有主动推荐自己，也就没有机会和平原君一起出使楚国，更没有机会展示自己的能力。现代社会，虽然传统文化告诉我们要谦虚礼让，但是，有的时候也要当仁不让。女孩们，你们有足够的自信吗？一定要努力提高自己的能力，这样才能理直气壮地推荐自己！

现代社会是公平竞争的社会，也是营销的社会。酒香不怕巷子深是不可取的，也不能坐等伯乐来找到我们这匹“千里马”，人生如逝水，青春时光转瞬即逝，我们必须抓住机会，多多表现自己，为自己赢得更加广阔的人生舞台。

第 07 章

有知识也有智慧，做有能力有魄力的女孩

时代在发展，社会在进步，也必然对人们提出了更高的要求。在古代社会，崇尚女子无才便是德。现代社会却截然不同，女子不但要有才有德，还应该有能力有魄力。如果从社会地位的角度来说，男女完全平等；从社会分工的角度来说，女性承担着比男性更加艰巨的重任。很多女性不但要在学习和工作上与男性平分秋色，而且还肩负着照顾家庭的重任。如此说来，女性仅仅作为女强人是不够的，还要成为女超人。所以，女孩们在学校现代化知识的同时，也要锻炼自己，只有这样，才能更好地生存与发展！

有时候，需要改变表达方式

民间有句话，说得非常形象，叫做“会说说得人笑，不会说说得人跳”。这句话生动地告诉我们，即使针对同一件事情，不同的表达方式也会导致截然相反的结果。这也从侧面证实了语言的魅力。在诸多国家的语言中，汉语是最形象和生动的语言。我们有形声字、象形字等，很多文字不但说出来会有神奇的效果，仅仅是看书面的文字，都非常形象生动。语言的魔力还远远不仅在此，可以说，语言的运用是一个人综合素质和能力的体现。朱自清先生曾经写过一篇《桨声灯影里的秦淮河》，把夜晚的秦淮河描绘得美丽静谧，让看的人忍不住想要真正去秦淮河，也在灯影里泛舟一回。可以说，朱自清先生把秦淮河的美用文字放大到极致。换一个人，在此时此景，未必能够把秦淮河描绘得那么美丽和富有神韵。如果让一个不懂文学的人来说，也许只会说秦淮河是一条不那么宽的河，两岸都是临河而建的房子。这就是表达的魔力。

在现代社会的生活中，要想更好地生存和发展，除了要掌握更多的知识、提升自身的技能之外，人际关系也尤其重要。那么，如何让我们的人际关系更好呢？一方面，我们要真诚友善地对待他人、宽容理解他人，另外一方面，人与人的交往和沟通主要靠语言，我们要学会说得人笑，而不是说得人跳。当然，这也并非是让我们一味地阿谀奉承，而是让我们学会尊重别人、平等地对待别人，更好地表达自己的内心。对于至亲至爱的人和亲近的朋友，在发生冲突的时候，我们应该学会让步、学会低头，毕竟这个世界上没有那么多的胜负输赢和高低贵贱。对于关系不远不近的同事或者陌生人，我们应该学会不卑不亢，

既不谄媚，也不高傲，做到平等、尊重。

从细致的角度来说，几乎每个人都要依靠语言的魅力生存。你是照顾家庭的主妇，你需要和菜贩子、孩子的老师，最重要的是要和自己的爱人、孩子交流；你是职场上的女强人，你更需要交流的能力，需要掌握语言的魅力，因为你不但要和上司搞好关系，还要让下属心服口服；你是学校里的老师，你需要凭借语言把自己的毕生所学传授给学生，还要和各个学科的老师搞好关系；你是销售人员，更需要超强的语言组织能力，把自己的诚信和产品的质量性能一样不落地告诉消费者……总而言之，不管你从事什么工作，也不管你在社会上担任什么角色，你都必须很好地运用语言表达自己，与人沟通。那么，沟通能够始终保持到位和顺遂吗？不能。这就更加要求我们学会灵活地运用语言，当某种表达方式无法起到很好的沟通效果时，要学会改变方式。俗话说，条条大路通罗马，博大精深的中国汉字给了我们的表达以无穷无尽的空间，只要你努力去思考如何表达，就一定能够找到一种最好的方式。很多时候，生活中一些事情进入死角，人和人的关系无比僵硬和恶化，恰恰是沟通让一切都峰回路转、柳暗花明。

婷婷大学毕业后，进入学校成为了一名教师。刚刚参加工作的她年轻气盛，心气比较高，当看到班级里的孩子们在考试中排名倒数第一的时候，不由得心急如焚。她站在讲台上大声呵斥孩子们："你们看看，你们是怎么考的？难道我说的你们都忘到脑后了吗？！就连平时考试一直很稳定的王静，这次也不知道哪根筋搭错了，那么简单的试卷，都是平时练习过的内容，居然才考了88分。其他同学呢，就更不说了。我怎么教了你们这些孩子啊，看看，看看，5分的，10分的。我真是倒霉死了……"孩子们被吓得大气也不敢出，全都瞪着黑溜溜的眼睛看着婷婷。

一通发泄之后，婷婷冷静下来未免后悔，尤其是当同学们窃窃私语地说："我们真笨啊，比猪还笨，把老师气成这样。""老师会不会生气不教我们了？那我们就没有老师了。"婷婷意识到自己这样对孩子们说话是不对的。在此之后的几天里，婷婷很快就组织了第二次考试。其实，几天的时间根本改变不了什么，但是婷婷要帮助孩子们重新树立信心。这次，婷婷故意把考试试卷出得比较简单，孩子们的成绩有了小幅的提高。婷婷语重心长地对孩子们说：“这才是我们班真实的水平啊！大家都看看，这次每位同学都考得很好。首先，王静同学考了 99 分，只有作文扣了 1 分。就连王朝都考了 56 分，这可比上次的 5 分有了天大的进步啊。我相信，我们继续努力两个月，等到期末考试的时候，成绩一定会提高很多，一定能够考到全镇前十名。大家有没有信心？”经过一番鼓励，婷婷欣喜地看到孩子们黑溜溜的眼睛里都闪烁着希望的光芒，包括学习成绩最差的孩子也都大声地喊出了“有信心。”果不其然，在此之后，孩子们非常配合婷婷，学习好的帮助学习差的，大家万众一心，居然在期末考试中，考到了全镇第九名的好成绩，整整提前了十七个名次。

这场考试之后，婷婷长长地嘘了一口气。她终于改正了自己的错误，没有把孩子们打击得失去自信。婷婷知道，在为人师表的这条道路上，如何面对孩子们表达这件事，她需要学习的还有很多很多。

在上述事例中，如果婷婷没有及时改正自己表达上的错误，孩子们的自信心一定会大受打击，在之后的期末考试中只会倒退，不会进步。其实，很多教育学家都说过，没有教不好的孩子，只有不会教的老师。毋庸置疑，不会教的老师一定是个不会说话的老师。幸好婷婷是新时代的老师，她很快就意识到自己的语言太过粗暴，伤害了孩子们稚嫩的心灵，并且及时改正，这才赢得皆大欢喜的好成绩。

女孩们，在生活中，几乎每分每秒都需要我们沟通和交流。聪明的女孩一定会处处留心，学会最好的表达和交流方式，为自己的生活创造更美好的语言环境。

打破思维定势，换取柳暗花明

所谓定势，顾名思义就是固定不变的形式。所谓思维定势，指的是人们在进行心理活动的时候，始终遵循之前的思路，不能灵活和创新。思维定势往往采取的是已知的思维模式，或者是事先预想好的思维模式。一旦进入这种模式，事情的发展就会按照人们心里既定的方向发展，无法有所突破和创新。从这个角度来说，思维定势对于创新思维是一种禁锢和局限。思维定势有很多弊端，会导致效率低下。例如，人们习惯于用保鲜膜保鲜水果，封锁食物。殊不知，如果做饭的时候不小心切破了手，在贴完创可贴之后，也可以用保鲜膜包裹起来，起到防水效果，不影响继续做饭。拥有思维定势的人往往因循守旧，不但创新能力差，还会固执己见，在看人看事的时候采纳别人的建议，而只顾着自己的想法。诸如，拥有思维定势的人在被东北人骗过一次之后，总是逢人就说东北人是骗子。殊不知，时代在发展，看人的眼光也应该与时俱进。误解东北人可能只会失去几个朋友，万一在看待事物的时候也这样因循守旧，就会错失很多机会。例如，手机刚刚问世的时候，有人的手机丢了，后来他就再也不买手机，说很容易丢，并且因此而错失了很多生意，这岂不是因小失大吗？这些都是最简单的例子。总而言之，现代社会的发展日新月异，各种新生事物不断涌现，这也就要求我们也跟上时代的脚步，不断地学习和创新，突破自身的限制，实现质的飞跃。

一旦进入思维定势之后，形象地说，我们就像是钻进了一个死胡同，并没有掉头重新寻找出路，而是一头撞在胡同的墙壁上，直到撞得头破血流，还是在一个劲儿地撞。拥有思维定势的人往往很难改变，因为很多人意识不到自己是思维定势。表现在日常生活中，就是有些人非常倔强，听不进任何意见和建议。作为女孩子，应该具有水一样的特质，是无形的，也是最有形的，是最柔软的，也是最柔韧的。当进入思维定势之后，我们在学习和生活中一定要打破固有的

思路，给自己更大的思考空间。要知道，错和对之间并没有很遥远的距离，很多时候仅仅一步之遥。如果我们在此路不通的情况下能够马上调转思路，重新展开思考，放弃固有思路，也许很快就能找到最佳的方案。

公元前223年的冬季，马其顿亚历山大大帝率领部队进驻亚细亚。当他来到亚细亚的弗尼吉亚城时，听说了一个古老的预言。原来，早在几百年前，弗尼吉亚的戈迪亚斯王就做了一件未卜先知的事情。他在自己的牛车上系了一个非常繁琐的绳结，并且昭告天下，说能够解开绳结者，就是亚细亚王。从那之后，每年都有无数的王子和武士涌到弗尼吉亚城，就为了亲眼看看戈迪亚斯的千年绳结。他们跃跃欲试，想要解开这个绳结，但是不管他们如何观察和探索，都无法找到绳头。亚历山大也很想看看这个神秘的千年绳结，他不相信这个绳结是解不开的。

亚历山大目不转睛地认真观察绳结，果不其然，他和之前来到这里的所有人一样，根本找不到绳头。亚历山大发自内心地佩服戈迪亚斯王，就这一个绳结，居然难道了无数人。突然之间，他脑中灵光一闪："我为什么要解开绳结呢，我可以按照自己的办法去做啊！"想到这里，亚历山大毫不犹豫地拔出剑来，对准绳结，一剑将其劈成两半。就这样，这个神秘的千年绳结被解开了。

面对神秘的千年绳结，所有人包括亚历山大在内，都想从中找到绳头。这就是思维定势。数百年间，无数人都因为思维定势对绳结无计可施。幸好，亚历山大是个行动派，虽然他同样没有找到绳头，但是他却想到了更加直截了当地办法——用剑劈开绳结。亚历山大有勇有谋，面对问题敢于采取创新的办法来解决，所以，他才能成为亚细亚王。

女孩们，在生活中，你是不是也曾遇到过无头之结呢？千万不要一味地想着找出绳头，其实，解开绳结的办法有很多种。生活，就是一个接着一个的问题，面对这些问题的时候，我们一定要跳出思维定势的怪圈，尽力想出灵活巧妙的方式解决问题。

换一条路走，你才能突破自己

在《故乡》一文中，大文豪鲁迅先生以一句非常简单的话道出了一个真理——“其实这世上本没有路，走的人多了也便成了路。”这句话告诉我们，路是人走出来的。所以，当我们走投无路的时候，千万不要灰心绝望，因为这也许正预示着世间因为你的脚步，又将多一条路。其实，人生就是在行走，在一条莫名的道路上行走。这条路千变万化，因为每个人的情况不同，路也绝不相同。

生活中，我们常常会遇到路的分叉口，或者遇到绝境，发现眼前已经无路可走。我们到底应该怎么办呢？有人说人生就是一个不断战胜困难的过程，的确如此。我们在一生之中会遇到形形色色的困难，或大或小，然而，无论如何，我们不能在困难面前放弃自己的人生之路。还有些人渴望成功，他们希望自己能够出人头地，创造出属于自己的一番新天地。纵观历史，大多数成功者都是不走寻常路的。打个形象的比方说，假如成功就是看谁在路上采到的野花多，那么众人都走那条路，一定很难觅得野花的踪迹了。要想赢得成功，摘取很多野花，就只能走别人没走过的路。如此一来，你轻轻松松就能采到很多野花。当然，不走寻常路也会有另外一个问题，那就是这条路是你刚刚开拓出来的路，没有人踩过，所以注定长满荆棘。你必须忍受荆棘刺破你的脚心、划破你的衣衫，然后才能赢得更多的野花。在人生之路上，这就是创新。创新的人就是在开辟一条崭新的人生之路。如果能够排除千难万险，坚持到最后，就一定能获得成功。所谓创新，就是做别人没做过的事情，走“独木桥”。虽然独木桥没有大路开阔，但是独木桥只属于你。

每个女孩都渴望自己有着美丽的容颜，有着名牌大学的毕业证，再找一份好工作，嫁个好老公。可以说，这是所有女孩的梦想。然而，这只是一个梦想，生活从来不会一帆风顺。也许有些女孩在学习上遇到困难，中考、高考都不能那么顺利地过五关斩六将；也许有的女孩长得不够漂亮，总觉得自己不够美丽……其实你知道吗？如果每个女孩都极其完美，那么完美就将不复存在。因为完美是相对的，一旦所有女孩都一样，就无所谓美丑。聪明的女孩不会盲目地追求完美，更不会让整容医生把自己整成明星的模样。女孩，你最大的资本就是你的独特和与众不同。我们应该有自信，坚定不移地做自己，这样才避免与别人变得一模一样。生活之所以如此多姿多彩，就是因为每个个体都是独特的、与众不同的。独特的女孩有着特立独行的气质，从不盲目地跟随别人的脚步，她们有足够的勇气走出属于自己的人生之路。她们坚信自己很优秀，坚信自己是最棒的，坚信自己能够获得成功。

很久以前，有位花匠请教主人："主人，您这么成功，家业越来越大，太让人羡慕了！您就像一颗根深蒂固的大树，我就像大树上的一片树叶，随风摇摆。您能不能告诉我，怎样才能挣更多的钱，能达到您十分之一的成功呢？"主人很宽厚，他笑了笑，对花匠说："你能有这样的想法就很好。这样吧，我看你对园艺很有天赋。你看看，我家的花园是附近所有花园里最漂亮的，这都归功于你啊。我的庄园里有很大一块空地，你可以在空地上种植树苗。不过，你知道一株树苗多少钱吗？"花匠赶紧回答："当然，我当然知道。一株树苗需要10元钱。"主人拿出纸笔，初步计算了一下，对花匠说："如此算来，你可以在我的庄园里种植30000棵树苗，刚好需要30万钱的成本。等到五年之后，这些树苗都能长大，变得粗壮。那么，每棵能卖多少钱呢？"花匠估算了一下，说："应该能卖到1000元。"主人说："也还不错，如此一来，就可以卖到300万钱。这样吧，我来负责提供土地和成本，你负责在五年的时间里培植它们。等到五年之后，我们就可以盈利两百多万钱，咱们一人一半，你看如何？"花匠低头沉思良久，摇着头对主人说："主人，我干不了。"主人有些生气，恼怒地说："我出所有的成本，你也不担风险，利润一人一半你还不满意吗？"花匠赶紧解释："主人啊，我一辈子也没有见过300万钱啊。这笔生意实在太大了，我连想也不敢想啊！您还是找别人合作吧，我承担不起这么重的责任啊！万一赔钱了怎么办呢？！"

主人很容易就找到了另外一个花匠，把庄园的空地上种满了树苗。五年之后，他不但收获了五年浓浓的绿荫，还稳稳当当地赚了一笔。

花匠一辈子注定都是花匠，虽然他也很想挣钱发财，但是他的心实在太小了，这就导致他思来想去，放着好好的机会在眼前也不敢抓住。一个人如果只敢走自己走过的路，那么他就永远也不可能突破自己。

女孩们，千万不要像花匠一样，到手的机会又让它光明正大地溜走了。不管什么时候我们都要记住：路是人走出来的！

机智幽默，才能随机应变

前文说过，语言是一门艺术。语言是富有神奇魔力的，只看人们如何运用它们。在中国，人们最为看重的品质往往是诚实、真诚、有责任心、勇敢、果断等。在西方文化中，大多数人都很看重“幽默”。何为幽默呢？粗浅的理解，很多人都觉得说话搞笑、逗乐是一种幽默，还有人觉得挖苦讽刺别人、让别人无言以对是一种幽默。实际上，幽默是一种非常难得的能力。真正的幽默是以愉悦每一个人为目的，说出来的话让人忍俊不禁，却暗自叹服。这就是幽默。一个思维僵硬、反应迟缓的人，很难真正具备幽默的品质。只有聪明机智、宽容友善的人，才能成为一个幽默的人。在社交场合中，人与人在交流和沟通的时候，难免会因为一句话说得不对，导致双方都很尴尬，甚至全场的人都不知该说点儿什么。在这种情况下，机智的人往往能够开动脑筋，以一两句幽默的话逗得人们捧腹大笑，让剑拔弩张的气氛瞬间消除。

机智幽默的能力是可以培养的。首先，我们应该调整自己的心态，真诚宽容地对待别人。一个小肚鸡肠的人只会抓住机会施展报复，而不会真心地让大家皆大欢喜。唯有宽容友善的人，才会有发自心底的善良，水到渠成地成为大家的开心果。机智幽默虽然需要快速的反应能力，渊博的知识也是不可或缺的。在交谈之中，我们每个人的语速都达到每分钟几十到上百字，如果没有一定的知识储备，如何在别人抛出问题的时候第一时间做出机智的反应呢？在人际交往中，幽默能够产生神奇的作用。幽默的人往往非常乐观，所以他们也会感染身边的人变得积极向上。幽默感能够帮助人们心平气和，让人在遇到问题的时候不至于歇斯底里、手足无措。幽默感的人充满智慧，能够给身边的人带来很大的享受。

在现实生活中，很多女孩性格执拗，在遇到问题的时候，只会以硬碰硬，不会迂回曲折。只有学会幽默，才能在不动声色之间解决问题，变被动为主动。女孩们，幽默是一种难得可贵的能力。要想让自己具备这种能力，不管遇到什么问题都能随机应变，你们可要好好锻炼自己啊！在平日里，与其把大量的时间用于闲聊发呆，不如多多读书，看看那些思维敏捷的人是如何应对突发情况的。再者，我们还要学习控制自己的愤怒，机智幽默的人从来不生气，即使真的生气，也能让自己保持平静淡定，如此，才能在不动声色间占尽先机。机智幽默的气质一旦养成，对我们的一生都有很大的好处。

孔融从小就很懂事，尊老爱幼，自从“让梨”事件人尽皆知后，他就大名远扬了。父亲每次出去都会带上小孔融。他乖巧可爱，懂礼貌，是个人见人爱的好孩子。最重要的是，他机智幽默，遇到突发情况总能最快地做出合理反应，从来不会让父亲丢脸。

10 岁那年，小孔融和父亲一起去洛阳拜访大名鼎鼎的李元礼。当时，除了孔融和父亲，李元礼还邀请了很多名人雅士。到了李府门前，孔融对守门人说：“我是李府君亲。”李元礼赶紧让仆人把孔融和他父亲请到大厅。看到孔融这个小大人，李元礼觉得他非常有趣，因此故意刁难他：“君与仆有什么亲的？”孔融毫不慌张，从容地说：“昔先君仲尼与君先人伯阳有师资之尊，是仆与君奕世为通好也。”听到孔融如此机智圆融的回答，李元礼和在场的宾客都惊讶

不已，啧啧赞叹。这时，迟到的陈韪恰巧被仆人引进大厅，听了孔融的回答，他鄙夷地说："小时了了，大未必佳。"这句话的意思是说，孔融虽然现在很聪明，但是一旦长大成人了，未必会有这么出色。出人意料的是，小小年纪的孔融听说这句话后，面不改色地说："想君小时，必当了了。"这句话的意思是说，看你现在的样子，就知道你小的时候一定是很了不起的。听了孔融的回答，在场的人全都忍俊不禁，哈哈大笑，唯独陈韪羞愧得满面通红，无言以对，赶紧找了个座位坐下，不再无事生非。

孔融年纪很小，只有10岁，对于陈韪不屑一顾地评论，他当即就做出了有力的回答。其实，如果孔融当时是个大人，那么他这样的回答未免太过尖锐。幸好，他只有10岁，这样的回答不禁让人拍案叫绝。孔融从小就这么聪明机智、幽默风趣，所以长大之后才能做出伟大的成就。

女孩们，机智幽默是从小就锻炼出来的。如果你们也想像孔融这般风趣机智，那就赶快多多读书，锻炼自己的思维，开阔自己的视野吧。要知道，只有机智幽默，才能灵活应对生活中的各种突发状况。

勤于动脑，让思维越来越灵活

记得学生时代，数学老师在让我们解答题目的时候，总是要求写出至少两种或者三种解题的方法。当时年纪还小，不知道老师的良苦用心。如今想来，老师是在培养我们的发散思维。包括现在，有一些人还是会说：学习数学有什么用啊，反正有计算器，多么复杂的题目都能算出来。的确，计算器能够给我们的生活带来很大的便利，然而，数学的作用可不仅仅是算数。数学教学，更

多的是为了培养我们的思维能力。很多时候，它的作用是潜移默化的，可能看似和我们的生活毫无干系，实际上我们已经在潜移默化中形成了各种思维方式。那么，什么叫发散思维呢？顾名思义，就是以问题为圆心，发散式地辐射出很多答案。如果用一幅画来形容发散式思维，那么一定是一个万丈光芒的太阳。太阳就是问题，那些射向四面八方的光芒就是各种不同思维方式产生的方法。

生活中，当遇到难题无法逾越的时候，我们总是说“条条大路通罗马”。这句话其实是一句西方国家的谚语，最早的起源是几千年前繁华的罗马城。当时，罗马发展得非常繁荣，修筑了很多条路。据说，当时从意大利半岛乃至欧洲的很多条路，只要一直走下去，就能抵达罗马城。后来，人们就用条条大路通罗马来形容到达目的的方式有很多种，不要只执着于一种方式或者方法。将其逆反过来，就是发散性思维的脑图。发散思维，顾名思义，指的是一种呈现出扩散状态的思维模式。拥有发散思维的人，在思考问题的时候，思维的视野非常开阔，呈现出广阔辐射的状态，不受到任何陈旧思维和固有思维的局限。日常生活中，在创新方面表现突出的人往往都是拥有发散思维的人。他们总是有很多金点子，让自己能够在诸多方法中找到最佳方案。发散思维不但灵活，而且非常变通。拥有发散思维的人，在思考的过程中能够举一反三、触类旁通，从而给自己提供更多优质的解决方案和奇思妙想。女孩们，我们也应该让自己的思维变得更加活跃、更加开阔，这样才能在遇到问题的时候找到更多的处理方法。其实，很多问题的解决方式都不是单一的，而是多种多样的。我们既可以直截了当、一针见血地解决问题，也可以委婉曲折、围魏救赵。

为了研究发散性思维，心理学家曾经专门做过一项实验。他先是去了幼儿园，在黑板上画了一个圆圈。他问孩子们：“小朋友们，你们猜一猜，这是什么？”孩子们纷纷举起小手，有的孩子说是太阳，有的孩子说是皮球，有的孩子说是眼球，有的孩子说是镜子，有的孩子说是奥运五环的一环，居然还有的孩子说是花盆的底面……总而言之，孩子们的回答五花八门，无奇不有。后来，心理学家又去大学校园里，在黑板上画了一个圆圈。依然是同样的问题，大学生们的回答可就单调多了，大家异口同声地说：“这是一个圆圈。”心理学家

惊讶地发现，随着经验的增多和学识的增长，孩子们的发散性思维受到了局限。

打个比方来说，发散思维就像一棵枝繁叶茂的树。随着树木的增长，人们不断地给他修枝剪叶，所以树形越来越整齐。在变得美观的同时，那些疯长的枝杈也消失了，孩子们的发散性思维也受到越来越多的禁锢。现代教育越来越注重培养孩子们的发散性思维，我们在成长的过程中，也应该注意培养自己的发散性思维。遇到事情的时候，包括在学习的过程中，有意识地从更多的角度思考问题，尽量找到更多的办法解决问题。只要在生活和学习中勤于动脑，就会形成发散思维的意识，让自己面对问题不再手足无措。

小时候，司马光和小朋友们一起在院子里玩“捉迷藏”的游戏。眼看着其他的小伙伴都藏好了，有个小朋友一着急便爬进了院子里一口废弃的大水缸里。水缸里满满的都是水，孩子连连挣扎，还是被呛了好几口水。见此情形，小朋友们全都急得哭了起来，有几个机灵的孩子哭喊着跑去找大人了。渐渐地，那个孩子沉到了水底。这时，司马光抱起一块大石头，用尽全力地朝着大缸砸去。一下、两下、三下……司马光终于把缸砸破了，缸里的水瞬间流了出来。缸里的孩子终于从鬼门关逃了回来。

小小的司马光遇到事情的时候沉着冷静，既没有哭喊，也没有惊慌失措地跑去找大人，而是机智地抱起石头把缸砸破了。大多数人在遇到有人溺水的时候，第一时间都会想着如何把人从水里救出来。只有司马光，想到了自己面对的是一口大缸，显然，把缸里的水放出来是一个更快速的办法，能够有效地挽救小伙伴的生命。

女孩们，我们也应该学习司马光的机智勇敢。面对很多问题的时候，虽然我们脑海中首先浮现出来的是固有的办法，但是我们更应该开阔自己的思路，让自己养成发散性思维的好习惯。人的思维也是具有惰性的，如果我们总是懒于思考，我们的思维就会越来越迟钝。只有勤于动脑的人，才会让自己的思维越来越灵活，更频繁地闪现灵光。

方法决定结果，开动脑筋吧

在生活中，面对突如其来的难题，人们面对的方法往往不同。有些人选择逃避、有些人选择推脱责任、有些人选择勇敢面对。毫无疑问，勇敢面对是最好的选择。然而，面对的方式也是各有不同的。有些人处理问题喜欢以硬碰硬，有些人处理问题喜欢委婉斡旋，有些人处理问题喜欢尝试不同的办法。毋庸置疑的是，处理问题的方法不同，决定了问题的结果也是完全不同的。因此，我们必须慎重地决定采用何种办法处理问题，这样才能更好地解决问题。

女孩们都知道，学习上好的学习方法能起到事半功倍的效果；反之，如果学习不得法，则是事倍功半。例如，在背诵课文的时候，如果一味地去记忆和背诵，也许第二天就会忘记。换一种方法，如果在第一天背诵一个小时，晚上睡觉之前再背诵半个小时，次日清晨再背诵半个小时，那么效果会比坚持不懈地背诵一天的效果更好。这就是记忆的方法，掌握方法，可能前后加起来只背诵了两三个小时，效果就会比背诵一天更好。其实，很多事情都是这样的道理，都有着异曲同工之妙。如果我们能把这个思路普及到生活的很多问题上，那么一定能够水到渠成，让人生更加顺遂。当一种方法无法达到既定目标的时候，不如改变思路。一味地钻牛角尖，只会劳民伤财，让自己的思路进入死胡同，不能通达。

有个老人居住在一处高档小区里，他的楼下就是小区的景观带，有个漂亮的园林。刚开始搬过来的时候，老人居住得很舒适。每天他都会坐在阳台上晒太阳，还可以足不出户就能观赏楼下的美景。这样的景色让他赏心悦目、心旷神怡。然而，随着小区的入住率越来越高，小区里的孩子也越来越多。每天清晨，老人还没起床孩子们就会在楼下叽叽喳喳地嬉笑打闹，害得他睡不好觉。老人非常气愤，忍耐了几天之后，终于有一天早晨按捺不住，推开阳台上的窗户对

着孩子们怒喊道：“别吵啦，你们这些顽皮的孩子！你们这样吵得我睡不着觉。赶快散了吧！”孩子们天生就有逆反心理，老人训斥过他们之后，他们玩得更开心了。

可是小区里其他老人被孩子吵得无法睡觉之后，并没有愤怒地训斥孩子。而是拿了很多糖果走到楼下，和颜悦色地对孩子们：“孩子们，有你们真好。我每天在家都很寂寞，是因为有你们在楼下玩耍，让我听到你们的欢声笑语才排遣了我的寂寞。”老人说完，把糖果全都分给了孩子们，每个孩子足足分到了八颗糖果。后来，老人每天给的糖果越来越少，直到最后，老人连一颗糖果也不给孩子们了。孩子们愤愤不平地想：哼，我们每天都来到楼下的花园里，为你排遣寂寞。你居然连糖果都不给我们了！那好，我们再也不来陪你了！就这样，老人再次拥有了宁静的小公园。

在这个事例中，两位老人处理问题的方法不同，导致了截然不同的两种结果。在第一种处理方法中，老人激起了孩子们的逆反心理，让孩子们越来越疯狂地玩乐。归根结底，公园是每一位业主的公园，孩子们在公园里玩耍也是无可厚非的。在第二种处理方法中，老人先是给孩子们糖果，并且对孩子们的玩耍表示欢迎和欢喜。然而，随着糖果的越来越少直至消失，孩子们觉得自己的付出没有得到相应的回报，为了惩罚老人的吝啬，他们自发地转移玩耍的地点，让老人重新陷入“寂寞”。这就是方法的魔力。

同样一件事情，因为处理的方法不同，老人得到的结果也截然不同。现实生活中，这样的现象非常多。细心的人常常发现，相邻的两家饭店，也许一家门可罗雀，一家却顾客盈门。认真研究你会发现，这两家饭店采取的营销模式一定不同。女孩们，方法是我们心思巧妙、充满智慧的体现，也是圆融地处理好很多事情的必经之路。赶快开动脑筋吧，相信你也会把自己遇到的问题处理得当的！

果断，成就女孩的魄力

大凡有魄力的人，一定是处事果断的人。这个道理显而易见，试想，如果一个人在遇到问题的时候总是不知所措，即使想出了办法也总是犹犹豫豫，不能马上展开行动，那么，这个人一定是没有魄力的。在历史的长河中，有很多名人都是处事果决、当机立断的。其实，人生就像战场，很多机会转瞬即逝。尤其是千载难逢的好机会，真的是一眨眼的功夫就会消失。要想抓住人生的机遇，或者是抓住处理问题的最佳时机，就一定要让自己变得果断、有魄力。聪明的人即使没上过战场，也一定能够想象到战场上硝烟弥漫、战火纷飞的场景。在战场上，作为全军统帅的大将军一定是个非常果断的、有魄力的人。否则，在情况复杂、瞬息万变的战场上，如何抢占先机、战胜敌人呢？对待人生，我们也要有在战场上的表现。很多事情发生得都很突然，而且要求我们必须在短时间内做出最快速和准确的反应。我们既要把握时机，又要给出最佳方案。只有从小锻炼自己的这种能力，我们才能真正变成一个果断、有魄力的人。

也许有些女孩会说，社会是交给男人打拼的，女人只要负责美丽就好。现代社会，女性和男性一样在社会和家庭生活中平分秋色，如果不够果断和有魄力，如何能够变成女超人呢！当然，我们必须准确区分果断和轻举妄动的不同。果断，指的是深思熟虑之后准确做出判断，并且当即采取行动。轻举妄动纯粹是个贬义词，虽然也是在短时间内做出反应和决断，但是却没有经过慎重的思考。所以，我们常常说千万不要轻举妄动。在没有弄清楚事情的真相或者没有对事情有全面的了解之前就对事情做出判断，并且采取错误的行动，往往会导致恶劣的后果。由此可见，我们要果断、要有魄力、要深思熟虑，而不要轻举妄动。女孩们往往比较感性，在处理问题的时候更加容易冲动和草率行事。要想成为一个真正果断的、有魄力的人，首先要变得理智，不管遇到什么事情都能够冷静思考、从容镇定。唯有如此，才是真的果断和有魄力。生活是复杂的，

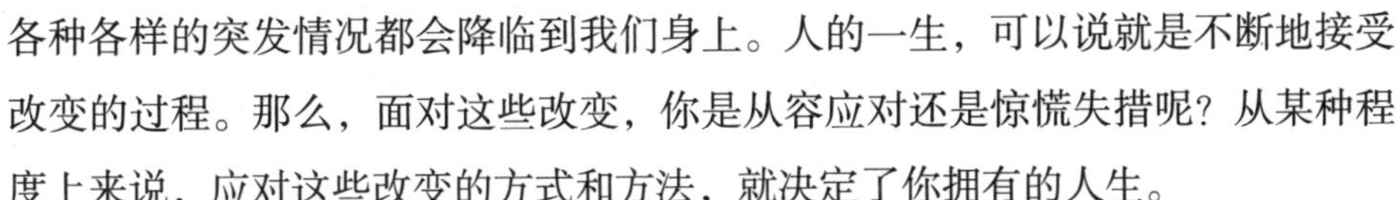

各种各样的突发情况都会降临到我们身上。人的一生，可以说就是不断地接受改变的过程。那么，面对这些改变，你是从容应对还是惊慌失措呢？从某种程度上来说，应对这些改变的方式和方法，就决定了你拥有的人生。

女孩们，虽然我们不是像项羽一样威风凛凛的大将军。然而，在生活中我们也会经常遇到需要选择的时候。每当这个时候，一旦思虑清楚，千万不要犹豫不决。因为犹豫不决只会使你错失良机。记住，只要思虑周全，就一定要当机立断。唯有如此，你才能真正做到果断、有魄力，也才能真正主宰自己的命运。

第 08 章

积极乐观笑声甜，做一个明媚秀丽的女孩

每个女孩都像一朵娇艳的花朵，惹人喜爱。如果女孩们能够绽开美丽的笑颜，就会给人生更增添几分光彩。其实，在人的一生之中，总会遇到各种各样的困难，唯独积极乐观地面对，才能战胜困难，赢得人生。

微笑，让女孩充满魅力

科学研究发现，人的面部诸多肌肉能够表现出非常微妙的多种表情。面对生活的酸甜苦辣，人们总是展示出不同的表情。毋庸置疑的是，最美丽的表情是微笑。微笑不同于大笑，生活可以每天都保持微笑的状态，彰显人内心的平和与友善。相比之下，大笑的频率则不会那么高。大笑，是一种剧烈的情绪波动，时常大笑对人的身体也许会造成害处。只有微笑，才能提醒我们每天都那么美好，让我们敞开怀抱拥抱新的一天。

实际上，生活是很艰难的。可以说，几乎每天我们都会遇到一些不如意的事情，会产生各种各样的烦恼。这些生活中的不和谐音符广泛存在于我们的生命之中，就像阳光中的尘埃一样无处不在。微笑恰恰能让我们的生活保持更加洁净纯粹的状态。很多细心的人会发现，当我们特别苦恼的时候，越是愁眉苦脸，就越觉得烦恼。相反，如果我们能够对着镜子微笑，心情也会随着微笑的延续渐渐变得好起来。人是具有强烈心理暗示的高等生物，这种心理暗示不但对别人起作用，也可以自己针对自己。曾经有段时间，有个女孩不会笑，表情特别严肃而又拘谨。从事一段时间销售工作之后，为了改善自己的僵硬表情，她写了很多“请微笑”“生活真美好”“我很幸福”等字条贴在家里的各个地方。每天，刷牙的时候对着镜子，她会看到“生活真美好”；吃饭的时候，对着餐桌，她会发现“我很幸福”；苦恼的时候，躺在床上，她看到天花板上的“请微笑”……每时每刻，女孩都得到提醒，应该微笑着面对生活。渐渐地，生活中的苦恼和忧郁都被赶走了，女孩变得阳光而又快乐。她几乎每分每秒都感受到生活赐予她的美好，渐渐地，她的性格也变得乐观开朗起来。这就是暗示的力量，这也是微笑的魔力。女孩们，如果你们也觉得生活中也有很多不如意，那么赶快调整自己的心态吧。微笑着面对生活，生活才会回报你以阳光。

小南就读于当地的一所音乐学院。原本，她毕业之后是进入文工团工作，或者是成为一名音乐教师。然而，因为一场疾病，导致她平坦的命运瞬间受到沉重的打击。前段时间，小南患了严重的感冒，她原以为多喝水好好休息就能战胜疾病。不想，因为持续发烧，她的声带受到伤害，声音变得非常嘶哑。从此之后，小南失去了美如天籁的歌喉。

因为与喜爱的音乐之路失之交臂，小南决定大学毕业后去北京闯荡。听说在北影门口每天都有很多人等着当群众演员。小南还是想从事演艺的道路，因为她喜欢。就这样，小南带着简单的行囊，只身一人来到了北京。她租住在阴暗潮湿的地下室，每天都去北影门口等待机会。如此过了一个多月，小南终于被一个导演选中当群众演员。也许是命运想要弥补小南失去歌喉的痛苦吧，在拍戏的过程中，女主角三号因为摔伤，临时退出了表演。一时之间，导演很难找到合适的演员。突然有一天，导演看到了笑靥如花的小南。他觉得小南灿烂的微笑和女主角三号悲惨的命运正好是一个很好的搭配。在得知小南的经历之后，导演更加觉得这个女孩坚强不屈是女主角三号最佳的人选。就这样，小南意外地得到了一个很好的机会。她非常努力，苛刻地要求自己，表演尽善尽美。

因为这部戏的成功，小南很快就被推荐到另外一部剧作里出演女二号。看到命运倦顾自己，小南更加努力了，她的笑容更加灿烂，连导演都说：“每天看到小南的微笑，即使是阴天，也感觉遍布阳光。”

这就是微笑的魔力。在不那么顺心如意的人生之中，微笑甚至能够给我们带来好运，改变我们的命运。面对生活的挫折和艰难的处境，哭泣和绝望并不能改变现状。就像一位名人所说的，哭着也是一天，笑着也是一天。既然如此，我们为何不笑着度过生命的每一天呢！生命原本就是非常短暂的，值得我们用心地度过。

女孩们，微笑着面对生活吧。微笑虽然只是一个简单的表情，但是却富有无穷的力量。它能够帮助你们扬起希望的风帆，勇敢地面对生活的苦难和挫折，也能够帮助你得到真挚的友谊，还能帮你赢得成功的人生。微笑，就像是春日里的一抹暖阳，也像是夏日里的徐徐凉风，微笑是秋天累累的硕果，也是冬日里纷飞的白雪，能净化人们的心灵。微笑的你，才是最美丽的你！

宽容，是女孩最好的品质

吃饭的时候，我们的牙齿常常不小心咬到口唇。口唇因此而受到伤害，甚至流出血来。怎么办呢？口唇能气愤地把牙齿赶出口腔吗？不能，因为他们唇齿相依，牙齿不在了，口唇也无法生存。在社会生活中，每个人之间的关系，哪怕只是陌生人之间也是这样相互依存的。所以，既然牙齿都难免碰到舌头，人与人之间也应该多一些包容和理解。人们常说，人心是比海洋更宽阔，比天空更高远的。实际上，人心也是比针尖更小的。人心的大和小，完全取决于我们的心态。如果我们心胸开阔，一切难事都不会成为困扰我们的问题，一切人和人之间的纠纷也都将不复存在，我们自身也会得到更多的快乐。反之，假如我们总是小肚鸡肠，不管什么事情都斤斤计较，那么我们在生活中一定会和别人产生不可调和的矛盾。与此同时，我们的生活也会变得一团糟糕。

现代社会，除了要有能力之外，良好的人际关系也是我们走向成功必不可少的推动因素。一个人即使能力再强，也不可能单打独斗就获得成功。现代社会是讲究合作与共生的社会，每个人都无法脱离群体，更不能搞英雄主义。这就要求我们必须学会营造和谐融洽的人际关系，如此才能把事业做得风生水起，把人生创建得更加美好。要想拥有良好的人际关系，必须学会宽容。前文说过，

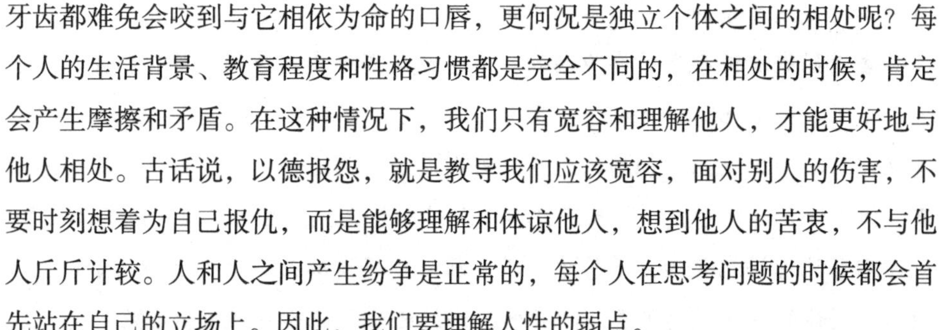

牙齿都难免会咬到与它相依为命的口唇，更何况是独立个体之间的相处呢？每个人的生活背景、教育程度和性格习惯都是完全不同的，在相处的时候，肯定会产生摩擦和矛盾。在这种情况下，我们只有宽容和理解他人，才能更好地与他人相处。古话说，以德报怨，就是教导我们应该宽容，面对别人的伤害，不要时刻想着为自己报仇，而是能够理解和体谅他人，想到他人的苦衷，不与他人斤斤计较。人和人之间产生纷争是正常的，每个人在思考问题的时候都会首先站在自己的立场上。因此，我们要理解人性的弱点。

宽容不但能够帮助我们获得良好的人际关系，还能让我们心境平和、心情愉悦。有人曾说，宽容别人，就是宽容自己。这话完全正确。试想，你对一个人说的错话、做的错事念念不忘，每每想起来就愤愤不平、怨天尤人。如此一来，你哪里还有好心情过自己的日子呢？还有人说，生气是用别人的错误惩罚自己。这句话揭示了一个真相，聪明的人从来不会用别人的错误惩罚自己，他们只会就事论事，不会揪着别人的错误惩罚自己一辈子。女孩们，你们就像是美丽的鲜花，千万不要让“小心眼”破坏美好的生活，宽容的女孩胸怀大度，更容易赢得命运的青睐。

王静和李晶是初中同学。她们俩是非常好的闺蜜，不但是同学，还是同桌，每天都一起上学放学，形影不离。同学们常常说她们好得恨不得穿一条裤子。然而，一次偶然的事件，让王静和李晶形同陌路。原来，王静背叛了李晶的信任。

李晶是个单亲家庭的孩子，父母在她很小的时候就离婚了，她一直跟着爷爷奶奶一起生活，父亲偶尔回家看看她，母亲则早就失去了消息。为此，李晶非常自卑，也常常伤心。一次，王静看到李晶坐在教室的角落里默默掉泪，不由得关切地问：“李晶，你怎么了？”看着王静真诚的眼神，李晶开始哭泣，把自己的身世告诉了王静。最后，她叮嘱王静：“王静，我是把你当最好的朋友才告诉你这件事情的，你千万不要告诉别人，我不想让其他同学知道，我不想让大家都可怜我。”王静答应了李晶的请求，保证不会把李晶的小秘密告诉别人。

晚上回家的时候，王静和妈妈说起了这件事情。王静心想：我和妈妈说说

这件事总是没关系的，妈妈不认识学校里的同学们，不会走漏风声的。其实，王静告诉妈妈这件事情是有原因的，她想让妈妈给李晶也做一件花裙子，李晶太可怜了。然而，出人意料的是，几天之后，同学们都在对李晶的身世窃窃私语。李晶偶然之间听到同学们的议论后，当即哭着质问王静："王静，我把你当朋友，你为什么这样对我？"王静丈二和尚摸不着头脑，她也不知道是怎么回事。放学回家见到妈妈之后，王静才知道，原来是妈妈那天下班路上遇到了班主任老师，闲谈的时候说起了李晶的身世，妈妈还让老师多多照顾李晶呢！

王静赶紧向李晶解释，把事情的原委告诉了李晶。李晶却不肯原谅王静，为此，王静哭了好几次鼻子。李晶越想越觉得王静背叛了自己，她跑去找班主任，让班主任把她和王静调开座位。班主任语重心长地对李晶说："李晶，其实这件事情同学们早晚都会知道的。如果你的父母总是不来开家长会，老师也会问你的。王静完全是好心，她之所以把你的身世告诉妈妈，试想央求妈妈给你做一件美丽的连衣裙。有这样的朋友，其实是你的福气啊！班级里的同学也都非常善良，听说你的身世之后，大家从未嘲笑过你，更没有可怜过你。相反，好几个同学都在我面前说，老师，李晶真的很棒！她一边学习，一边还要照顾爷爷奶奶。以后，我们都要向她学习。李晶，对于王静你应该宽容，她是你真正的好朋友。"

听了老师的话之后，李晶想了很多。她决定原谅王静，其实，她知道自己应该感谢王静。两个好朋友在同学们的掌声中重归于好，从此之后，李晶也拥有了更多的朋友。

如果不原谅王静，李晶自己也肯定很难过。正是因为原谅了好心办错事的王静，李晶也博得了更多同学的友谊。女孩们，世界上的事情没有绝对的对错之分，我们在评判一个人或者一件事的时候，应该首先了解对方的初衷。就像事例中的王静，初衷是为了李晶好。退一万步说，即使其他人真的做了错事，也是人性使然，我们应该更加宽容大度，多多体谅他人。在原谅别人、包容别人的同时，我们自己也会获得更多快乐！

不计较，退一步海阔天空

在这个世界上，快乐的人太少，忧郁的人太多。快乐的人大多相似，他们觉得阳光明媚，春风煦暖，也觉得拥有那么多的友谊和真情，所以总是乐呵呵的。忧郁的理由呢，那可就多了。人们之所以郁郁寡欢，原因形形色色。例如，天气预报说是晴天，偏偏下起了雨；和朋友约好十点见面，朋友却姗姗来迟，十点半才赶到；考试居然没有超过同桌，比他还低了一分；妈妈说好要带我去吃必胜客，却没有兑现承诺……不快乐的理由千奇百怪，归根结底，都是因为太过计较。人们常说，生活之不如意十有八九，这句话准确揭露了生活的本质。生活永远不会一帆风顺，也永远不会按照我们设想的那样发展。生活似乎总是和我们拧着劲，让我们在享受生活的同时，也不断地遭受痛苦。这就是生活的真相。既然如此，我们是时时刻刻和生活计较，还是提醒自己忘却烦恼，让自己多一些快乐呢？我们应该学会宽容地对待生活，既然活着，我们只能选择接受和融入生活之中，而不能和生活格格不入。

在生活之中，不管是对事还是对人，不计较都是一种至高无上的境界。面对别人的伤害，我们能够以德报怨；面对别人的指责，我们能够坦然一笑；面对别人的错误，我们能够站在对方的立场上理解和体谅……这就是不计较的态度。面对利益得失能够淡然一笑，知道利益得失并非生命之中最重要的；面对付出和给予能够心甘情愿，知道手心朝下比手心朝上更快乐……这也是不计较的态度。不计较，让人和人之间的关系更加和谐融洽。在我们不和他人计较的同时，他人也会给予我们一颗宽容善良的心，给我们更深厚的情谊。常言道，“忍一时，风平浪静，退一步，海阔天空。”人生不是你死我活的拼搏，而是彼此宽容的共赢。在我们宽容别人的同时，也就给了自己一片更加辽阔高远的天空。

清朝康熙年间，张英官位很高，是文华殿大学士，同时，他也是礼部尚书。

张英的家乡在桐城，虽然他人在京城当官，但是家里不管有什么事情，都会书信通知他。因为张英在朝为官，所以张英家在桐城首屈一指。张英在朝里的同事叶侍郎，家乡也在桐城，而且与张英家是邻居。因为修建院墙，张英家和叶侍郎家产生了纠纷。张老夫人当即写信给张英，诉说了叶侍郎家霸占他家地盘的行为。张英看到母亲来信非常担心，他当即提笔回信："千里家书只为墙，让他三尺又何妨？万里长城今犹在，不见当年秦始皇。"收到回信后，张老夫人马上明白了张英的心思，马上命令仆人们后退三尺，修筑院墙。叶家看到张家如此宽容大度，也下令仆人后退三尺修筑院墙。如此一来，张家和叶家尽释前嫌，成了好邻居。乡人们也因此得益，因为张家和叶家之间有了一道六尺宽的巷子，方便了乡人们行走。

有一天，李斯特在散步的时候路过剧院，发现剧院门前摆放着大幅海报，说李斯特的学生将在剧院演出。李斯特很疑惑，因为他压根不知道此事。为了看看到底是谁冒名顶替他的学生，李斯特走进剧院，找到了要开音乐会的小姑娘。看到李斯特站在自己面前，小姑娘吓得不停哭泣，恳求李斯特原谅她。李斯特让小姑娘演奏一曲给他听，他非但没有责怪小姑娘，反而耐心地给小姑娘指出演奏中的不足之处。最后，他毫不介意地说："放心地演奏吧，现在你已经真正成为我的学生了。你还可以告诉剧院经理，我将会和你一起同台演出最后一曲。"最终，李斯特真的出演了小姑娘的演奏会，和小姑娘一起演奏了最后一首曲目。

在上述两个事例中，张英和李斯特无疑都是不计较的人。张英的后退三尺，换来了叶家的后退三尺。不但张家和叶家成了真正的好邻居，还给乡人造福，让乡人们多了一条六尺巷。李斯特呢，并没有揪住冒名顶替他学生的小姑娘批评一通，反而真正收小姑娘为自己的学生，为她指点演奏上的不足之处。最后，为了给小姑娘捧场，李斯特还主动要求和她同台演出最后一曲。不计较的人在宽容他人的同时，自己也收获了快乐。

女孩们，在生活中我们难免会与别人产生摩擦和矛盾，或者还会遇到很多

不公平的待遇。在这种情况下，千万不要愤愤不平，更不要为此郁郁寡欢，否则，你损失的是自己内心的平和与快乐。与其斤斤计较，给自己找不痛快，不如退一步海阔天空，还自己快乐豁达的人生。

女孩远离嫉妒，才能拥抱快乐

嫉妒是一剂毒药，深深地毒害我们的心灵，让我们的人生从此变得阴郁。也许有人会说，嫉妒不就是眼红嘛，真的有那么大的危害吗？千万不要小瞧嫉妒对我们人生的负面影响，很多时候，嫉妒不但会让我们做出失去理智的举动，甚至还会毁了我们的一生。人的劣性就是喜欢和别人比较，我们羡慕别人住大房子开好车，羡慕别人在学习上比我们优秀，在工作上成就比我们大。随着内心的羡慕越来越强烈，这种羡慕就会渐渐变了味道，变成越来越严重的嫉妒，蒙蔽我们的眼睛，毒害我们的心灵，让我们做出荒唐甚至是犯罪的举动。其实，我们只需要活出自己的精彩，无需处处和别人比较。要知道，别人在考出好成绩、工作上有优秀表现之前已经付出了很多。即使很多富二代的锦衣玉食，也是由父辈的辛苦付出和奋斗得来的。当你在父母的陪伴下尽情玩乐的时候，他却因为父母忙于奋斗而不得不一个人孤单地度过童年。由此可见，命运归根结底是公平的，你在这里得到了很多，也许在其他方面就会有所欠缺；别人在你看得到的方面出类拔萃，恰恰是因为他在你不知道的情况下一直在付出或者缺失。既然命运已经给出了合理的安排，我们还有什么理由嫉妒别人呢？如果你羡慕别人，就要努力提升自己的能力，把别人作为自己的榜样和目标，让自己也加油往前奔跑，凭借实力超越别人，这才是真正的强者和智者应该做的选择。

嫉妒心强的人往往都是小心眼，他们心思狭隘，目光短浅，恨不得占尽世

界上所有的好事，一旦看到别人在某个方面比他突出，就马上妒火中烧。岂不知，嫉妒是一个毒瘤，在毒害他人的同时，也严重侵蚀了你的生命。嫉妒的人都不快乐，因为别人的任何进步、收获，都会剥夺他的快乐。可以说，嫉妒心强的人没有自己的人生，他的人生快乐与否完全操纵在别人的手里。嫉妒是一种病态的心理，女孩们，如果发现自己总是莫名其妙地因为别人的进步而妒火中烧，那就赶快警醒自己吧！你需要的是努力，而不是嫉妒。嫉妒发展到一定程度会使人胆大妄为，甚至失去理智，做出丧心病狂的事情。自古以来，因为嫉妒锒铛入狱的人不在少数。如此损人不利己的事情，为什么要做呢？人生短暂，对于每个人来说，最宝贵的是人生的快乐和自由。不要让嫉妒禁锢我们原本自由的人生，张开翅膀吧，人生非常辽阔，我们不能禁锢自己。

清朝，白泰官的武艺非常高强，声名远扬，博得了人们的赞誉。渐渐地，他变得自高自大，不把任何人放在眼里，不允许任何人质疑他的武艺。他外出多年与人比武，切磋武艺。终于有一年，他决定回家乡看看妻儿。快到家的时候，他看到路边有一个孩子正在练习武艺，这个孩子只有七八岁的模样，但是举手投足之间很有气势，看得出有一定的武术功底。

白泰官目不转睛地看着，突然有些担心起来：这个孩子小小年纪武功就这么高强，以后肯定会打败我的。想到这里，白泰官心里不由得嫉妒起来，他无法想象未来若干年后自己被孩子打败的情形。因此，他故意挑衅孩子，让孩子与自己打斗。在打斗的过程中，他狠心把孩子杀死了。临死之前，孩子昂起头，瞪着白泰官，用尽全力说："我父亲是白泰官，他一定会杀了你的。"白泰官呆呆地站在那里，魂飞魄散。原来，他杀死的是自己的亲生儿子。

白泰官的嫉妒心理实在太强了，对于一个在武功方面有点儿天赋的孩子，他都痛下狠手。命运惩罚了他。如果不是他因为嫉妒杀死孩子，他就有了一个武功造诣会超过他的儿子，那该是多么皆大欢喜的结局啊。从白泰官身上我们不难明白一个道理：在我们因为嫉妒伤害别人的时候，自己一定会受到更大的伤害。

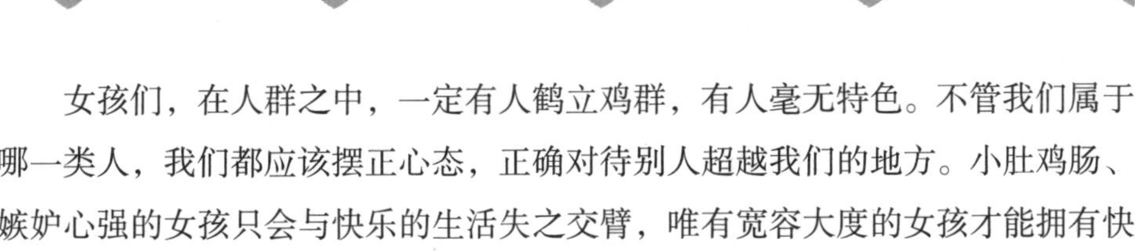

女孩们，在人群之中，一定有人鹤立鸡群，有人毫无特色。不管我们属于哪一类人，我们都应该摆正心态，正确对待别人超越我们的地方。小肚鸡肠、嫉妒心强的女孩只会与快乐的生活失之交臂，唯有宽容大度的女孩才能拥有快乐幸福的人生。

不再羞涩，找回落落大方的你

生活中，很多女孩都看过含羞草。含羞草有着绿色狭长的叶子，枝形清雅，最可爱的是，只要用手指轻轻地碰她，它马上就会害羞地收拢叶片，就像是一个害羞的小姑娘，惹人怜爱。很多女孩也和含羞草一样，总是非常娇羞。有些女孩在家里来客人的时候，甚至不好意思和客人打招呼，而是赶紧低着头躲进房间里。这样的女孩，大多数都比较内向。当然，也有些女孩是因为很少见到生人，缺乏锻炼，所以才会这样。现代社会，女孩已经不再是大家闺秀，而是和男孩一样去学校读书学习，长大之后同样要步入社会参加工作，和男性平等地参与竞争，平分秋色。包括在家庭生活中，女性也承担着更重的任务。现代社会的生活模式是很多男性只负责在外面工作，女性在工作的同时还要教育孩子、照顾家庭，比男性更加辛苦和劳累。因此，具有古典美的娇羞女性已经不适合现代社会的需要，女孩们，你们应该从小就培养自己落落大方的气质，让自己成为“出得厅堂，入得厨房，工作出色，家庭美满”的现代女性。

前文说过，很多女孩之所以羞涩，是因为性格内向。女孩们应该改变自己的性格。在学校中，很多时候都需要我们勇敢地表现自己。例如，老师在课堂上提问，同学们都争先恐后地回答问题，你却不想举手，因为你不想让大家注意到你。其实，你最应该做的就是表现自己，只有这样，你才能为自己争取到更多回答问题的机会，锻炼自己的胆识，也提高自己的能力。有些女孩是因为缺乏自信，所有显得很羞涩。女孩们，每个人都有自己的优点和缺点，都有自己的长处和短处。面对社会，我们必须坦然地展现自己的实力。我们要相信自己是最棒的，才能做到无所畏惧。不管我们在别人心目中是不是最棒的，我们都是最棒的自己。为了锻炼自己，可以有意识地参加公共场合的活动，在校的女孩可以多多举手回答问题，或者参加学校的活动……总之，锻炼的机会有很多，形式也多种多样。只要有心，优秀的女孩们一定能够让自己变得落落大方，告别羞涩。

亚楠从小就是个害羞的女孩，她从来不敢大声说话，甚至不敢和爸爸交流。原来，亚楠的爸爸重男轻女，因为亚楠是女孩子，他很不满意，总是对亚楠大呼小叫。后来，亚楠有了小弟弟，妈妈也把更多的心思用于照顾弟弟，渐渐忽略了亚楠，亚楠从此更加自卑了。上学的时候，亚楠从来不敢举手回答问题，也从来也不敢看老师的眼睛。幸好，亚楠非常勤奋，每天放学回家，都一个人躲在房间里写作业。就这样，羞涩的亚楠考上了大学，离开了家。

大学生涯对亚楠简直是一个考验。读大学之后，不管什么事情，亚楠都必须独自面对。她必须和老师、同学们沟通，还要和舍友们相处。即便如此，亚楠依然很羞涩。大学毕业后，她进入一家私营公司工作。这家公司不管什么职位，都要讲求效率，老板也很重视员工之间的合作。在对新进职员的欢迎会上，老板让亚楠向大家介绍自己，亚楠羞愧地满面通红，只说了一句："大家好，我叫杜亚楠。"就再也说不下去。老板看出亚楠很害羞，故意把她安排在接待部门。每当有客户来公司参观或者考察，亚楠都要以主人公的身份负责招待工作。渐渐地，亚楠越来越大方了，毕竟，她不能显得比客人还害羞啊！锻炼了一段时间之后，老板又把亚楠调到了销售部门。亚楠心思缜密，常常能够站在客户的立场上考虑问题，所以工作上表现很出色。不过，对于有些胡搅蛮缠的客户，亚楠还是应付不了。有一次，老板对亚楠说："亚楠，我当老板十几年了，我能看出来，你一定是个干销售的好苗子。所以，我故意把你安排到接待办公室，负责接待客人。现在又把你调来销售部。其实，你现在已经比刚刚来公司的时

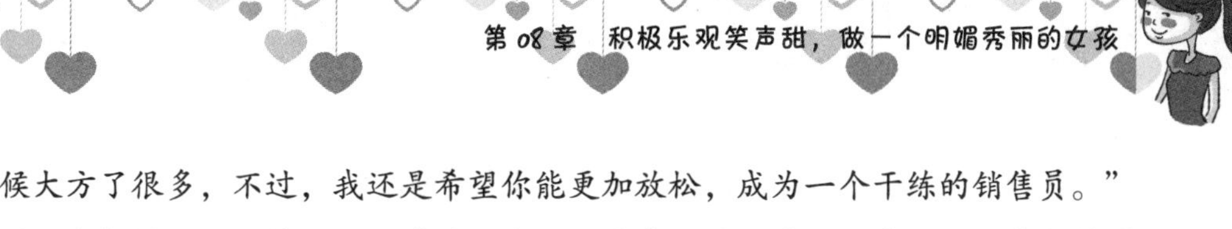

候大方了很多，不过，我还是希望你能更加放松，成为一个干练的销售员。”听了老板的话，亚楠心里很感动。为了锻炼自己的胆量，让自己的脸皮变得厚一些，她甚至跑到一家歌厅应聘当小时工。在歌厅里，她见惯了三教九流，增加了社会经验，果然越来越干练和大方了。

并非每一个从事销售工作的人都是有着三寸不烂之舌，就像亚楠，她其实很羞涩，不知道如何面对那些陌生人。幸好，她遇到了一个好老板，针对她的情况给了她很多锻炼的机会。亚楠原本是个害羞的人，如今已经历练得落落大方。女孩们，你们也想像亚楠一样落落大方吗？那就从小锻炼自己吧！

虚荣心是人生的桎梏

生活中有很多人都喜欢攀比。入学之前，孩童们互相攀比玩具；入学之后，孩子们互相攀比谁考得分数高；工作后，成人们攀比谁的职位更高、薪水更多，谁家的房子更大、车子更好；老了，就比谁更长寿……人的一生都在比较。作为女性，可比的东西就更多了。女孩们比比谁的娃娃更漂亮，少女们比比谁的衣服更华丽，女人们比比谁的老公更优秀，主妇们比比谁家孩子考试分数更高……一切都是虚荣心在作怪。实际上，不管我们是否和别人比较，我们的生活都不会发生太大的改变。比来比去，胜者伤害了别人的自尊心，败者伤害了自己的自尊心。被虚荣心捆绑的人们，没有自己的生活。他们所努力为生活争取的一切，无非都是为了拿来和别人比较，听到别人或者羡慕或者嫉妒的议论。究其本质，那些被虚荣心捆绑的人都是非常自卑的。真正自信的人，不会在乎别人怎么看待自己，也不管别人如何评价自己。自卑的人，总是希望通过和别

人的比较寻找一种优越感，让自己获得心理上暂时的满足。

虚荣心会使我们的内心越来越空虚，变得更加自卑。虚荣心并不能帮助我们获得自尊，相反，会使我们越来越依靠外在的条件满足自己的内心。古人云，“壁立千仞，无欲则刚”。这句话是清朝末年戒烟英雄林则徐写的对联，意思是说，高山如此挺拔，正是因为没有勾心斗角的欲望。在世俗的社会，很多人都知道这句话，但是真正能做到的寥寥无几。归根结底，大多数人不能完全做到为自己而活。虚荣心强的人特别累，他们甚至有的时候觉得自己无法再负担别人哪怕只是一句话的评论。究其原因，他们过于在乎他人的眼光和评价了。如果我们不在乎别人怎么说，就不会因为别人的看法而改变自己的生活。我们要想做命运的主宰，就必须戒掉虚荣心，做最真的自己。

小丽最近很苦恼，原因居然是她办公室里的两个女同事都买了车。

小丽很爱面子，她在一家公司担任助理工作。她所在的办公室还有另外两名女同事，她们三个人的关系看起来还不错，总是嘻嘻哈哈地聊天。前段时间，小张带着一个璀璨夺目的钻石项链去上班，说项链是收到的生日礼物。小丽看到小王啧啧赞叹小张的项链，心里觉得很不舒服。没过几天，小丽也买了一条项链。同事们不知道，这条项链是小丽和老公一年的积蓄。原本小丽已经有了一条金项链，但是当她说想买一条和办公室的同事一样的钻石项链时，老公什么都没说，默默地同意了。如今，看着小张和小王接二连三地都买了车，小丽一个人孤独地挤公交，她心里难受极了。她也想买车，但是家里的积蓄没有那么多。

小丽和老公商量着借钱买车，老公不解地问：“为什么买车呢？车子真的那么重要吗？咱们家离你单位很近啊，坐公交车也就几站地。再过几年，咱们儿子就读初中了，说不定还需要交择校费呢！咱们别买车了，攒点儿钱吧！”小丽固执地说：“我们办公室里的两个同事都买车了，就我挤公交。你不知道，她们背后肯定笑话我。”老公还是不同意，小丽唉声叹气地不再理老公。

后来，小丽背着老公把家里给孩子交了十年的保险退了，买了一辆十万块钱的车。看到小丽居然为了面子把孩子的保险都低价退掉了，老公气愤不已，

提出了离婚的请求。老公愤愤不平地说：“小丽，咱们俩都是工薪阶层，你却总是和你的同事比，你比得起吗？孩子的保险眼看着就要到期了，是给孩子准备的读大学的教育基金，你就这样把它换成了一辆车，你真的需要车吗？这日子没法过了。如果过几天你们同事家搬进别墅，你是不是得逼着我去抢银行？咱们离婚吧，你得找个千万富翁才能满足你的虚荣心。”说完，老公带着孩子回爷爷奶奶家去住了，原本温馨的家里就只剩下小丽一个人。

原本幸福的婚姻因为小丽的虚荣心作怪，再加上她任意妄为，如今面临支离破碎的局面。其实小丽买钻石项链就是虚荣心作怪，但是善良包容的老公什么都没说。直到她为了面子去买车而把孩子的教育基金退掉，老公才忍不住发作起来。小丽的确做得太过分了。每个人都有自己的人生，我们不能始终把别人作为自己人生的标杆，亦步亦趋地跟着别人的脚步生活。

虚荣心其实是一种扭曲的自尊心。因为爱慕虚荣，人们往往被蒙蔽双眼，看不到生活的本质，单纯地为了面子而活。这样的人就像失去灵魂的躯壳，已经失去了自己生活的意义。女孩们，我们应该多多充实自己的心灵、提升自己的能力。当我们有了足够的自信，就根本不会在乎别人如何评价我们，因为我们相信自己的生活是最棒的。只有摒弃虚荣心，才能获得真正的快乐！

尖酸刻薄的女孩讨人厌

人和人之间的交流主要依靠语言。语言显然比文字更富有力量，因为文字是无声的，而语言有着声调、腔调，甚至还会加上肢体动作。语言有着特殊的环境，在特别的情境中发挥巨大的力量。很多时候，语言的力量简直超出我们

的想象。生活中，不管是普通的事情，还是人们彼此之间的误解，都需要语言去沟通和化解。所以，我们应该学会好好运用语言，消除误解和误会，让自己更多地受益于语言。

很多时候，同一件事情有不同的表达方式。我们从小就开始学习语言，就要为了更好地运用语言。也许有人会说，我从小说话就很尖刻，这是我的习惯，不是故意要伤害谁。孩子，你却忽略了一件事情，那些尖酸刻薄的话在听的人心里留下了难以磨灭的伤痕。最终，会使你们原本美好的友谊或者感情灰飞烟灭。真正的强者，从来不会逞口舌之强。因为逞口舌之快非但不能解决问题，反而会使事情变得更加糟糕。人们总是说口是心的使者，一点没错。一个内心宽容平和的人，不会言语尖酸刻薄。相反，言语尖酸刻薄的人必定是一个性格怪癖、不好相处的人。如此想来，也难怪人们会对那些尖酸刻薄的人敬而远之。

女孩们，虽然女孩子伶牙俐齿是一件好事，但是千万不要尖酸刻薄。试想一下，当别人对你冷嘲热讽，抓住你的短处嘲笑你的时候，你会是什么样的心情。古人云，己所不欲，勿施于人。我们自己不愿意听到的话，也不要说给别人听。尖酸刻薄的话绝对不像我们所想象的那样，很快就会烟消云散。相反，每一次尖酸刻薄的话，都像是在木板上钉上钉子，再拔下来的时候，必然会给木板留下无法愈合的伤痕。次数多了，这块木板就会变得千疮百孔、惨不忍睹。

龚华是个很尖刻的女孩子，人很聪明，思维敏捷，也很能干，但是办公室里的大多数同事都很讨厌她。究其原因，她太尖酸刻薄了。

龚华说话很强势，不管什么事情总是喜欢压着别人的话说。上次，办公室里有个同事说婆婆给她带了很多好吃得酱菜，问大家要不要分享一些，龚华马上说："吃酱菜不好哦，容易致癌。吃菜必须吃新鲜的才好，千万不要吃酱菜。"听了这话，那个同事马上瞪了龚华一眼，再也不吱声了。

后来，还有位同事家里的孩子腿部骨折了，同事很发愁，在办公室里问大家有没有什么偏方，能够帮助孩子的腿尽快愈合，促进骨头生长。大家都热心地出主意，让那位同事给孩子多熬大骨头汤，再吃些奶酪等奶制品。这时，龚华不知所以，走过来直接说："我姑姑家的孩子是个瘸子，就是因为小时候腿

摔了，没长好。腿摔了可是不容易长好的，孩子这下子可麻烦大了。”那位同事当即和龚华翻脸，说她狗嘴里吐不出象牙。其他同事也纷纷指责龚华：“你这个人真是的，不会说话就别说啊，非得说些别人不愿意听的话，找不痛快。张姐孩子腿摔了，本来就很担心，你还尽说丧气话。”龚华不知道自己哪里说错了，她觉得自己说的都是实话，但是，同事们全都越来越讨厌她。

一句话也许会有一百种说法，这其中最不受欢迎的就是尖酸刻薄的说法。人们都喜欢听顺耳的话，不喜欢听逆耳的话。在日常生活中，我们在表达的时候一定要多多注意。虽然说良药苦口利于病，忠言逆耳利于行。但是，我们都不是谏臣，无需每天说些逆耳的话。如果能够皆大欢喜地表达自己的想法和看法，岂不是更好吗？做事情要扬长避短、避重就轻，这才是真正聪明的人。

第 09 章

女孩正确爱美丽，接纳和欣赏现在的自己

常言道，爱美之心，人皆有之，更何况是正值青春花季的女孩们呢？每个女孩都爱美，每个女孩心里都住着一个美丽的公主。然而，上帝在造人的时候并没有保持一致，他总是三心二意，漫不经心。所以，每个女孩作为天使降临人间的时候都长得完全不同。女孩们，当你对自己的长相不满意的时候会怎么做呢？是抱怨，是排斥，是抗拒，还是接受，是感恩，是欣喜？不管怎么想，你都是你。

不在乎别人说什么，坚定地走自己的路

每个女孩都渴望自己是美丽高贵的公主，拥有倾国倾城的美貌，拥有万人敬仰的智慧，还拥有高贵的气质。然而，上帝造人的时候没什么好心情，他漫不经心，随意地一甩，我们就长成了现在的模样。你或者美丽，或者可爱，或者独特，或者平庸……总而言之，每个人都长得完全不同，即使是双胞胎，也有着很大的差别。如果你很幸运，也许你身材高挑，皮肤白皙、还拥有一副好相貌。如果你不够幸运，也许你身材矮小、皮肤黝黑、还长得比较丑。当然，上帝大部分时候是公平的，他把优点和缺点平分给每个人，让大家在沮丧的同时也略感安慰，在高傲的同时也对自己有小小的不满意。

女孩们，你觉得自己长得如何呢？你是不是曾经羡慕其他女孩走在路上超高的回头率，也羡慕她们摇曳的身姿。当别人对你投来不屑一顾的目光，你是恨自己没有生得一副好皮囊，还是恨他们不会欣赏你的美？人心总是贪得无厌，一个人没有漂亮的鞋子穿，就坐在路边哭泣。这时，一个失去双腿的人对他说："我是多么羡慕你拥有双脚，你却因为自己没有漂亮的鞋子哭泣！"在生活中，很多人都是如此。人的本性总是贪婪，当我们身患疾病的时候，会祈祷上帝让自己恢复健康，真切地觉得健康比一切都更重要；当我们恢复健康，马上就又会开始追逐金钱名利。聪明的女孩们，不要犯这样的错误。想想那些身残志坚的女孩吧，如桑兰、海伦、张海迪。和我们相比，命运对她们都太残酷，然而，她们对待生活的态度远远比我们更乐观。和她们相比，我们就算黑一点儿、丑一点儿、身材矮小一些，又有什么关系呢？至少我们能跑、能跳、能自由地在人世间奔跑。退一万步说，就算命运真的如此不公地对待我们，我们也无需在乎别人的目光。我们只要好好活着，活出属于自己的精彩。命运总是青睐强者，上帝在为你关闭一扇门的时候肯定会为你打开一扇窗。唯有积极乐观地面对生活，命运才会给予你慷慨的回馈。

雪燕的一条腿有点儿跛，这并不影响她好好学习，天天向上。雪燕小时候得了小儿麻痹症，在两岁的时候就不能平衡地走路了。刚刚懂事的时候，她问妈妈："妈妈，妈妈，为什么我不能像小伙伴们一样奔跑？"妈妈眼里含着泪水，说："孩子，因为上帝给了你隐形的翅膀，所以你不能奔跑。这很公平，你会发现在翅膀的帮助下，你以后各个方面都会很出色。为了让其他的孩子们不至于觉得不公平，上帝让你跑得慢一点儿。"雪燕似懂非懂地点了点头。

在妈妈精心的照料和教育下，雪燕的身体发育得很好，也非常聪明。进入学校开始读书之后，虽然同学们总是投来异样的眼光，雪燕却从不自卑。她告诉自己："她们一定是在看我背上的翅膀。他们真善良啊，妈妈说只有善良的孩子才会看见我的翅膀。"雪燕学习非常努力，她始终牢牢记得妈妈的话。她想："既然上帝让我在其他方面出色，还因此不让我奔跑，我就必须出色。"渐渐地，小雪燕长大了，她知道了妈妈的谎言。不过，她丝毫不怪妈妈。妈妈善意的谎言陪伴她度过了人生之中最敏感的时期，如今的她，从来不在乎别人的眼光。她那么优秀，那么出色，她知道，她真的有翅膀！

事例中的雪燕妈妈，是一个非常用心的好妈妈。正是因为她的用心，小雪燕在成长的过程中真的拥有了一对隐性的翅膀。这就是雪燕的自信。她不在乎别人说什么，她只会坚定地走自己的路。虽然她常常招来异样的眼光，但这绝对改变不了她的人生。虽然她的腿有点儿跛，却并不妨碍她成为命运的强者。

女孩们，像雪燕一样勇敢吧！不管怎样，都坦然地走自己的路！

“太平公主”也可以绽放美丽

乳房是女性最明显的第二性征，也是母亲哺育后代的重要器官。10 岁之前，女孩的乳房几乎不会发育。不过，由于近年来生活水平的提高，女孩乳房发育的年龄有所提前。在 10 岁到 16 之间，女性的乳房渐渐发育成熟。乳房的发育，一部分受到遗传因素的影响，也与饮食有很大的关系。例如，欧美国家的女性因为高脂饮食，乳房发育往往较早，而且发育成熟之后乳房也会比亚洲地区女性的乳房大 10% 左右。

乳房是女性器官中非常娇弱的部分。近年来，由于环境污染、饮食卫生等，乳腺疾病的女性患者越来越多。在生长发育的过程中，女性朋友应该经常进行自检，随时关注乳房健康。现实生活中，女性朋友前凸后翘的身材主要归功于乳房。挺拔的乳房常常使很多女性朋友引以为傲。然而，人们对于乳房也存在一定的误区，觉得一定是越大越好。其实不然。乳房的作用主要是哺乳后代，同时也兼顾美丽。可以说，乳房不管大小，只要健康的就是美丽的。在现代人的观念中，也许觉得丰满的乳房更加性感，实际上，小巧可爱的乳房也有轻灵的优点。尤其是对于青春期少女而言，即使是“太平公主”，也丝毫不会影响女性的美。要知道，青春期少女原本就是含苞待发的花骨朵儿，有青春的美丽和魅力。如果把人生的时间归结为一天，那么青春少女无疑就九十点钟沐浴着阳光带着露珠的花骨朵儿。青春无需装饰，活力就是青春最美的妆容。

小倩是一名六年级的学生。虽然是小学生，但是六年级的女孩都已经亭亭玉立了。小倩长得非常瘦弱，就像一棵豆芽菜。毫无疑问，小倩是“太平公主”，拥有一片“飞机场”。为此，小倩很苦恼。班级里很多女孩子的胸部都已经像小馒头一样微微凸起了，还有些女生甚至开始穿妈妈们穿的紧身胸衣。看着女同学们挺拔窈窕的身形，自己却像个假小子一样，小倩不由得懊恼万分。

有一次，因为有个女同学戏谑地说小倩是“太平公主”，小倩伤心地哭着跑回家。妈妈看到小倩哭肿的眼睛赶紧问道：“小倩，你怎么了，被人欺负了吗？告诉妈妈，妈妈给你讨个公道。”小倩没好气地回答妈妈：“谁欺负我了？谁欺负我了？就是你啊！你看看，你把我生成这个样子，同学们都笑话我啦！”妈妈不明就里，问：“我把你生成什么样子啦？你看看你，皮肤这么白皙，脸庞也长得很精致，大大的眼睛，高挺的鼻梁，还有个樱桃小嘴。就这样，你还不满意，你不知道有多少人羡慕你呢！你最应该感谢妈妈把你生得高挑而又苗条，现在不就流行这种身材吗？”妈妈不说身材还好，一说身材，小倩哭得更加伤心了。她说：“你还说身材呢，同学们都叫我太平公主！”妈妈听到小倩的话不由得哈哈大笑，说：“这个称呼还真是很贴切，谁给你起的外号，真是有才！不过你完全不用担心这一点啊，你没看到有个大明星也是太平公主吗？而且，你只是发育得比较晚，不会永远都当太平公主的！”“你说的是真的吗？”“当然！”妈妈毋庸置疑地说，“妈妈像你这么大的时候也是太平公主呢！再过几年就好了，你就放心吧！你知道吗，妈妈那个时候也和你一样苦恼。不过，妈妈有个舅妈是医生，她说女性的胸部有大有小是正常的，并不会影响哺乳后代的功能。而且，有些人天生发育比较慢一些，随着身体的发育，都会得到改善的。你才 12 岁，着什么急呢！”听了妈妈的话，小倩觉得心里有底了。次日清晨，她又恢复了自信和力量，和往常一样高高兴兴地去学校了。

每个人的身体状况都是不同的，发育情况也不可能完全同步。因此，女孩们，你们要有耐心哦！如果看到同龄人都已经发育得非常饱满了，也不要着急，也许命运想让你多享受一段时间无忧无虑的童年呢。

换个角度来说，即使真的是太平公主也没有关系。如今，很多大名鼎鼎的女星也都是太平公主，但是这并不影响她们的自信和骄傲。每种身材都有自己的好处，也有自己的弊端，只要心里有自信，我们就是最美丽的！

把"小痘痘"当成自己的好伙伴

"痘痘"，又叫痤疮，属于一种慢性炎症性皮肤病，常见于青少年。很多女孩都会发现，自从进入小学高年级或者初中，脸上就开始不断地涌现出一些又红又肿的疙瘩。这些疙瘩里面往往有被毛囊堵塞住的脏东西，严重的时候，还会引起面部大面积的红肿。为什么会这样呢？这是因为青春期的少男少女们体内雄激素比较高，刺激了皮脂腺的发育，最终使其分泌出很多的皮质。当我们的毛囊皮脂腺导管角化异常时，皮脂就不能顺利从毛囊中排出来，最终形成角质栓，也就是轻微的粉刺。当毛囊中的诸多微生物飞快繁殖，导致炎症加重的时候，就形成了痤疮，也就是我们平时所说的"小痘痘"。众所周知，青春期的女孩子正处于最爱美的年纪。如果饱受小痘痘的困扰，她们就会变得非常焦虑，甚至是自卑。在初中校园里，常常听到女孩们互相传授战痘经验。然而，不管如何调理，痘痘总是时不时地冒出来，就如野草般"野火烧不尽，春风吹又生"。

其实，小痘痘也是青春期女孩的一道风景线。常常有些女孩在青春期的时候因为痘痘烦恼，等到青春期过去了，却又无比怀念长痘的年纪。既然如此，我们不如和痘痘和谐共生。要知道，痘痘是非常敏感的。细心的女孩们会发现，痘痘常常会随着我们情绪的波动也有异常的反应。诸如，在每个月的那几天，痘痘们会长得特别凶；在压力大、情绪焦虑的时候，痘痘也会更加踊跃地从我们的脸上、胸部、后背上冒出来。从这个角度来说，如果我们能够心平气和地接纳痘痘，痘痘也许就不会那么欺负我们啦！女孩们也会发现，有些青春期少女是不会长痘痘的，不管什么时候，她们的面部也不会油光满面，更不会痘痘此起彼伏、惨不忍睹。其实，这是因为她们是干性或者中性皮肤。通常情况下，痘痘更多发于油性肤质的女孩。既然如此，我们就可以采取合理的方式中和自己的皮肤，疏通毛囊，将皮脂分泌物及时清除掉。如此一来，痘痘自然会少很多。

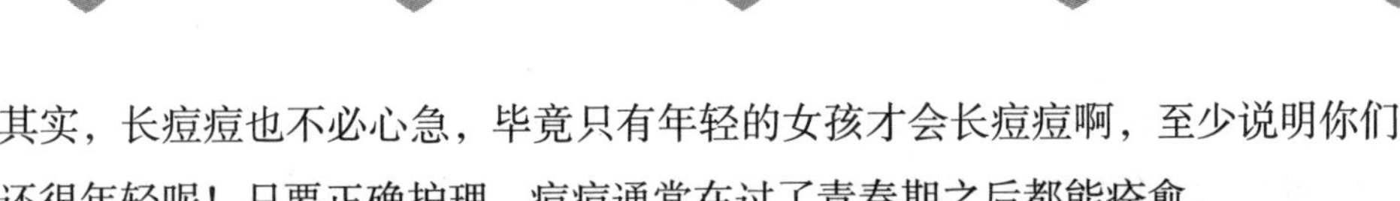

其实，长痘痘也不必心急，毕竟只有年轻的女孩才会长痘痘啊，至少说明你们还很年轻呢！只要正确护理，痘痘通常在过了青春期之后都能痊愈。

为了清除多余油脂，女孩们可以每天用温水清洗面部两次。对于痘痘，心急的女孩们常常会忍不住用手去挤压，以为只要把里面的分泌物挤出来，痘痘就会愈合。实际上，挤压痘痘的时候不仅会给皮肤造成伤害，而且手部也是有细菌的，容易引起感染。需要注意的是，长痘痘的女孩们要特别留心给自己挑选合适的护肤品，不要使用油脂类等容易堵塞毛孔的护肤品，也不要使用刺激皮肤的护肤品。在饮食方面要以清淡为主，不要吃辛辣刺激的食物。当然，如果痘痘非常严重，已经影响到你的正常生活，必要的时候是可以口服抗生素的。否则，一旦引起面部发炎感染，就会留下伤疤。

杜鹃是个非常开朗的女孩。进入青春期之后，她的面部也和很多女孩一样似乎在一夜之间就冒出了“小痘痘”，刚开始的时候，杜鹃非常苦恼。她四处寻找偏方，想把痘痘赶走。然而，她试过了很多办法都没有用。无奈之下，她只得去医院咨询皮肤科医生。医生仔细查看了杜鹃的面部情况，又详细询问了杜鹃胸部和背部情况。知道杜鹃胸部和背部都没有痘痘之后，医生笑着说：“丫头，在所有长痘痘的人群里，你的痘痘已经是最少的了。很多人胸部和背部都有痘痘，你只有面部有。而且，你面部的痘痘也不多，只有零零星星的几个，也不红肿。我建议你不要管它们，你只管吃好喝好，注意清洁面部，不要吃辛辣刺激的食物就好。如果你每天都因为痘痘烦恼，心神不宁，反而更容易导致情绪波动，引起痘痘疯长。难道你没发现吗，情绪的波动也会影响痘痘的。”听了医生的话之后，杜鹃再也不把痘痘放在心上了。

她每天都快快乐乐地读书学习，和同学们嬉笑打闹。渐渐地，痘痘居然越来越少。虽然有零星的几个，但是丝毫不影响她的心情。她还每天都注意用温水洗脸，清洁自己的皮肤。看到快乐的杜鹃，班级里的很多女孩都向她讨教秘诀呢！

痘痘是青春期的正常产物，女孩们，你们也要向杜鹃学习，学会与痘痘和

谐共生。很多时候，痘痘之所以惹人烦恼，就是因为你们太过于在乎它了。假如你能学会忘记它们，正常地生活和学习，也许它反而自觉没趣了呢！痘痘的大撤退，就在你的好心情之中哦！

退一步来说，即使痘痘没有好转，十年之后，当你翻看自己满脸痘痘的照片，你会不会因为自己曾经为了痘痘烦恼不已而觉得好笑呢？！痘痘是青春的纪念品，是曾经美好的回忆。如此想来，你就不会那么厌烦痘痘啦！

民以食为天，吃出美丽和健康

常言道，民以食为天。所有的生物，如果没有食物的支撑，生命就无法延续下去。作为万物灵长的人类，每天都要辛苦地学习、工作，还要兼顾生活的方方面面，如果不能摄入充足的营养和能量，就无法维持日常的正常活动。一千多年前，甚至新中国成立之前，社会发展滞后，人们可以食用的食物品种少之又少，只有官宦人家和剥削阶级才能吃饱饭。穷人别说吃有营养的食物了，就连吃饱都很困难。如此说来，营养只是新中国成立后人们生活水平大幅提高之后才出现的名词，才受到人们的关注。营养，顾名思义就是能够为我们的生命活动提供养分的物质。营养物质，必须从均衡的饮食中得到。人体需要多种多样的营养，缺少任何一种都会导致营养的不均衡。所以，营养学家始终在呼吁均衡饮食。然而，近年来，营养的摄取似乎受到很大的威胁。究其原因是因为很多女性朋友都步入了减肥的阵营。当然，减肥并非不好，当肥胖影响我们的身体健康时，我们必须减肥。

随着生活水平的提高，肥胖的人群越来越扩大化。然而，很多人之所以肥胖，并非是因为营养摄入过多。很多时候，饮食的不均衡也会导致肥胖。例如，

有些女孩只爱吃肉，不爱吃菜；有些女孩只爱吃米面，不爱吃蔬菜水果；有些女孩最喜欢甜品，几乎每天都要吃甜食……这些不良的饮食习惯都会导致肥胖。如果能够均衡地摄入营养，及时每天都吃肉，也不会长得很胖。虽然肥胖的原因多种多样，但是减肥的女孩们却并不了解。她们看到自己很胖，就会毫无节制地节食。常常有女孩因为节食导致营养不良，晕倒或者低血糖屡见不鲜。还有些女孩更加心急，吃各种减肥药，甚至进了医院。其实，减肥根本没有那么复杂，均衡的饮食加上合理的运动，就可以帮助我们恢复健康和健美的身材。有很多女孩以瘦为美，也是非常片面的。林黛玉式病恹恹的美已经不符合现代社会的生存要求。唯有在健康基础上的美，才是真正的美。

饮食是一门很大的学问，中国历来就有饮食文化。好的饮食，不但色香味俱全，而且营养搭配合理，能够帮助我们养成健康的饮食习惯，为我们的健康保驾护航。聪明的女孩都会吃，她们能够吃出健康和美丽！

妙妙因为减肥进了医院。一时之间，同学们之间都炸开了锅。早在去年暑假，妙妙去医院抽脂减肥，同学们就都为她捏了一把汗。妙妙抽脂之后的肚皮简直惨不忍睹，就像风干了的桔子皮。抽脂之后，妙妙的确瘦了一段时间，然而因为饮食没有控制，她的体重很快就反弹了。妙妙把所有的钱都用在抽脂减肥上了，看着体重蹭蹭地上涨，她可没有钱再去抽脂了。为此，她想出了一个很省钱的办法，每天只吃一顿早饭，中午吃黄瓜，晚上吃西红柿。不到一个月，妙妙就面黄肌瘦，走路轻飘飘的。昨天中午，她吃完黄瓜躺在床上睡觉，居然在睡梦中晕了过去。舍友喊她起床去上课，她毫无反应，才意识到她出了问题。

在医院经过检查，医生确定妙妙患了低血糖症，还有严重的营养不良。医生很严肃地告诉妙妙："如果你继续这样毫无节制地不合理饮食，就会危及到生命。"听了医生的话，妙妙害怕极了。然而，她还是心有不甘。她问医生："医生，有没有好的减肥方法呢？"医生无可奈何地说："你这个小丫头，为了减肥连命都不要了。你知道吗，你这种思想是很危险的。其实，每个人的合理体重都是不一样的。有的人很瘦，但是很健康。有的人天生就属于丰满型的，只要不到肥胖的程度，且身体健康，根本无需减肥。况且，减肥也不能不要命啊。

命都没了，还瘦给谁看呢？！减肥，要合理膳食，结合运动。这样才会又美又健康啊！”

听了医生的话，妙妙恍然大悟。的确，命都没了，还瘦给谁看呢？！出院之后，妙妙查了很多资料，为自己制订了一个合理的营养餐。每天的一日三餐，她都按照计划书上的摄入量摄取足够的蛋白质、碳水化合物、维生素、微量元素等身体必须的营养元素。每天早晨她都早早起床，锻炼身体。果然，两三个月之后，妙妙的气色越来越红润，甚至连记忆力都得到了很大的提高。看着自己健康的身体，妙妙还专程去感谢了那位医生。现在的妙妙，每当听到有同学节食减肥，都会非常热心地把自己的营养餐计划书推荐给他们。妙妙总是说："让我们一起吃出美丽和健康吧！"

没有健康作为基础，再美丽也毫无意义。如果减肥是以损害身体健康为代价的，这样的减肥也太得不偿失了。每个女孩子都爱美丽，这无可指责，然而，美丽必须有科学的方法。如果一味盲目地节食，或者采取极端的诸如抽脂等手段，只会导致身体紊乱和失衡，自此更加与美丽绝缘！

女孩们，聪明如你，一定知道该怎么做了吧！

想要拥有好身材，那就赶快动起来

每个女孩都希望自己有个好身材。其实，好身材不但让人赏心悦目、充满自信，也是健康的体现。很多研究都曾证实，腰围与人罹患心脑血管疾病之间有着一定的关系。由此可见，女性朋友们追求身材的美好，不是盲目地为了爱美，也对健康有极大的好处。女性的完美身材，似乎和“S”是分不开的。凹

凸有致是大多数女性都梦寐以求的。虽然只有四个字“凹凸有致”，但是要想真正实现，还是有一定难度的。很多时候，我们似乎无法控制身材的各个部位，导致要凸的时候就全部都胖了起来，想凹的时候就都不由分说地瘦了下去。如此一来，怎样才能做到凹凸有致呢？其实，前面所说的这种情况是不科学的减肥方法导致的，例如节食。节食引起的是全身性的胖或者瘦，不会认准身体的某一个部位。我们常常羡慕别人的身材那么好，实际上她们是有秘诀的。

尽管大多数人都知道生命在于运动，然而，真正能够做到经常运动的现代人少之又少。首先，现代生活压力大，大多数人都要加班加点。不过，对于在校的学生来说，运动则是可以保证的事情，只要有足够的毅力，能够一直坚持，不但能够收获美丽，还能收获健康。很多女孩都羡慕女明星的身材曼妙，实际上，女明星不但有着严格的饮食限制，而且经常保持运动。女孩们，你们也想获得美好的身材吗？那就赶快动起来吧！

在此，为诸多爱美又爱健康的女孩们推荐几款运动项目。运动应该是全身性的，有些运动项目虽然消耗很大，但是并不能增强我们身体的柔韧性，因此不适合女性锻炼。相信很多女孩都看过滑冰，那些美丽的女孩身材窈窕，就像精灵一样在冰面上自由地滑翔，又像是在倒扣的天空中飞翔。滑冰的女孩非常美丽，她们的身材非常柔韧，而且滑冰对于塑造身形效果显著。游泳也是不错的选择，人们常说女人是水做的，游泳不但能够润滑我们的肌肤，而且和滑冰一样也是全身性的运动。细心的女孩可以发现，游泳运动员的身材是非常好的哦！当然，滑冰和游泳都容易受到场地的限制。如果你不想花费昂贵的钱购买装备去溜冰场和游泳馆，那么可以考虑另外几种运动项目。你可以散步或者慢跑，还可以骑自行车。这些都是有氧运动，可以在公园里或者空气清新、景色优美的郊外进行。当然，如果没有时间走得太远，学校的操场、小区里的绿地都是不错的选择。这几项运动特别亲民，很随意地就能够做到。

妙妙自从节食减肥失败后，便听从了医生的话，开始运动减肥。她每天清晨都早早起床，在学校的操场上跑几圈。几个月过去，她不但身材越来越健美，而且气色也越来越好。她觉得自己整个人都变得精神了，记忆力也得到很大提

高。对此，妙妙一看到有女生减肥，就会提醒她们千万不要节食。后来，妙妙还与几个减肥爱好者自发成立了一个减肥协会，由妙妙担任会长。

妙妙不但定期向她们发布健康食谱，组织大家每天早晨晨练，还会在周末的时候，组织大家进行郊外游览。她们去游览学校附近的很多景点，只要在步行能够达到的范围内，就坚决不依靠公共交通。如此，她们每到周末就会早晨出发，下午回来。妙妙的进步大家有目共睹，当然，那些加入减肥协会的同学们也都明显变得更健康、更美丽了。最重要的是赶走了脂肪，她们觉得自己身轻如燕。这些女孩们如今成了学校里靓丽的风景线，她们青春的脸庞就像红红的苹果，气色非常好。她们的身材匀称，因为经常运动，身手矫健。好身材的她们，似乎变得更加精力充沛了。

女孩们，你们也想拥有健康的好身材吗？好身材不是节食饿出来的，而且合理的膳食加上适度的运动才能得到的哦！从现在开始，动起来吧！

雀斑是女孩美丽的点缀

除了身材，女孩们最重视和在乎的就是自己的脸蛋。一张漂亮的脸蛋，就像是一张印制精美的名片，给女孩们增色不少。的确，很多人看人的时候都注重第一印象。所以，女孩们爱美，不仅仅是为了自己的回头率，也是为了给别人留下好印象。青春期的女孩子们除了饱受痘痘的困扰之外，也因为雀斑徒增烦恼。很多女孩的双颊、鼻梁两侧，都会长出很多淡淡的雀斑。人们常说一白遮三丑。显然，这句话对于长雀斑的女孩是不适用的。毕竟，雀斑女孩的脸庞没有那么白皙。难道所有的女孩都很白皙吗？当然不是。所以，雀斑女孩也有

属于自己的美丽。很多喜欢看西方影视剧的女孩们都会留意到，西方女孩大多数都有雀斑。她们是白种人，皮肤非常白皙，所以雀斑也特别明显。然而，她们可不像我们这样因为雀斑那么烦恼，相反，她们很顺其自然地对待自己的雀斑，觉得雀斑仿佛就应该是她们身体的一部分。也正因为如此，她们从来不觉得自卑，而是坦然地对待自己的雀斑。我们常说，自信的女孩最美丽，自己却常常不能真正做到自信。西方女孩则不同，即使面部的雀斑很严重，她们也依然很自信。

其实，雀斑并非不能治疗。现代医学技术非常发达，对付小小的雀斑还是绰绰有余的。女孩们需要做的是千万不要盲目听信所谓的偏方，也不要找江湖游医为自己治病，毕竟，脸面对于每个人都还是很重要的。万一治疗不当，非但雀斑没有消除，反而损害身体健康，那就得不偿失了。首先，我们要弄明白雀斑的发生原理。雀斑是常染色体的显性遗传，常有家族史。虽然雀斑是遗传性的，但是如果加以正确的护理就能够明显减轻。女孩子们的化妆品现在数不胜数，正确的护理再加上化妆品的遮瑕作用，雀斑就会变得若有若无啦。科学家研究发现，雀斑在日晒的情况下更加明显，所以有雀斑的人往往夏天症状更严重。由此看来，雀斑女孩们夏天一定要做好防晒工作，不要让皮肤暴露在强烈的阳光下。等到冬天到来，雀斑的症状就会明显减轻。如果雀斑的颜色的确比较深，影响到了美观，可以采取脱色治疗。经过一段时间的脱色治疗后，雀斑的颜色会明显变浅。此前，还有人用腐蚀或者破坏性治疗的方法治疗雀斑，企图根治。殊不知，这种方法会对皮肤造成很大的伤害，严重者还会留下疤痕。也由于治疗过程的痛苦使患者难以承受，所以此种治疗方法没有得到推广。如今，随着现代化科学技术的发展，激光的应用越来越广泛。激光疗法对于治疗雀斑有很好的疗效，而且能把对皮肤的损害将至最低，因此应用非常广泛。需要注意的是，青春期少女们正值身体的生长发育阶段，最好不好盲目地治疗雀斑。现阶段的女孩们，应该以提升自己的心灵美为重，不要过分注重外表。女孩们如果能够学习任务好好完成，等到参加工作之后，随着经济条件的好转，一定会找到更加完美的治疗雀斑的办法。换言之，即使面部有些零星的雀斑也并不影响女孩们的美丽。对于青春期的女孩来说，真正的美丽是健康、是活泼、

是可爱、是执着地进步。

小雪和班里有好几个女孩都有雀斑。这些女孩每天都聚集在一起商量如何去除雀斑，只有小雪对自己脸上的雀斑不以为然。小雪喜欢看美剧，每当看到女孩脸上长着雀斑的时候，她甚至会觉得很亲切。她从未因为雀斑就觉得那些西方女孩不美丽。相反，那些可爱的雀斑使她非常喜欢那些小演员。

也正因为如此，小雪从不为自己的雀斑苦恼。其他几个女孩的面部经常因为病急乱投医而状况百出，有个女孩还严重过敏，满脸通红，又肿又痒。面对这样的的状况，小雪安慰她说："娜娜，你就别折腾了，有雀斑就有雀斑吧，你看起来就像我喜欢的那个美国小演员。她很漂亮，因为雀斑又显得非常可爱。我觉得很好啊，一点儿都没有影响她的美丽。你知道吗，你之所以常常因为雀斑感到烦恼，就是因为你没有很好地接纳雀斑。一旦你把它视为自己的好朋友，就不会那么无法容忍它啦。"娜娜痛苦地说："小雪，过敏的感觉太难受了。如果能够选择，我一定不抹乱七八糟的药膏，我宁愿长雀斑。"在小雪的劝说下，娜娜再也不胡乱抹药膏了。她也和小雪一样，因为不在乎雀斑，真正从内心接受了雀斑，反而变得快乐了。对于花季少女来说，快乐就如阳光一般倾泻在她们的身上，让他们整个心灵都沐浴着阳光。如此一来，怎么会不美丽呢？！

每个女孩都希望自己越来越美丽，对于美丽，所有年龄段的女性都有着近乎狂热的执着和追求。然而，美丽并不是完美。美丽和完美不同，美丽是真实的，完美是虚幻的。有人曾说，这个世界上没有绝对的完美，所以完美只存在于虚幻之中。美丽则不同，我们对于美丽往往是仁者见仁，智者见智。因此，女孩们，千万不要为了追求美丽伤害自己，要知道，雀斑是你美丽的点缀，它使你们不但美丽，而且可爱。

女孩爱美丽，从头开始

有科学家曾经专门研究过人们的视线，发现大多数情况下，在观察的时候，人们的视线都是由上而下。除非特殊情况，人们才会从下往上看。那么，诸多女孩都非常在乎自己的脸蛋，她们甚至小小年纪就学会了化妆，把自己的脸抹得那么白，嘴唇那么红，眼睛黑乎乎的就像个黑葡萄。实际上，脸并不是人体最上部的器官。倘若一个人看你，一定是从头看起。头是身体最上部的器官，在某种程度上来说，头部会给人以最初的印象。试想，假如一个女孩衣着光鲜亮丽，妆容精致动人，但是头发却满是油腻，还有很多零星的头皮屑，你会对他有个好印象吗？相比之下，一个女孩即使素面朝天，衣着朴素，如果发丝清爽，看起来非常清洁，那么相信你不会反感她。由此可见，头发是我们给人留下良好印象的重要因素之一。

现代的人很幸福，因为各种各样的洗发护发用品层出不穷。几十年前，我们的爷爷奶奶甚至根本不知道洗发水为何物，最早的时候，他们用碱洗头，后来有了洗衣粉，讲究的人会用洗衣粉洗头。那个年代，他们根本不知道洗发水、护发素，也没有所谓的发膜。和我们相比，护理头发的辅助用品简直弱爆了。放在现代社会，只要你爱干净，做到每天洗头，头发就一定不会差。只有做好清洁工作，才能衬托你的美丽发型。换言之，即使你的发型再怎么漂亮，如果满头污垢，也不会有人欣赏的。

说到发型，估计很多女孩都很精通。最近几十年，人们花在头发上的功夫越来越多。尤其是女性朋友，先是烫发，再是拉直，然后再来烫发，再来拉直。头发似乎成了我们百变造型必不可少的工具，想直就直，想弯就弯。再说说头发的颜色吧，真的是比花朵的颜色更多、更鲜艳。然而，对于青春期少女来说，最美丽的发型依然是马尾辫，或者是一头清爽利索的短发。毕竟，青春期少女都在学校里读书学习，应该以读书学习为重，不要把心思花在无关紧要的事情

上。对于少女们来说，头发只要保持干净清爽就好。有耐心的少女可以留长发，不过清洗起来很麻烦。想省事的女孩可以剪短发，即使每天都洗头，也不会觉得麻烦。只要头发感情清爽，你就是美丽的。

张蕾非常爱美。在其他女生都还懵懵懂懂、不知道化妆为何物的时候，张蕾就开始化妆了。她的衣着也非常时髦，也许是家里经济条件比较好吧，她总是买新衣服，而且都是很高档的服装。不过，张蕾有一点儿不好。她很邋遢，衣柜里的衣服总是扔得乱七八糟，床铺也常常不整理。走出去，她是全宿舍最光鲜亮丽的美女。回到宿舍里，她是著名的邋遢大王。

有一次，班级里举行合唱会。全班同学都站好队伍，张蕾因为身材娇小，站在最前排。正当大家专心致志地联系合唱时，站在张蕾后面的同学突然小声说："真味儿啊，谁呀，估计至少三天没洗头了。"张蕾听到这话不由得脸红了，同学们都在寻找味道的来源，这时，张蕾旁边的同学突然喊道："呀，张蕾，你怎么这么多头皮屑呢？！"同学们都开始窃窃私语，有个同学嗤之以鼻地说："哼，打扮得再漂亮有什么用啊，连最基本的卫生都没搞好。"

这次事情，让张蕾很难堪。从此之后，她哪怕挤出吃饭的时间，也会做到每天都清洗头发。为了保持干净卫生，她甚至把及腰的长发剪成及肩的，这样清洗起来就省事很多，也能节省时间。

油污的头发，不但散发出浓重的头油味，也会成为细菌的滋生地。每个女孩，无论化妆与否，也不管是否有高档时装穿，最起码都应该做到清洁卫生。女孩们，一定要记住：爱美丽，从头开始！

第 10 章

情窦初开莫紧张，正视与男孩儿间的相处

《少年维特之烦恼》中有句话，“哪个少年不多情，哪个少女不怀春”。的确，正值青春期的少男少女们，都是温柔多情的，对爱情充满憧憬和向往。当女孩们情窦初开的时候千万不要紧张，而要坦然面对。爱情是人类最美的风景，向往爱情是很正常的情感。女孩们应该正确面对与男孩的相处，如果处理得当，不但不会影响学习，还会对人生起到积极的作用。

坦然面对青春的萌动，冷静对待感情

从婴儿到幼儿，再到少年，直至进入青春。青春期是每个孩子成长过程中必须经历的阶段，青春期的顺利度过对人生的发展起到很大的影响。经历青春期之后，少年们不再依赖父母和长辈的照顾，步入独立自主的成人阶段。在青春期，少年们的身体处于快速发展的阶段，需要大量的营养。在这个时期，少年们的性征发育更加明显，女性和男性的性征发育成熟。与此同时，少年们的心理也处于飞速发展的过程中，是进入成年之前的最后快速发展阶段。这个时期，少男少女们最容易产生萌动的情丝，很容易发生早恋的现象。以往，大多数人都视早恋为洪水猛兽，然而，随着心理学的发展，人们更加深刻地意识到这种青涩的感情是少年们的生理和心理正常发展产生的正当需求，因此也渐渐能够坦然面对。

青春的心是一颗萌动的心，不但对爱情充满向往，也对人生充满热情和激情。在少年时期，我们是最富有激情的。很多人的伟大志向都是在少年时期萌生的。伟大总理周恩来在少年时期读书的时候曾说“为中华之崛起而读书”，这句话不但激励了周总理的一生，也激励了无数革命青年的一生。女孩们，对于青春每个人都有不同的诠释。面对着自己不知天高地厚但却充满雄心壮志的理想，面对自己懵懂而生的情丝，我们也应该学会坦然面对。青春的心虽然充满激情、不够理智，但是却能够激发我们一生的豪情壮志。只要我们正确面对这样的感情，给自己一定的疏通渠道，就一定能够使其发挥正面的、积极的作用。

正在读初三的肖娜最近有些烦恼，因为她发现自己越来越喜欢上数学课，特别喜欢看到数学老师的身影。有一次，她做梦的时候居然都梦到了数学老师。语文老师曾经在课堂上说，数学老师如果生在古代，一定是个美男子。数学老师已经50岁了，面色白皙，有着蜷缩浓密的络腮胡。最重要的是，数学老师是个面冷心热的人，他常常做出一些出人意料的事情，但是肖娜知道，自己和数学老师是心意相通的，她知道他为什么那么做，也理解他的初衷。就这样，尽管全校师生都称呼数学老师为“张老邪”，肖娜却越来越喜欢他。肖娜常常偷偷地想：我为什么不早生三十年呢，如果早生三十年，一定能够与他心心相印、惺惺相惜。

有的时候，肖娜上数学课会很恍惚，常常走神。没多久，她这个全班第一名的优等生，成绩就出现了波动。有一次，肖娜的数学考试没考好，张老师把她叫到办公室，问：“肖娜，最近有什么事情发生吗？我总觉得你上课的时候注意力不够集中。可以告诉我吗？”肖娜低着头、红着脸，什么也不说。张老师语重心长地说：“肖娜，我们中学的生源不好，你是班级里唯一有希望考上重点中学的孩子。老师希望你一定要顺利度过初三这一年，给自己和父母一个好的交代。”肖娜头也不抬地连连点头，暗暗地想：“我一定不能辜负张老师对我的期望。那么多人都不理解他，我一定要让他宽慰。”从此之后，肖娜的数学成绩扶摇直上，每当遇到不懂的问题，她就会主动去问张老师。果然，经过一段时间的努力，肖娜在中考的时候取得了很好的成绩，顺利进入重点高中。读大学之后，肖娜一直和张老师保持着书信往来。他们彼此珍藏着每一封信，在信里，肖娜把张老师当成自己精神上的父亲，而张老师也的确给予她很多的支持和鼓励。

青春的心，有着各种各样的情感。很多时候，青春期的孩子爱上自己敬佩的老师是很常见的事情。面对青春期的各种困惑，如果我们能够正确对待和排解，就能够很好地疏通。就像事例中肖娜喜欢数学老师，其实不是爱，而是敬佩和想要亲近的欲望。每个孩子的心里都有一个自己非常敬佩和喜欢的人，这个人往往在人格上或者学识上让她们敬佩。有的女孩还会喜欢自己的父亲，非

常依赖父亲，这也是正常的。

女孩们，青春的心不可捉摸，不管遇到什么样的情况都要冷静面对，理智解决问题。每个人都要经历青春期，每个女孩都拥有最美的人生！

遇到了自己喜欢的他，怎么办

对于青春期的爱情，人们往往将其视为“洪水猛兽”。尤其是老师和家长，似乎最担心的事情就是孩子发生早恋行为。实际上，青春期爱情的萌动是很自然的行为，家长和老师们大可不必担心。青春期的孩子们之所以会产生朦胧的感情，完全是生理和心理的正常需要，无可指责。对于这种爱情的出现，只要身边的人正确引导，孩子们就一定能够顺利度过。当然，很多时候，我们未必会把自己青春期的感情告诉父母，这个时候，就需要我们依靠自己的力量顺利度过青春期的感情。

女孩们，你们是否也曾经偷偷地喜欢过一个人呢？实际上，爱情的感觉是非常美妙的。当然，青春期的女孩往往还不能正确定义爱情，确切地说，青春期的爱情是一种懵懂的喜欢。喜欢一个人，你会总是不由自主地看着他，情不自禁地想起他，还会控制不住自己，想要更多时间和他在一起；你会很关心他，任何关于他的一切举动和消息都是你关注的对象；你会非常欣赏他，似乎连他的缺点都那么可爱；即使他五音不全，你听他唱歌，也觉得是世界上最美的歌喉……这就是爱情的萌发。你无条件地喜欢他，接纳他的一切。然而，你就是不敢把你的喜欢说出来，怎么办？其实，这样的爱情就这样才好，不用说出来。如果他恰巧也喜欢你，那么你们可以一起上晚自习，一起去阅览室读书，还可以一起跑步，一起吃饭……总而言之，只要不影响正常的学习和生活，你们有

很多可以一起分享的事情。当然，如果他丝毫没有注意到你的喜欢，你只要默默喜欢就好。人生有很多阶段需要度过，青春期只是其中一个阶段。对于未来而言，只有顺利度过青春期才会拥有美好的人生。聪明的女孩会正确对待青春期感情的懵懂，她们知道，即使喜欢一个人，最本职的任务依然是好好学习。只有提升自己的能力，才能把握自己的人生。

近来，刘红发现自己总是情不自禁地关心张磊。张磊是班里最帅的男生，甚至被同学们评选为“校草”。遗憾的是，刘红却不是“校花”。很多女孩都喜欢张磊，刘红也被张磊在运动场上潇洒的身影吸引住了。

每当看到张磊在打篮球，刘红即使学习的任务还没完成，也会冲到篮球场上去看，充当拉拉队员；每当张磊去阅览室读书，刘红也会跟随而去，为的就是和张磊打个招呼；每当张磊一个人吃饭，刘红即使吃完了，也会装模作样地再打一份饭，装作偶遇的样子陪着张磊一起吃……渐渐地，同学们都知道刘红也喜欢张磊了。有一次，几个女生一起打水的时候，议论纷纷：“你们知道吗，刘红也喜欢张磊。”“这没什么奇怪的，很多女生都喜欢张磊啊！”“那可不一样，刘红又矮又胖，学习还那么差，张磊可不会喜欢她！”“哎，癞蛤蟆想吃天鹅肉吧！哈哈！”她们不知道，正好走在她们身后的刘红一字不落地听到了她们的交谈。

从此以后，刘红就像变了一个人一样。她暗暗告诉自己：我的确长得不好看，又矮又胖。但是，我要努力改变自己的命运，我要好好学习，成为别人羡慕的对象。如果张磊是一个只注重外表的人，那么她也不值得我去追求。如果他在乎人的心灵美、内在美，那么努力的我一定能够吸引他的目光。

经过三年的努力，刘红最终以优异的成绩考上了北京大学。如今的她，成为同学们人人羡慕的对象。让刘红最高兴的是，张磊也如愿以偿地进入人民大学。刘红将于张磊相聚在北京，和那些长相漂亮但却名落孙山的女同学相比，刘红有了更多与张磊相处的机会和时间。

刘红很聪明，她知道自己无法改变相貌，但却可以改变命运。对于勤奋努

力的女孩来说，命运始终掌握在自己手里。女孩们，不管你是貌美如花，还是相貌平平，都要向刘红学习！只有努力提升自己，主宰命运，我们才能拥有自己想要的幸福。对于青春期的你们来说，并不是谈情说爱的好时候。要想拥有完美的爱情、要想日后尽情地享受爱情，今天的你们就必须好好努力！

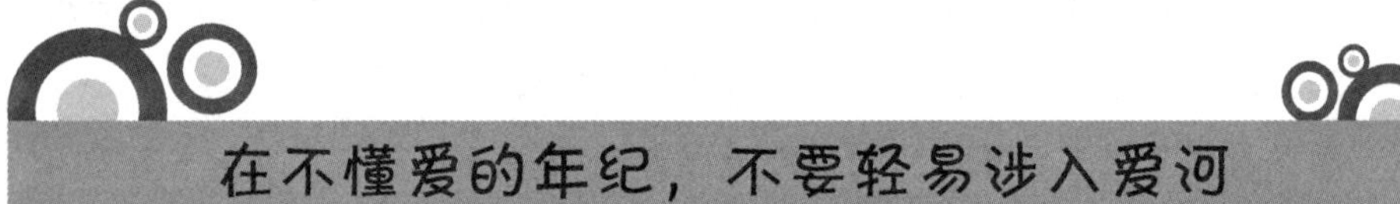

在不懂爱的年纪，不要轻易涉入爱河

人生在每个阶段都有不同的感悟，例如，青春期的女孩看重的是男孩是否帅气、是否英俊潇洒；参加工作以后，她们看重的是男孩是否有着高学历和超强的能力，是否有着年轻人的拼搏劲头；工作一段时间之后，她们最喜欢成熟稳重、值得托付一生的稳重男性……大学爱情，在大多数人心里都是不被看好的，很多大学时代的情侣，一旦毕业就会劳燕分飞，也是这个原因。同样的道理，很多初恋都无法修成正果，也正是因此。没有人从一开始就参透了爱情，在我们自以为懂爱的时候，我们其实很懵懂。

我们以为爱情是耳鬓厮磨、是永不分离、是相互欢喜、是吵吵闹闹，其实，爱情远远比我们想象的深刻。女孩们，当我们自以为读懂了爱情，不如静下心来好好地成长。时间会酝酿你的成长，让你越发成熟。当你觉得爱情太深刻难懂的时候，当你觉得人生太多变故不可把控的时候，当你觉得自己知道的太少错误的太多时，你才真正长大。在不懂爱的年纪，不要轻易地涉入爱河。

曾经，有个女孩在初中时代就早恋了。敏感的语文老师听到了关于女孩的风言风语，这个女孩语文非常棒，文章写得一流。因此，老师借着给她发奖品的机会，奖励了她一本女性文学，其中就有关于懵懂早恋的。老师还淡淡地对

着全班同学说："孩子们，每个人都憧憬爱情，你们也不例外。有些同学可能已经暗暗地有了自己喜欢的人，这是可以理解的。不过，老师要提醒你们，人的感情是会用光的。你们现在还小，很多事情都不懂，不要轻易地浪费自己的感情。你们应该好好学习，把感情积累起来，因为这么宝贵的感情应该留到你们最美的年纪再享受、再投入。"当时，女孩隐约觉得老师是说她的。课后，女孩和闺蜜说："你觉得老师说得对吗？我觉得老师说得不对。感情怎么会用光呢？感情应该是取之不尽，用之不竭的。我们现在喜欢一个人，等到时候，如果我们不喜欢他了，喜欢别人了，又会是崭新的感情，肯定同样饱满，甚至更加饱满。"这个女孩比起同龄的女孩很早熟，她还是早恋了。初中阶段的恋爱当然不算什么，然而，从高中到大学，她一直在恋爱。后来，参加工作之后，她突然有一天真的觉得自己爱不动了。她只想结婚，不想再恋爱。直到此刻，她才想起初中语文老师说过的话，感情真是是会耗尽的。

为了帮助自己恢复爱的能力，女孩虽然很喜欢单位里一位同事，但是她却压抑着自己，从未表达。她爱他，但是她却没有爱的激情。她不想剥夺对方享受爱情的权利，所以，她选择了沉默。直到几年之后，女孩渐渐觉得重又渴望爱情，她才非常谨慎地选择了恋爱的对象，一起白头偕老。

女孩们，感情并非是取之不尽、用之不竭的。在青春期萌动的感情会给我们的生活带来点点滴滴的快乐，但是，这种感情并不是真的爱情。就像事例中的语文老师说的，我们应该珍惜自己的感情，把这宝贵的感情储藏起来，留到最美好的时间与最爱的人分享。

爱情真的是上帝赐予人类最好的礼物。人生，如果没有爱情的滋养，就将如干涸的沟渠，了无生机。爱情使爱人们孕育生命的结晶、延续人类的传承。可以说，整个人类都离不开伟大的爱情。我们既要在对的时间遇到对的人，也要在对的时间享受爱情。

看到成双结对的同学，怎么办

正值青春期的我们，不但自己面临着感情的困扰，也时常会被成双结对的同学困扰。当我们好不容易压抑住内心深处懵懂的感情，却发现身边对了好几对出双入对的同学，我们应该报以怎样的态度呢？是置之不理，还是听之任之，亦或是义正言辞地劝说他们？正如我们前文劝谏各位父母的一样，青春期的爱情不能压制。在自然界中有一个奇怪的现象，不知道大家是否注意到，即越是受到压制，越是容易生长，生命力更顽强。原本，同学们互相有好感并非什么大不了的事情，一旦有外力让他们终止，事情就会愈演愈烈，甚至变本加厉。我们不希望别人压制我们，自然也不应该去干涉别人。对于那些早恋的同学，最好的办法就是一如既往。他们除了彼此之间有好感，并没有什么改变，我们有何理由去干涉他们的生活呢？

小敏和小丽是同班同学，也是最好的闺蜜。最近小丽很反常，小敏都看在眼里。原本，小丽每天都和小敏形影不离，不管是上课下课，还是回宿舍，亦或是吃饭，她们都“出双入对”。现在，小敏感觉到小丽最近和她疏远了，疏远的原因是李凯。

小敏现在很喜欢和李凯在一起，他们常常一起去图书馆，一起等待晚自习的下课铃声响起去操场上跑步，还会偶尔一起吃饭。对于这样的情况，小敏如临大敌。她先是把这个消息告诉了老师：“老师，我有个情况要和你汇报一下。小丽好像在和李凯谈恋爱。”听到小敏的汇报，老师经过慎重思考一晚上之后，当即找来小丽进行正式交谈。对于老师的大惊小怪和坚决反对的态度，小丽很反感。她不以为然地对小敏说：“老师真是大惊小怪，我和李凯不就是好朋友嘛。他居然说我们是早恋，为了让他的话不落空，我必须把早恋变成现实。”小敏知道小丽性格很执拗，看到老师居然激起了小丽的逆反心理，小敏大呼不好。

她劝说小丽："小丽，咱们是最好的朋友。其实，我也不赞同你和李凯走得太近。毕竟，咱们现在只是高中生，还肩负着艰巨的学习任务。你想想，如果因为早恋考不上大学，那岂不是得不偿失嘛！"小丽不可置信地说："小敏，亏得你还是我好朋友呢！我真的是早恋吗？！"

这次之后，小丽和李凯的关系走得更近了。他们原本只是互相有好感，如今却因为老师和小敏的话走得更近了。

古人云，三人成虎。这句话的意思是说，如果一个人告诉你集市上有老虎，你不会相信；如果两个人告诉你集市上有老虎你也不会相信；如果三个人告诉你集市上有老虎，你一定会相信。事例中的小丽，原本和李凯只是彼此之间有好感，是好朋友，如今却因为小敏的告状，被老师认定为早恋，而真的产生了喜欢的情丝。

其实，对于同学之间的男女朋友，我们真的没有必要大惊小怪。很多时候，外界的反作用力反而会推动他们在一起，那就更加事与愿违了。青春期的喜欢有的时候会耽误学习，但是如果正确引导和疏导，反而是对彼此的一种促进。事例中的小敏，如果能够经常和小丽、李凯在一起交往，淡化小丽和李凯之间的关系，带动他们一起努力学习，畅想一起考入大学的美好情景，起到的效果一定比和老师告状更好。

当人生的第一封"情书"不期而至

青春期的少男少女，总是很容易就喜欢一个人。然而，学校和老师对于早恋总是反应过度，将其视为洪水猛兽。所以，聪明的孩子们也就想出了很多应

对的办法。回想自己的青春时期，不由得觉得非常好笑。那个时候，估计大多数孩子家里都有一大堆小纸条。这些小纸条奇形怪状，有的是作业本撕下来的一小块纸，一看就是随手撕下来有感而写的；有的小纸条是一封信，字迹工工整整，非常整洁，一眼就知道是打了无数遍草稿之后誊抄的杰作；有的小纸条真的就是一张条，细长细长的，甚至还叠成了幸运星的形状……不管小纸条怎么千变万化，在青春期它都有一个统一的名字：小纸条。当然，对于篇幅长一些的小纸条，我们可以将其升级一下，成为“情书”。绝大部分可爱的女孩都曾经收到过情书，也曾经无数次在心里幻想与喜爱的男孩在一起的美好场景。然而，这都是后话。对于女孩来说，第一次收到情书的情形，肯定是激动、兴奋、紧张、羞怯，如果是自己不讨厌的男孩写来的情书，女孩甚至还会有那么一点点骄傲……

情书，顾名思义是表达感情的书信。和成人世界的情书不同，青春时期的情书往往透露着稚气。即使是谈情说爱，也那么可爱。对待情书，女孩往往会有不同的反应。如果是讨厌的男孩写来的，女孩会愤愤然将其扔进垃圾桶，如果是较真的女孩，还会将其交给老师，让老师狠狠地批评那个捣蛋鬼；如果是不讨厌的男孩写来的情书，女孩会有点小惊喜吧，毕竟有人喜欢自己是件好事，然而再去高傲地拒绝，展现小公主的自尊；如果恰巧是喜欢的男孩写来的情书，意志力差的女孩会一拍即合，从此两下书信往来，畅聊人生和理想，意志力强的女孩也许时刻不忘本职工作，会借此机会鼓励男孩好好学习，相约奔赴美好的人生……总而言之，这些结局都还算不赖。等到长大之后回想起来，甚至拿出曾经珍藏的情书来看看，一定会忍俊不禁，充满美好的回忆。女孩们，无论是谁写来的情书，其实都是一种美好的感情。因此，当收到情书的时候，不管写情书的人你是否喜欢，都应该淡然对待。毕竟，你是那么优秀和美好，所以才会有人偷偷地喜欢你啊！对于给你写情书的人，你应该借此机会多多鼓励他，让他好好学习，和你一起努力，一起奔赴人生美好的前程。很多时候，心仪女孩的鼓励，能够让男孩鼓起勇气，一鼓作气，甚至学习上会有大幅度的提高呢！

李娜是班里最漂亮的姑娘，有很多男同学都喜欢她。不过，李娜很高傲，

她从来不和男同学说学习之外的闲话。李娜不但漂亮，学习成绩还很好，她总是班级里的第一名，在年级也是前五名。所以，男同学们虽然喜欢李娜，但是都不敢表现出来，只能在心里默默地喜欢。为了和李娜套近乎，他们常常拿着数学题，轮番去向李娜请教。就连考试经常倒数的杜强，成绩都有了一定的进步。

到了期末的时候，杜强的成绩简直是进不了一大截，连老师都很惊讶。其实，李娜知道是怎么回事。杜强天不怕，地不怕，从来不把老师说的话放在眼里。有一次，这个莽撞鬼居然给李娜写了一封情书，还趁大家都不注意的时候塞到了李娜的书包里。当在书包里发现这封情书的时候，李娜揣测了很久，都没有想到居然是杜强写的，直到看到签名。虽然杜强学习不好，但是这封情书却写得洋洋洒洒，通篇连错别字都没有。李娜原本想把这封情书交给老师，但是想到杜强根本不怕老师。思来想去，李娜不由得计上心来。她把情书悄悄地退给了杜强，并且在反面写了一句话："大学见。"看到李娜的回信，杜强简直就像打了鸡血一样。他从每天的游手好闲不学习，变成了争分夺秒地学习。无奈，他的基础实在太差了，需要补习的内容很多。也正好，他有了更多的机会向李娜请教学习。就这样，一学年过去，杜强在高考的时候居然考了个专科，让大家都大吃一惊。

进入大学之后，杜强依然没有忘记和李娜的约定。他知道，自己距离李娜的名牌大学还很遥远。于是，他一边学习，一边努力自学，居然考到了李娜的学校读本科，后来还和李娜双双考上了研究生。

事例中的李娜很聪明，不管她最终是否和杜强走到一起，这个结局都是皆大欢喜的。女孩们，你们之中一定也有人收到过"情书"。对于情书的处理，一定要慎重。每个人都有自尊心，能够给你写情书的人，肯定鼓起了很大的勇气。在这种情况下，鼓励远远比挖苦讽刺的效果更好。

我们可以不喜欢别人，但是不能阻止别人喜欢我们。对于善意的喜欢，我们也应该回报以善意。女孩们，你知道该怎么做了吗？

第 11 章

洁身自好有分寸，绝不能与异性越界交往

前文说过，青春期的女孩对异性产生好感是正常的，然而，对于这种好感，聪明的女孩们一定会正确面对，控制自己。其实，对于每个年龄段的女性来说，在和异性交往的时候，都要把握好尺度。和异性的交往一定要有礼有节，不能越界。否则，不但会伤害自己，也会伤害自己最爱的人。

和异性交往，需要尺度

关于两性之间的交往和相处，一直是个备受争议的话题。甚至曾经有人说，男性和女性之间不存在纯粹的友谊。他们或者是发展成为恋人，或者是在玩暧昧。当然，这样的说法未免有些偏激，然而，不可否认的是，异性之间的交往的确最难把握的是尺度。也有人用磁铁比喻异性之间的关系：同极相斥，异极相吸。在日常生活中，我们也常常听到很多调侃两性的话，诸如男女搭配，干活不累等。的确，女性朋友在相处的时候，因此彼此都是女性，心理特点相近，往往都有着小肚鸡肠，因而容易发生摩擦和矛盾。当女性和男性相处的时候，则不会存在这个问题。首先，男性和女性的心理特点是不一样的。男性比较粗线条，心眼比较大，当遇到女性的小心眼，男性出于绅士风度，也会让着女性。这就是为什么异性相处往往比女性同性相处更和谐的原因。其次，女性是非常感性的，男性往往比较理智。感性的女性和理智的男性相处的时候更互补，不会因为彼此冲动而发生争执。当然，这只是从一个方面说明异性之间的交往。很多时候，女性的骨灰级闺蜜都是女性，因为女性更容易理解女性的想法和感情方面的需求。

现代社会，很多女孩都很刚强，打扮也比较中性，看起来就像是个假小子。不管是在学校里还是在单位里，很多女孩都和男性打成一片。用她们的说法，男性更好相处。不过，在这种异性交往越来越普遍的时候，也有个问题不容忽视，即很多女孩把男性当哥们，但是很多男孩却把女孩当成自己喜欢的人。当男孩越陷越深，女孩却浑然不觉，最终彼此都受到伤害。要想避免这种情况的发生，就要把握好与异性交往的尺度，不要让对方产生误会。虽然古人说男女有别的话是出于封建思想，但是，即使在现代社会，男女有别也依然是无法否认的。我们不反对女孩与异性交朋友，但是交往一定要把握好尺度，知道什么是能做的，什么是不能做的。

周涛是个假小子，从小就喜欢跟着一群男孩后面玩。男孩们爬树，她也爬树；男孩们下河，她也下河。她几乎从未像女孩子们一样文文静静地待上片刻，每天不是和男孩子嬉笑打闹，就是和男孩子成群结队地调皮捣蛋。渐渐地，男孩子们也都把她当成了男孩子。然而，女大十八变，即使周涛从小就被当男孩子养活，如今，正值花季的她还是出落得亭亭玉立了。即使穿着中性的衣服，也掩盖不住她日渐成熟的女性的身体。她的身材发育得凹凸有致，是个真正的大姑娘了。不过，整日和男孩们在一起玩的周涛似乎并没有注意到自己的变化，她依然无所顾忌地和男孩们同进同出，打成一片。

时间长了，女孩们开始说一些关于周涛的风言风语。原来，周涛班的班长是全校的“校草”，非常帅气，也很有才华。很多女生都在偷偷暗恋“校草”，恰恰周涛和“校草”走得最近，常常称兄道弟。对此，那些也喜欢“校草”的女孩们恨得牙都痒痒，她们默默地想：“凭什么我喜欢‘校草’只能悄悄的，周涛却明目张胆呢！她只怕也喜欢他，只是用大大咧咧的性格作为掩饰吧！”一天，周涛正在走路，其他班级的两个女生公然在她身边说：“哎，你知道那个天天缠着校草的疯丫头嘛！她呀，就是别有用心！”“是啊，她还天天和校草称兄道弟呢，谁也不是傻子。她肯定就是喜欢人家，才这样做的！”“你知道吗，那天我看见他们俩一起吃饭，她还把自己碗里吃不完的饭倒进人家的碗里，真是恶心死了。”……两个女生一边装作漫不经心地聊天，一边看着周涛。周涛气得脸都红了。

后来，周涛冷静下来想了想，觉得自己做的事情如果从异性交往的角度来说，的确有些过分了。天知道，她的确是把校草当兄弟了。不过，既然传出了风言风语，周涛马上就改正了自己的行为。渐渐地，同学们发现周涛变了，虽然她依然喜欢和男生做朋友，但是却非常留神，再也没有做出让人说三道四的举动。

男女有别，不管社会如何发展，这一点始终无法改变。虽然我们无需像封建社会那样，不能与男性有任何接触。但是，我们依然要注意和异性交往的尺度。只有把握好尺度，友谊才能更纯粹、更长久。

异性的友情之花，需要用心栽培

自古以来，歌颂友谊的诗歌词句数不胜数，包括那些名人雅士、伟人名士的生活，都少不了友谊的陪伴。由此可见，朋友对于我们的人生是多么重要。人生原本就很艰难，如果没有朋友的陪伴，则会更加寂寞和无聊。因为朋友的陪伴，在遇到困难的时候、在有高兴事儿的时候，朋友们都可以与我们分享快乐、分担痛苦。从性别的角度来说，朋友可以分为同性朋友和异性朋友。同性朋友之间往往毫无芥蒂，很多女孩子们一路交往下来，成了骨灰级闺蜜。和同性朋友相比，异性朋友之间的友谊则没有那么轻松。由于社会上传统的观念，异性朋友在交往的时候还有很多的顾忌。正所谓男女有别，如果是恋人关系当然无论走得多么亲密都无可指责，但是如果仅仅是朋友关系，那么不论亲疏都会引起相应的连锁反应。试想，如果异性朋友之间走得过近，那么别人一定会说三道四；反之，如果异性朋友为了保持距离，见面就躲得远远的，就像仇人一样，那么看起来也就不是真朋友了。所以，就此必须进入前文的话题，异性朋友的友谊要想地久天长，必须把握好尺度。

朋友的感情是需要相处的。尽管古人说君子之交淡如水，但是中国也是一个礼尚往来的社会，从礼节性的角度来说，朋友之间友谊的深厚就是依靠这

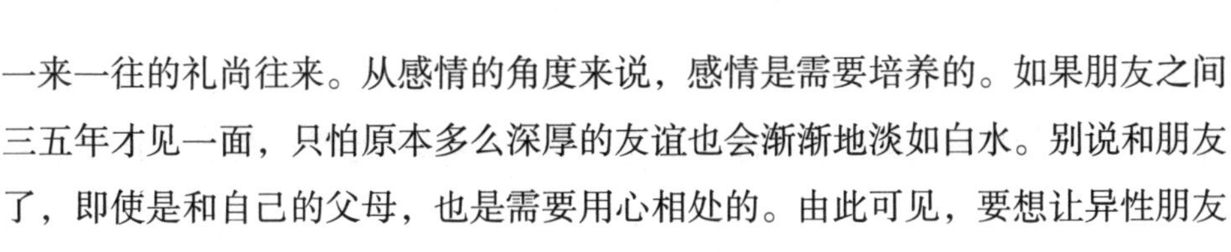

一来一往的礼尚往来。从感情的角度来说，感情是需要培养的。如果朋友之间三五年才见一面，只怕原本多么深厚的友谊也会渐渐地淡如白水。别说和朋友了，即使是和自己的父母，也是需要用心相处的。由此可见，要想让异性朋友之间的友谊之花常开，必须用心浇灌、用心栽培。

大二那年，君如认识了国庆。他们的认识很偶然，充满了浪漫色彩。那天，国庆在阅览室看书，君如恰巧头一天刚刚把那本书看到一半，因此瞪着眼睛在阅览室找了半天。当看到书在国庆手中的时候，君如几乎是不假思索地说："等一下！"国庆不明所以地回头看着君如，君如满怀歉意地说："这本书我昨天看了一半，能不能麻烦你先给我看完再还给你呢？"如此唐突的请求，还是对一个陌生人。然而，国庆毫不介意地笑了笑，很顺从地把书递给了君如。

如此浪漫的开始，按照言情剧的发展，下面两个人一定是一见钟情，频繁约会。然而，他们此后再也没有联系过，直到再次在图书馆相遇，而且不约而同地都把手伸向了同一本书。看到彼此之间对于书的选择如此一致，两个人都觉得如果不交个朋友，简直对不起图书馆和阅览室啦。就这样，他们互相留了联系方式。很快，国庆就约君如一起去阅览室看书，或者去图书馆借书的时候，他们也会相约在一个时间段。一来二去，两个人越来越熟悉。然而，随着他们见面的次数越来越频繁，关于他们的流言蜚语也开始蔓延。

为了让这些流言蜚语不攻自破，君如开始疏远国庆。原本，她以为彼此只要是朋友，无须天天见面也没问题。然而，渐渐地，她觉得国庆和自己越来越疏远。看来，距离不仅仅产生美，也产生生疏感。君如可不想失去国庆这个好朋友。她思来想去，觉得只要在正常朋友的范围内，她还是很愿意和君如一起读书、一起探讨人生的。因此，君如破天荒地主动约国庆一起吃饭，对于自己的无故疏远表示歉意。后来的两年大学生涯，君如和国庆成了真正的铁哥们。他们无话不谈，彼此信任，甚至比最亲的闺蜜还要亲。对于未来的感情生活，他们不约而同地选择了顺其自然。

不管是同性还是异性之间的友谊，要想让友谊之树万古长青，友谊之花永

远盛开，就必须很用心地经营。人生的很多感情都是需要经营的。即使是再深厚的感情，如果只会破坏，不懂得维系，那么就会变成感情的荒漠，了无生机。

网络——你所不知道的伤害

随着社会的发展，网络的作用和力量越来越强大。网络时代的到来，使得信息大爆炸，几乎在几秒钟的时间里，我们就能够从网上知道地球上的每一个现代文明覆盖的角落发生的事情。也因为网络的无所不在，导致虚拟世界的人肉搜索技术严重渗透到我们的生活，使每个现代人的生活都受到了很大的影响。网络的发展还使得人们足不出户就可以眼观天下，消费也不再被距离所局限，鼠标一动，只有你想不到的，没有你买不到的。如此爆发的网络时代，到底是好还是坏呢？是给我们的便利更多，还是把我们原本就很狭窄的生活空间挤压得更小？

近年来，方便面爱情、快餐爱情等新名词层出不穷。网络时代的到来，使得网恋成为诸多网民最炙手可热的词语。所谓网恋，顾名思义就是在网上展开的恋爱。对于网恋，很多人都觉得新鲜、好奇，充满窥视的欲望。的确，有为数不少的网恋最终发展成功，走入了婚姻的殿堂。然而，也有更多的网恋带来的是无尽的伤害和懊悔。很多女孩子在网上认识一个人，凭借着短时间的交流，就那么信任对方，甚至与对方在现实生活里相会。殊不知，网络是真实的，也是虚伪的。很多女孩都说网络是最真实的，因为没有利益的纠葛，她们不知道的是，正因为有网络这块遮羞布，也使得很多虚伪的、罪恶的思想被严严实实地遮盖住。一旦见面，这些邪恶的灵魂就会爆发出本来面目，但是已经卷入漩涡的女孩却抽身不及。因此，女孩们对于网恋一定不要轻易地陷入其中，更不

要仓促草率地决定见面。否则，很容易导致终生的遗憾。

静静是一名大三学生，随着课业的减少，她们的学习生活也越来越放松。看到班级里很多同学都去包夜，从未进过网吧的静静决定也时髦一把。然而，去了网吧之后，浏览完网页，静静就开始觉得无聊了。她想不明白，大家为什么在网吧一待就是一整夜，再多的信息也不用看一整夜啊。后来，她身边的同学笑着给她注册了一个 QQ，让她随便找人聊天。静静打字很慢，想着正好可以练练打字，就登陆了小企鹅。她不知道那些网名背后都是些怎样的人，因此，她就凭借对网名的感觉，加了几个好友。其中有个网友言谈很不俗，引起了静静的注意。渐渐地，静静不再搭理那几个网友，专心致志地和这个人聊开了。因为有网络的阻隔，静静很放松。再加上对方说话温文尔雅、善解人意，静静不由得把自己很多隐私的事情都说了出来。

此后，每到周末静静都会去网吧和这个网友聊天。不过，静静相对来说还是比较保守的，对于对方几次提出要和她视频的请求，静静都没有答应。日久天长，静静似乎对这个网友产生了依赖。她每个星期都盼望着周末的到来，他们不但在 QQ 上聊天，彼此还开始写信。看到那刚劲挺拔的钢笔字，静静不由得喜欢上了这个未曾谋面的网友。当对方再次提出见面的请求时，静静答应了。他们约定在商场门口见面，这是静静选择的地点。她还是有些保护意识的，她想先躲在角落里观察观察这个网友。

见面的日子到了，静静早早地赶到约定地点，蛰伏起来。突然，她的手机响了。网友问："你在哪里？"静静回："马上到，你穿什么颜色的衣服？""红色 T 恤，我在商场的南门旁。"静静其实一眼就看到了网友，但是她没有轻举妄动。足足等了半个小时后，网友终于忍不住又问她到哪里了，静静看到网友满脸的大胡子，还有胳膊上的纹身后迟疑了。她说："学校临时有事，咱们改天再见吧。"这时，她看到对方很气愤地骂了一声娘，不到一分钟，暗处有走出来几个流里流气的男青年，和网友一起勾肩搭背地离开了。

暗处的静静惊出了一身冷汗，如果刚才她没改主意，出来和网友见面了。现在的她，后果不堪想象。

网络世界是不可相信的。大家尽可以畅聊人生，表达自己对社会的看法，抒发感情等，就是不能见光。把网络世界里的恋情带到现实生活里，对于没有经验的青春期少女来说，很容易给自己的人生带来无法逆转的伤害。

其实，与其把时间浪费在虚拟的网络上，不如花费更多的时间和身边的人好好地相处。当人生遇到困惑和瓶颈的时候，我们的身边有父母、有师长，都可以很好地为我们答疑解惑。如果需要同龄人的陪伴，我们也可以和同学、朋友、兄弟姐妹畅谈。网络上的感情，就像是无限宇宙中的黑洞，对于我们来说完全是未知的、不可操控的。女孩们，珍爱生命，远离网恋。

成熟的果实才最甘甜

经历了漫长而又寒冷的冬天，我们在春回大地的时候用心地播种。经过春天的孕育和夏天的成长，终于等到金灿灿的秋，尽享人生的喜悦和甘美。这些丰硕的果实是对我们春夏两季的慷慨回馈，也是帮助我们度过寒冬的食粮。如果你按捺不住自己，在夏天果实还很青涩的时候就摘取。那么，等到金秋看着别人收获，你却一无所有；等到寒冬，看着别人享受果实，你却忍饥挨饿。这就是自然成熟的规律。其实，不仅仅万物在一年四季之中如此轮回，人生也是如此。母亲含辛茹苦地把每个女孩抚养长大，十六七岁的女孩就像是朝阳中顶着露珠的花骨朵。我们必须耐心地等待盛夏的到来，等到金秋的收获。如果在朝阳时分就把花骨朵摘下来，那么它这一生将不会再有机会绽放。很多女孩都有过一失足成千古恨的经历，她们懊悔不已，却恨这个世界上没有卖后悔药的。

人生是一趟旅程。确切地说，人生是一趟没有回程的旅程。如果把人生比

喻成一张白纸，我们每个人都是画家，那么人生的画板上是不允许更改的。错了，就错着继续画下去。正因为如此，每一个过来人都曾经劝诫我们，一定要慎之又慎地对待人生。人生，不能着急。如今，很多女孩子都迫不及待地想要长大，可以自由地决定自己的人生，可以穿最好的时装，做最放荡不羁的事情。然而，女孩们啊，不要着急。等到你真正长大，你就会发现最好的光阴原来在昨天。甚至对于爱情，她们也要迫不及待地尝试。近年来，随着西方思想的涌入，社会越来越开放，初中女生怀孕，甚至小学女生怀孕的事情都屡见不鲜。这就是心急的孩子们。十几岁的年纪，原本是最无忧无虑的时光。懵懂无知的他们却把自己的人生搞得一团糟。古人曾说，食色性也。由此可见，性在成年人的生活中的确有着至关重要的地位，甚至是不可或缺的。然而，含苞待放的花蕾必须耐心地等到属于自己的季节，才能获得最美的绽放。那些过早沉浸爱河、偷尝禁果的女孩们，等到最美的时节，你会发现自己的世界早已凋零。不要心急，前文我们曾经说过，早恋、初恋，往往都是不能结果的花朵。既然如此，就把最美好的绽放留给你生命中最爱的那个人，凡事都要应景。很多时候，我们以为自己爱得死去活来，恨不得为对方付出生命，却在时间的流逝中不小心暴露了真相：他只是你生命的过客。

小小是一名初二女生。近来，她总是觉得腹痛，是那种隐隐约约的痛。忍耐了一周之后，她终于告诉了妈妈，向妈妈求助。妈妈不知所以，带着她去看医生。医生仔细询问了小小腹痛的症状，看着小小欲言又止。她对妈妈说："您是家长吗？"妈妈点点头。她继续说："目前不好说，您先去交费，带她做个B超，这样会比较清楚些。她这个年纪的孩子，不应该有这样的症状，所以还是借助于现代化的手段检查确诊吧。"妈妈看到医生说得这么严重，赶紧去交费，带着小小做B超。

B超的过程中，医生问小小："姑娘，你多长时间没来例假了？"小小根本不知道事情的严重性，说道："不知道啊，一两个月了吧。"医生表情漠然地看着妈妈，说："必须马上手术，宫外孕。"妈妈当即就愣住了，张大嘴巴看着小小。小小面无血色，目瞪口呆。妈妈很久才回过神来，哭着问小小："这

是怎么回事，这是怎么回事？！你快说，快说啊！”医生劝妈妈：“这位家长，事情已经发生了。先别说孩子了，赶紧去找门诊医生，让她给你们开住院证明。她腹痛有一段时间了，输卵管已经劈裂，盆腔有积血。必须赶快手术，晚了会危及生命的。”妈妈哭着给小小的爸爸打了电话，很快，小小就被推进了手术室，但是手术室外的爸爸妈妈却失魂落魄，到现在都不敢相信发生了什么。

幸运的是，小小的手术做得还算及时，没有生命危险。切除了一侧的输卵管之后，等到生育年龄，小小怀孕的概率也会降低50%。

事例中的小小，就是因为偷吃了禁果，所以必须承受她生命不能承受之重。这样的打击，甚至连爸爸妈妈都无法接受。对于她未来的人生，必将产生不可预估的影响。

女孩们，不管我们多么痴迷于爱情，都必须保护好自己。禁果不能偷尝，必须等到人生相应的季节这个果实才能成熟、才能给我们的人生带来更加美好的体验。退一步说，如果真的无法避免，也一定要做好相应的措施。不合时宜的妊娠会给我们的身体带来无法逆转的伤害，也会给我们的人生带来不可估量的损害。

你的生命之花需要用心保护

人们最喜欢用花来比喻女人，因为女人和花朵一样娇艳、美丽。女人的确是花朵，需要用心地呵护和照顾。对于生命之花，女人自己爱惜。很多时候，父母无法保护我们一生、即使是喜欢我们的异性，也常常会因为各种各样的原因，甚至会做出伤害我们的事情。女孩们，当你们的身体渐渐发育成熟，首先

应该了解自己的身体构造。女性的身体是非常娇嫩的，如果不了解自己的身体，你就无法更好地保护自己。

很多女孩在青春时期都会陷入爱河，在这个还不懂爱的年纪，她们懵懵懂懂地跌入爱情的漩涡之中，自以为拥有真爱。为了所谓的爱人，她们愿意付出自己的所有。她们不知道的是，大多数青春时期的爱情都会随着年龄的增长烟消云散。所以，女孩们对于青春期的爱情应该学会有所保留。只有爱自己，别人才会更加爱你。

青春的少男少女们一旦坠入爱河，往往会不管不顾。尤其是男孩，因为荷尔蒙的作用，他们总是会对心爱的女孩提出更进一步的要求。青春期的情侣们先是牵手，再到接吻，最终也许会偷尝禁果，做出不该做的事情。男孩们在这个年纪往往缺乏理智，他们还不知道感情为何物，责任为何物，却盲目地给女孩很多的许诺。女孩们呢？如果一味地沉浸爱情之中，缺乏保护自己的意识，就会导致生命之花过早凋零。聪明的女孩不会仓促地奉献自己，人生有太多的不确定性，你以为的地久天长真的只是沧海一粟。对于男孩提出的非分之想，女孩们一定要坚定不移地拒绝。也许有的女孩会说，如果我拒绝了，他一定会说我不够爱他。女孩，你这么想就太傻了。你为何不反过来想想：如果他真的爱你，就不会对你提出这样的请求。一个值得托付的男生，不会为了一时的快乐赌上你的一生。这么想来，你拒绝他的时候完全可以义正言辞，而不必有任何愧疚。爱情是双方都要努力去呵护和维系的，不是任何一方对另外一方的索取和强求。

珠珠最近在谈恋爱，她的恋爱对象是赵刚。赵刚是大二年级最帅气的男生。为此，很多女孩都羡慕珠珠，居然能够成为赵刚的女朋友。然而，珠珠却很苦恼，她甚至想到了分手。原因是赵刚在谈了几个月的恋爱之后总是缠着珠珠，让珠珠答应她的非分请求。

珠珠虽然也很爱赵刚，但是她知道，他们现在只是大二，未来的生活还有很大的不确定性。况且，即使真的能够和赵刚走到婚姻的殿堂，她也想把最美的自己留到新婚之夜。为此，她拒绝了赵刚。赵刚接连几天都不理珠珠，珠珠很苦恼，却不能妥协。等到赵刚终于消了气来找珠珠的时候，珠珠很诚恳地说："赵刚，我很爱你，也想与你共度一生。早晚有一天我会把自己毫无保留地交给你，但绝对不是现在。我们当前的主要任务是好好学习，父母辛辛苦苦供我上大学，我不能出任何差错。而且，我是很传统的女孩。如果你能接受，咱们依然是别人最羡慕的情侣。如果你还是像之前那样要求我，我只能说我做不到。即使你提出分手，我也能够接受。"听了珠珠的话，赵刚被感动了。他很懊悔地说："珠珠，对不起，你说的是对的，是我错了。我不能因为别的同学在校外同居，就也这样要求你。在结婚之前，就让我们做灵魂的伴侣，等到新婚之夜，咱们再真正地融为一体吧！因为你的坚决，我不再怪你，反而，我一生都会为有你这样的伴侣而自豪。"

珠珠的坚持换来了赵刚的尊重。珠珠是一个非常自爱自重的女孩，她很爱惜自己的生命之花，不愿意让她在尚未到来之际就早早凋零。女孩们，你们也要向珠珠学习。对于男友的不情之请一定要坦然拒绝，因为这是你的自由，也是你作为好女孩的权利！

第 12 章

助人即是助自己，做受人欢迎的善良女孩

生活中，每个人都无法独立地存在。我们常常会遇到各种各样的困难，每当这时，就需要向他人求助。得到帮助，我们会更加顺利地度过困难；如果他人拒绝对我们施以援手，也许情况就无法迅速得到好转。同样的道理，当别人需要帮助的时候，我们也应该尽心尽力地帮助他们，因为帮助他们就是帮助自己。女孩们，唯有心存善念，才会受人欢迎。

帮助别人就是帮助自己

很多人都觉得，帮助别人的同时我们一定会有所付出。他们混淆了付出和失去的关系，将这种付出视同为失去，觉得以自己的损失为代价帮助别人是得不偿失的。其实，这种想法大错特错了。在帮助别人的同时我们也许付出了什么，但却并不是失去，更不是损失。这是一种转换，你的能力、你的力量在帮助别人的时候化作另外一种形式存在。从某种意义上说，帮助别人就是帮助我们自己。世界上的芸芸众生，几乎每个人都需要别人的帮助。就像在地铁上让座一样，今天我们把座位让给了别人，等到我们需要的时候，陌生人也会把座位让给我们。让这样一种充满善念的正能量在社会上流转，社会因此而更加积极明朗。爱默生曾经说过，“诚心诚意地帮助别人之后也帮助了自己，这是人生最美丽的一种补偿。”很多时候，我们的确付出了一定的代价帮助别人，然而，我们非但没有失去，反而还得到了很大的满足。女孩们，人与人之间的相处，不要计较和算计太多。人生难得糊涂，不遗余力地帮助别人，你会收获很多美好。

很多人在人生的路上一直在奋斗，但却因为太过算计，失去了很多机会。如果我们能够做到真诚地帮助别人，也许机会就会于不经意间悄然来到我们的身边。机会不但偏爱有准备的人，也偏爱乐于助人的人。常言道，赠人玫瑰，手有余香。只要我们慷慨地对待别人，就业一定会得到慷慨的回馈。

徐若是一家百货公司的理货员，每天都要站十几个小时，工作不但辛苦，

而且很乏味。不过，徐若从未像其他同事一样整天怨声载道。她总是笑着说：“没关系，谁没吃过苦呢！这份工作虽然薪水不高，但是可以每天见到不同的人，锻炼我与人交往的能力。”徐若总是这样积极乐观，从不抱怨。

一个电闪雷鸣的雨天，百货公司生意清淡，整整一个上午，都没有人光顾。徐若和同事们百无聊赖地站着闲聊，突然，走进来一个非常狼狈的老太太。老太太头发花白，看起来得有六十多岁了。看到老太太进来，同事们只是漠然地看了一眼，就自顾自地继续聊天。徐若看着老太太被淋湿的头发，赶紧搬了把椅子过去，让老太太坐下。她还说：“奶奶，您的头发都湿透了，肯定会着凉的。我去给您找个吹风机，您先把头发吹干吧！”听到徐若的话，老太太笑着点了点头。徐若跑到小家电柜台，借来一个吹风机，亲自帮老太太吹头发。等到老太太的头发完全干透之后，徐若还用自己的水杯给她冲了一杯红枣姜茶。老太太喝着茶水和徐若聊了起来。正在他们聊得高兴时，商场老板突然急急忙忙地走了进来。徐若正准备向老板问好，老板却嗔怪地冲着老太太说：“妈，我不是说让你等着我去接嘛，你怎么自己就跑来了！雨这么大，万一淋湿感冒了怎么办？”老太太笑眯眯的，把徐若为她吹头发冲红枣姜茶的事情都告诉了老板。看到徐若招待的老太太居然是老板的妈妈，其他同事不禁瞠目结舌、懊悔不已。

两个月之后，商场需要提拔一个销售主管，徐若毫无悬念地直接当选。这就是机会，这个千载难逢的好机会是徐若凭借自己的爱心、善良和乐于助人的精神争取到的。

事例中的徐若，原本名不见经传。只因为在雨天热情地接待了避雨的老太太，命运从此发生转折。女孩们，这就是所谓的帮助别人就是帮助自己，也间接验证了机会不但青睐有准备的人，也青睐乐于助人的人。如果你们在生活中也和徐若一样积极乐观，从不抱怨，还常常竭尽所能地帮助他人，你也一定会得到善报。

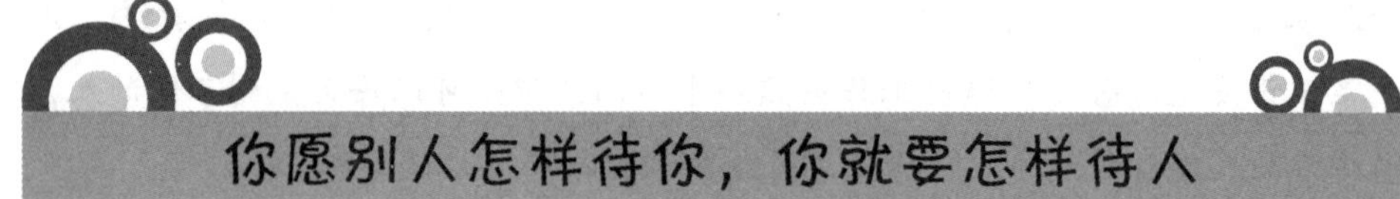

你愿别人怎样待你，你就要怎样待人

一个孩子因为和同学吵架，跑到山谷里，对着山谷喊道："我恨你！"山谷传来回音："我恨你，我恨你，我恨你……"孩子很惊慌，他赶紧回家向妈妈求助："妈妈，山谷里有个人不停地说他恨我，这可怎么办呢？"妈妈笑而不语，把孩子领到山谷里，让孩子对着山谷喊："我爱你！"山谷果然传来回音："我爱你，我爱你，我爱你……"孩子破涕为笑："妈妈，山谷说它爱我！"妈妈语重心长地说："孩子，你对它说什么，它就也会对你说什么。生活也是如此，你笑着对待生活，生活也就回报你以微笑。你哭着对待生活，生活也就回报你以哭泣。你知道该怎么做了吗？"女孩们，看完这个故事你们有何感想呢？生活的确很艰难，所以我们才会常常抱怨。在生活中，也的确有些人不那么友善，让我们对其恨之入骨。然而，无论如何，如果我们想从生活中得到微笑，想从别人那里得到友善，我们就应该好好地调整自己的心态，积极乐观地面对生活，充满友善地对待他人，唯有如此，我们才能得到自己想要的。

不但生活是一面镜子，人心也是一面镜子。人际交往是这个世界上难度最大的课程，很多人终其一生都无法毕业。实际上，要想处理好人际关系，有一个非常简单的法则，即你想让别人怎样待你，你就怎样待别人。所有的力都是相互的，人与人之间也遵循这个法则。试想，当你整日对人横眉冷眼的时候，别人能够回报你以微笑吗？反过来想，如果你始终保持热情地微笑对待他人，常言道，伸手不打笑脸人，别人又怎么会横眉冷眼地对你呢？由此可见，我们首先应该调整自己的心态。在人与人交往的过程中，因为各自的立场不同，很容易产生矛盾和争执。在这种情况下，我们应该站在对方的立场上，多多体谅和理解对方。当产生误解的时候，也不要得理不饶人，而应该推己及人，如此，才能让友谊之花常开。历史上赫赫有名的管鲍之交几乎成为友谊的典范。鲍叔牙不管什么时候，哪怕损害自己的利益，也要维护管仲的利益，这才是真正的朋友。

春秋时期，齐国的管仲和鲍叔牙是好朋友。管仲家境贫寒，还有老母亲需要赡养。得知此事后，家境殷实的鲍叔牙主动拿出大部分本钱，与管仲合作做生意。然而，生意赚了钱，鲍叔牙只拿了很少的一部分，把大部分盈利都给了管仲。对此，鲍叔牙的用人说："这个管仲真是稳赚不赔，本钱没有，赚的钱就数他拿得多。"听到这话，鲍叔牙说："管仲家里困难，多分一些给他是应该的。"后来，管仲和鲍叔牙一起参军。每次冲锋陷阵，管仲总是躲在最后。大家都骂管仲贪生怕死，鲍叔牙却说："管仲家有老母，必须给老母养老送终。"对于鲍叔牙的理解，管仲说："生我者父母，知我者鲍叔牙。"

齐国渐渐衰败，齐襄公登基后非常昏庸，不理朝政，沉迷酒色。为了躲避内乱，鲍叔牙带着公子小白逃到莒国，管仲带着公子纠逃到鲁国。没过多久，齐襄公被杀。为了让公子纠即位，管仲设计杀害小白，一箭射偏。鲍叔牙和小白抢先回到齐国，小白即位，即齐桓公。为了报答鲍叔牙，齐桓公要封鲍叔牙为宰相。然而，鲍叔牙却向他推荐管仲。在鲍叔牙的劝说下，齐桓公不计前嫌，封管仲为宰相。自此，齐国国泰民安。

对待朋友，鲍叔牙毫无芥蒂。他不但做生意的时候多分钱给管仲，还在齐桓公要封他为宰相的时候，推荐管仲。正是因为鲍叔牙的理解和支持，管仲才会说"生我者父母，知我者鲍叔牙"。朋友之间，就应该这样真诚相待。

女孩们，在和其他人相处的时候应该以己度人，给予他人更多的理解和体谅。要知道，每个人都有自己的苦衷，如果我们能和对方坦诚相对，就一定能够获得真诚的回报。

与人互帮才能得到更好的发展

前文曾经说过，帮助别人就是帮助自己，这句话非常有道理。现代社会，讲究分工协作。人与人之间，仅靠单打独斗就想获得成功是不可能的，唯有团队作战才能增强自己的实力，适应社会的需要。举个最简单的例子，一个同学也许很擅长英语，数学却不太好；另外一个同学也许很擅长数学，语文却不怎么出色；还有个同学文章写得一流，但是物理很差……假如这几个同学都自顾自地学习，当其他同学来向自己请教的时候而有所保留，不愿意帮助他人。那么，他们最终都有各自的擅长和短板。换言之，假如他们能够做到互相帮助，把自己擅长的科目传授给其他同学，彼此之间取长补短，那么他们就都会得到很大的提高，每个人的长处依然是长处，每个人的短板却得到增长，如此一来，各人的综合能力就都得到了提高。如此皆大欢喜的事情，何乐而不为呢？

现代社会，没有任何人能够脱离别人的帮助而存活。不管是生活还是工作，抑或是学习，都必须发挥团队的力量，才能更好地发展。个人的力量是非常渺小的，尤其是在广袤无垠的宇宙面前，人简直连沧海一粟都算不上。如何使自己有限的力量得到最好的发挥呢？我们必须借助于他人的协助。很多时候，我们帮助了别人，在未知的某个方面，或者在未来的某个时候，我们也一定会从他人那里得到慷慨的帮助。很多人在帮助他人的时候会斤斤计较，他们觉得帮助别人就一定会损失自己。且不说别人有朝一日也会帮助咱们，仅仅是你在帮助他人的时候获得的经验、方法和帮助他人获得的精神上的愉悦、满足就已经是莫大的回报。

马丽从小就很喜欢读书，因此，她不但语文学习得心应手，作文也写得很漂亮。对于语文学习，马丽似乎天生就有自己的一套方法，甚至连背诵那些长篇的课文，她都摸索出了诀窍。不过，马丽的数学成绩却不太好，尤其是对于几何，她似乎缺乏空间思维的能力，总是把那些复杂的图案看得更加复杂，无

论如何也理不出头绪来。

思来想去，马丽终于想出了一个好主意，她找到班里数学成绩最好的李琦，主动要教李琦学语文。原来，李琦的数学成绩虽然是班里最好的，但是语文却差得一塌糊涂。就这样，马丽与李琦一拍即合，自发组成了互助小组。每天放学，他们都会留在学校一个小时，李琦给马丽讲解数学习题，马丽教李琦写作文，传授给他背诵课文的技巧。经过三个月的互相帮助，到期末考试的时候，马丽和李琦的成绩都提高了一大截，他们也一跃成为年级的前十名。老师们对于他们的飞速进步表示非常惊讶，他们却在心里暗暗窃喜。这个互助方案成功之后，作为班长的马丽和作为学习委员的李琦，还把这个方法推广到全班，在他们的组织下，又有很多同学组成了互助学习小组。很快，班级的整体成绩都得到了很大的提高，班级里的学习氛围也越来越好。

马丽和李琦不但互相帮助，还帮助了班级里的其他同学。这样的组织形式使得班里的学习氛围越来越好，使同学们的学习进入良性循环，同学们彼此互相激励、互相促进、互为帮助。

女孩们，在学习上遇到类似的问题时，你们也完全可以借鉴马丽的和李琦的方法，为自己寻找一个老师，同时，也为自己寻找一个学生。这样的交换是非常有益的是能够彼此促进的。当然，在生活中，当遇到很多问题的时候，也可以采取这样的方法。总而言之，人与人之间必须互相帮助，才能共同进步。

不要把自己不喜欢的强加给别人

古人云：己所不欲，勿施于人。这句话的意思是说，对于自己不想做的事情或者不想接受的东西，也不要强硬地要求别人去做，更不要强求别人接受。从心理学的角度来说，这是让人们应该有同理心，能够设身处地地为他人着想。这是一种人际交往的方法，也是人与人相处的道理。在现实生活中，虽然很多人都对这八个字耳熟能详，但是真正能够做到并且做好的人却少之又少。很多父母对于自己年轻时代没有实现的理想或者梦想，总是不由分说地强加到孩子身上，对孩子高标准严要求，目的就是让孩子代替自己完满人生、成就人生。殊不知，孩子虽然是父母爱情的结晶和生命的延续，但是孩子也有自己的想法，也有权利自主安排人生。真正开明的父母会尊重孩子的意愿，而不会强求孩子一定要按照自己的想法生活。最爱我们的父母尚且如此糊涂地要求孩子，更何况是其他人呢?

在与朋友、同学，甚至是陌生人交往的时候，我们总是在不知不觉中就对其提出非分要求。我们把自己想要完成的事情，也不由分说地要求他人完成，我们把很多自己喜欢的东西据为己有，而把自己不想要的分派给他人。这就犯了“己所不欲，强加于人”的错误。其实，人和人之间的交往是非常简单的事情，只要把握好几个基本的原则，就不会导致严重的冲突和矛盾。“己所不欲，勿施于人”就是原则之一。别说是我们不喜欢的东西，即便是我们喜欢的东西，如果对方不喜欢，我们也不应该强求。总之，人和人之间的相处应该彼此尊重。每个人对于万事万物的看法都是不一样的，我们可以决定自己的想法和看法，对于不同的声音和意见，应该在尊重的基础上报以宽容的理解和接纳。正是因为有了这么多完全不同的个体，世界才会如此多姿多彩。

很久以前，有只狐狸抓住了一只鸡，美美地饱餐了一顿。狐狸吃饱喝足之后，把剩下的鸡肉细心地收藏起来，准备等到忍饥挨饿的时候再拿出来享用。藏好鸡肉之后，它觉得很困倦，就躺在温暖的洞穴里，准备好好地睡一觉。就在狐狸昏昏欲睡时，一只饥肠辘辘的狼垂头丧气地走过来，它饿得浑身无力，连腿都抬不起来了。

狼装出一副可怜的样子，对狐狸诉苦：“啊，我亲爱的朋友啊，我的好亲家。我今天实在是倒霉透了，我到现在一口食物也没有吃，都饿得前胸贴后背了。

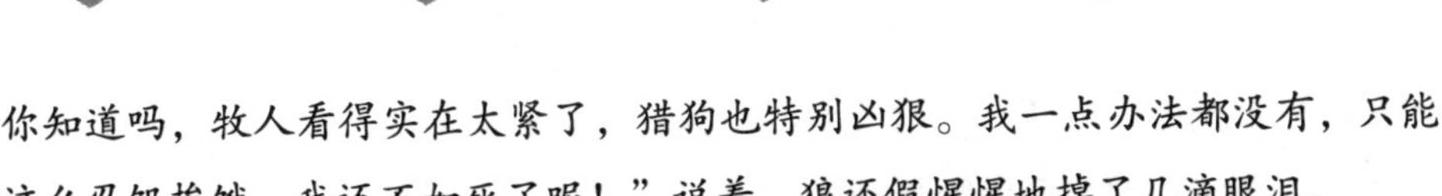

你知道吗，牧人看得实在太紧了，猎狗也特别凶狠。我一点办法都没有，只能这么忍饥挨饿，我还不如死了呢！”说着，狼还假惺惺地掉了几滴眼泪。

狐狸眼珠子滴溜溜地转了几圈，问：“亲家，你说的都是真的吗？”

“当然，我要是撒谎，天打五雷轰！”狼不假思索地回答道。

狐狸同情地说：“啊，我可怜的朋友！不管什么时候，我都愿意不遗余力地帮助你。只要你愿意，我这里有一大堆草。你可以放开肚皮好好吃一顿，即使全吃光了，我也没有意见。”

狼听了狐狸的话，知道了狐狸的花花肠子，叹了口气，转身离开了。

故事中的狐狸非常狡猾，它明明知道狼是食肉动物，却说自己愿意把一大堆草送给狼吃。对于自己刚刚藏好的鸡肉，他却闭口不提。尽管狐狸说得很好听，狼却知道狐狸的心思，因此只得哀叹一声，转身离开了。

对于狐狸这样的朋友，根本不值得珍惜，也没有必要继续交往下去。这样的朋友口是心非，虽然嘴上说得好听，却说一套，做一套。遇到困难的时候，无论如何艰难，都没有必要向这样的朋友求助。反过来想，女孩们我们也应该引起自己的反思。对待朋友千万不要像狡猾的狐狸那样，否则就会失去友谊，变得孤单寂寞。我们只有真心对待朋友、竭力帮助朋友，才能得到真诚的回报。

尊重别人才会赢得别人的尊重

每个人都有自尊心，每个人都想得到别人的尊重。不管是对于陌生人，还是朋友之间，我们要想赢得别人的尊重，首先应该尊重别人。尊重是相互的，绝对不是一厢情愿就能得到的。在人际交往中，尊重是最基本的礼貌，也是人

际关系的润滑剂。对于一个尊重自己的人，人们很难怒声相向。因为不尊重别人的人，其实是对自己的贬低和亵渎。

尊重他人是一种美德，只有具备良好教养的人，才能对待所有人都一视同仁的给予尊重。尊重，不但是礼貌待人的表现，也是自我涵养的体现。一个彬彬有礼的人一定具有一定的文化教养、道德修养，同时，也一定是个品德高尚的人。尊重不但代表一个人的素质高低，也体现了一个民族和一个国家的整体教养水平。近来，很多内地的游客去港澳台旅游，或者出国旅游，总是因为不够尊重他人而频繁地发生争执，甚至是打斗。可以说，这些人丢的不仅仅是自己的脸面，也是祖国的颜面。每一个人出去都代表着祖国，所以遇到事情千万不可任意而为，而应该冷静三思。有的时候吃点小亏没有关系，毕竟，人不是为了斗气而活着。宽容大度的人，得到的是别人的尊重和心情的愉悦。

在日常生活中，很多女孩都容易犯一个错误，即对待陌生人或者是关系不够亲密的同学、朋友的时候，往往表现出良好的修养，给予对方足够的尊重。但是，一旦面对自己最亲近的人就会变得任性刁蛮，肆意妄为，从不给予自己最亲近的人以尊重。这样的做法是不理智的。虽然爱我们的人会包容我们，但是感情却会因此留下裂痕，难以修复。聪明的女孩会非常尊重自己最亲近的人，因为他们会给予她足够的理解和包容，而且也会非常地欣赏和尊重她。尊重不仅仅体现在言谈之间，也表现在行动上。很多女孩觉得自己非常尊重别人，遇到长辈就问好，说话很有礼貌。但是，假如你在长辈说话的时候心不在焉，这也是一种不尊重。或者是在课堂上，老师在讲台上卖力地讲授知识，学生们坐在下面却窃窃私语，这就是对老师极大的不尊重。妈妈辛辛苦苦做好的饭菜，你不是嫌弃咸了就是嫌弃淡了，甚至赌气不吃，这也是不尊重。在生活中，我们应该注重很多细节，做到真正地尊重他人。唯有如此，他人才会尊重我们。

有一次，高高在上的英国维多利亚女王与丈夫发生了争执，气愤地摔门而去。当她想回到卧室时，不得不敲门。听到敲门声，丈夫问：“你是谁？”女王傲慢地回答：“维多利亚女王。”不想，丈夫既没有回应女王，更没有过来开门。无奈之下，女王只好再次敲门，丈夫又问：“你是谁？”女王再次回答：

“维多利亚。”这次和上次一样，丈夫再无回应，也没有过来开门。女王不得不再次敲门，丈夫又问：“你是谁？”女王沉思片刻，温柔地回答：“我是你的爱人。”听到这个回答，丈夫才感到满意，走过来把门打开了。

强生公司有个推销员，经常去一家药店推销产品。每次去这家药店，他都会和药店的销售员聊几句，然后才去找药店的负责人。有一次，他又去拜访这家药店，负责人却告诉他以后不会再卖强生公司的产品。推销员失去了一个老主顾，怅然若失地离开了药店。

他在街道上漫无目的地走了很久，突然决定回到药店，因为他要问清楚负责人为什么不再与强生公司合作。走进药店，他和往常一样微笑着和销售员打招呼，然后才去找负责人。出人意料的是，负责人见到他之后非常热情，和刚才拒绝他的冷淡判若两人。最重要的是，这个负责人当即就定了比往常多两倍的产品，面对这突如其来的好事，推销员问：“经理，我走的这一会儿，到底发生什么事情了？”负责人笑着说：“你走之后，销售员走过来告诉我，在每天都会光顾的诸多推销员中，唯独只有你，每次进店都会非常友善地和他打招呼。他说，如果有人真正值得合作，那就应该是你。”就这样，这家店成为推销员最忠诚的客户，负责人、销售员和推销员成了很好的朋友。

在第一个事例中，即使是高高在上的维多利亚女王也必须尊重她的丈夫，才能得到丈夫的尊重和爱。在第二个事例中，推销员的大订单并非是天上掉馅饼的好事，而是他一直以来对销售员的尊重。很多时候，我们从细节能够了解一个人的品质，正因为如此，负责人才会在销售员的建议下恢复与推销员的合作，并且还订购了比以往更多的产品。

女孩们，这就是尊重别人的回报。人与人之间的尊重是相互的，我们尊重别人，别人才会尊重我们。当你尊重别人的时候，也能够表现出你良好的素养和高贵的品质，好运自然会青睐你。

懂得分享，才会得到快乐

分享，是一种美德。遗憾的是，很多人都不善于分享。有人说过，分享快乐，快乐变成双倍的。分享痛苦，痛苦一分为二。很多人都喜欢分享痛苦，每当遭受挫折的时候，他们的第一反应就是找人诉苦，减轻自己的痛苦。然而，当快乐到来的时候，他们更多的是独享快乐。尤其是从七八十年代推行独生子女政策以来，很多家庭都只有一个孩子，到了九十年代末，居然出现了421家庭，这也就导致孩子们拥有四个老人一对父母所有的爱。由此，很多独生子女养成了独享的习惯。不管是有好吃的好喝的，还是家庭生活中的资源，他们都不由分说地据为己有。甚至，他们变得非常自私，无视长辈对他的疼爱和付出。这都是不会分享带来的负面作用。由此可见，学会分享是多么重要。

分享，不但能够让我们的胸怀变得宽广，也使我们拥有更多的好朋友。在幼儿园里，如果一个小朋友动不动就抢其他小朋友的玩具，却不愿意把自己的玩具和其他小朋友一起玩，那么，他一定不受欢迎。相反，假如小朋友互相团结友爱，有了好玩的玩具能够坐在一起玩，那么他们得到的快乐一定会成倍增长。即使把这个道理放到成人世界也同样适用。分享，不管是在小朋友之间还是在成人之间都一样是快乐的。

珠珠一直想要拥有一套芭比娃娃，不过，妈妈舍不得给她买。终于，在八岁生日那天，小姨从美国给她带来一套芭比娃娃，珠珠高兴极了。她抱着芭比娃娃爱不释手，甚至连蛋糕都忘了吃。她实在是太喜欢这套芭比娃娃了。

有一次，珠珠的好朋友娜娜来做客。珠珠赶紧把自己的芭比娃娃展示给娜娜看，引得娜娜羡慕不已。但是，珠珠给娜娜规定：只需看，不许碰。娜娜眼馋地看着芭比娃娃，却连摸也不能摸，不由得伤心起来。看到娜娜郁郁寡欢的样子，妈妈问珠珠："珠珠，玩具不是应该分享的吗？"珠珠反驳道："其他玩具可以，唯独芭比娃娃不行。”妈妈疑惑地问：“为什么呢？”珠珠说：“因为这是小姨给我从美国带回来的，这个非常珍贵。”妈妈语重心长地说：“珠珠，玩具的价值就是给小朋友带来快乐。现在，娜娜都因为她们伤心了，你觉得芭比娃娃会高兴吗？我觉得如果你能和娜娜一起给她们换上漂亮的新裙子，她们一定会更高兴。”听了妈妈的话，珠珠想了一会儿，又看了看娜娜伤心的样子，终于和娜娜一起给芭比娃娃们换衣服。整个下午，她们玩得非常开心。珠珠高兴地对妈妈说：“妈妈，你说得对。和娜娜一起给芭比娃娃换衣服，比我自己抱着她们开心多了。”

如果不会分享，就会失去很多乐趣。分享不但使我们收获了友谊，也收获了快乐。女孩们，你们是不是也有自己心爱的东西舍不得拿出来和朋友们一起分享呢？赶快把它们展示出来吧，你会发现，和朋友一起分享它们，你的快乐会成倍增长。

不会分享的人注定是孤独的，一个人独享的快乐不是真正的快乐。分享使我们的生命更加充实，使我们拥有更多的朋友。

第 13 章

相处是一门学问，社交与你想象的不一样

人和人之间的相处是一门很高深的学问，绝非我们想象的那么简单。很多人之所以觉得人际关系很简单，往往是因为他们涉世未深。实际上，人是最复杂的对象，对人开展的工作也是难度最大的。社会交往牵涉到方方面面的事情，一旦处理不好就会引发多米诺连锁反应。我们必须用心对待身边的人，经营好人际关系，人生的诸多事情才会更加顺遂。

好闺蜜，伴你一路前行

近年来，闺蜜这个词语非常之流行。顾名思义，闺蜜就是闺中密友。大多数女孩的闺蜜同样也是女孩，极少数女孩的闺蜜是男孩。其实，不管是同性闺蜜还是异性闺蜜，闺蜜的本质都没有改变——无话不说、无所不谈、彼此信任和依赖的好朋友。闺蜜还分为很多等级，最高级的闺蜜叫骨灰级闺蜜，应该指的是那些即便生命终止也依然铁杆的好闺蜜吧。在古代，所谓的闺蜜也有一个代名词，叫知己。古人云，酒逢知己千杯少，正是指的遇到相知相惜的人，即使喝再多的酒，也依然觉得不够，可见彼此之间是多么性情相投、惺惺相惜。知己，可遇不可求。同样的道理，闺蜜也是可遇不可求的。现代社会，人们的生活节奏普遍加快，生活压力也越来越多，很多时候，人们忙于自己的生活，很少有时间经营和朋友之间的感情。闺蜜则不然，幸运的人如果遇到了命中注定的闺蜜，一定会随叫随到，万死不辞。这就是闺蜜的魅力。

女孩们如果有一个闺蜜，那就是人生的一大幸事。当心情不好的时候、当生活遇到挫折的时候、当遇到高兴的事情时……总而言之，不管是哭还是笑，闺蜜都会伴你一路同行。人生原本就很艰难，每个人都会遇到不开心的事情，如果有闺蜜陪伴在身边，艰难的时刻就会变得不那么难熬。很多事情上，闺蜜都会成为我们的死党。当爱情不被父母许可，闺蜜会成为当仁不让的红娘；当工作上有不顺心的事情，闺蜜会忙前忙后找猎头帮忙；当和男朋友吵得不可开交，闺蜜当然是那个帮你出气的人，当然，闺蜜一边帮你出气，一边还会看你的脸色决定自己是否充当和事佬……有这样一个任何时候都坚定不移地站在你

身边的闺蜜，你还有何畏惧呢？不过，虽然闺蜜如此多功能零伤害，我们在选择闺蜜的时候也还是应该擦亮眼睛。很多时候，这个陪伴在我们身边的人对我们的影响远远超过父母、师长。她说的每一句话都在无声无息之间渗入我们的心灵，无形中主宰着我们的决定、影响着我们的命运。看到这里，你还觉得闺蜜是无公害的吗？闺蜜的确是无公害的，但是却会在无形之中起到相反的作用。古人云，成也萧何，败也萧何，很多情况下，成也闺蜜，拜也闺蜜。聪明的女孩会选择各个方面和自己实力相当的女孩当闺蜜，或者是性格互补，或者是性格相似，但是在对事情的见解上一定要和你不相上下。唯有如此，闺蜜才会对你起到促进作用。

李楠高中毕业之后，没有考上好大学。郁郁寡欢的她，因为自尊心作怪，没有选择复读，而是在同学们都背起行囊去外地读大学的时候，也背起行囊去了南方城市。不过，李楠有个好闺蜜——燕儿。燕儿很聪明，高考的时候超常发挥，居然考入了北京师范大学。读大学的她始终不忘自己的好闺蜜，虽然人在北京，却一直牵挂深圳的李楠。

一个偶然的机会，燕儿得知他们的辅导老师高考的时候就曾落榜，便赶紧寻根究底，问老师是如何成为大学校园里的辅导老师的。辅导老师笑着说：“其实很简单啊，提升学历的途径远远不止上大学一种。只要真的想提升自己，可以半工半读啊，这样还有个好处呢，不用父母负担自己的学费。取得本科文凭后，还可以考研究生。这些考试，都可以工作的状态下进行。如今，教育的途径和渠道有很多，无须局限于大学。”听了老师的话，燕儿当晚就给李楠去了电话。她把老师和她说的话一字不漏地转达给李楠，聪明的李楠当即决定报名参加自学考试，等拿到大学文凭之后，再提升学历，考取研究生，圆自己的大学梦。

就这样，李楠在学习中遇到难题时就会通过网络向燕儿请教，燕儿能解决的就知无不言，言无不尽。如果遇到她也不能解决的难题，就会在最短的时间内请教老师。当得知本校的导师要招收五名研究生时，燕儿更是在自己报名的同时让李楠也报了名。如此一来，李楠相当于在考本校老师的研究生，虽然她还没有见过老师，但是她已经从李楠的口中非常了解老师了。果不其然，经过

一段时间的刻苦复习，燕儿和李楠都双双考上了研究生。

李楠一生的命运，因为有燕儿这个好闺蜜而得到了改变。如果不是燕儿给她出主意，李楠也许要走很多弯路，甚至耽误宝贵的学习时间。女孩们，你们的闺蜜也像燕儿这么铁杆吗？好闺蜜不但要一起哭、一起笑，更要把对方的事情当成自己的事情。因为有好闺蜜的陪伴，我们的人生不再寂寞和孤单，不但遇到怎样的情况，身边始终都有闺蜜的陪伴！

同理心待人，你才会有更多朋友

所谓同理心，浅显地说就是设身处地地站在他人的立场上思考，体验他人的感情，从而理解他人。在人际交往中，同理心的运用能够使人与人之间拥有更多的理解和体谅，减少误解，增加和谐。一个有同理心的人不会得理不饶人，也不会一味地排斥他人的解释，而是能够冷静理智地与他人产生共情，最终理解他人、宽宥自己。

同理心属于情商的范畴，和古人所说的“己所不欲，勿施于人”是相同的道理。拥有同理心的人通常不会强迫他人做不想做的事情，接受本身不喜欢的东西。拥有同理心的人非常宽容，理解能力和接受能力都很强，很少钻牛角尖，而是会坦然面对生活的诸多变故以及他人做出的错误的行为。女孩们，我们也应该培养自己的同理心。很多女孩都觉得别人的做法难以理解，其实这是自身缺乏同理心的表现。大多数情况下，不会所有人都是错的，唯独你是正确的。当你觉得只有你是对的，而其他人都在和你作对的时候，你就该反思自己了。要想拥有同理心，首先应该让自己变得宽容。这个世界上没有那么多对与错。

很多事情之所以不同的人有不同的看法和做法，只是因为每个人的立场不同、观点不同，利益也不同。一旦意识到这一点，站在对方的立场上考虑问题，你就会发现自己变得很容易接受不同的声音和做法。其次，还要学会设身处地。当我们尝试着设身处地了解他人时，我们依然会变得更加冷静、更加宽容，这就是设身处地的魔力。你可以想象自己也有同样的经历，如此一来，你就能够更加理解和体谅他人。最后，要想培养同理心，最重要的是产生共情。所谓共情，就是产生和当事人一样的感情。人是感情动物，当感情一致的时候，你会更加理解对方。当你真正拥有同理心的时候，你会发现你身边的朋友越来越多，大家也都不约而同地更加喜欢你。

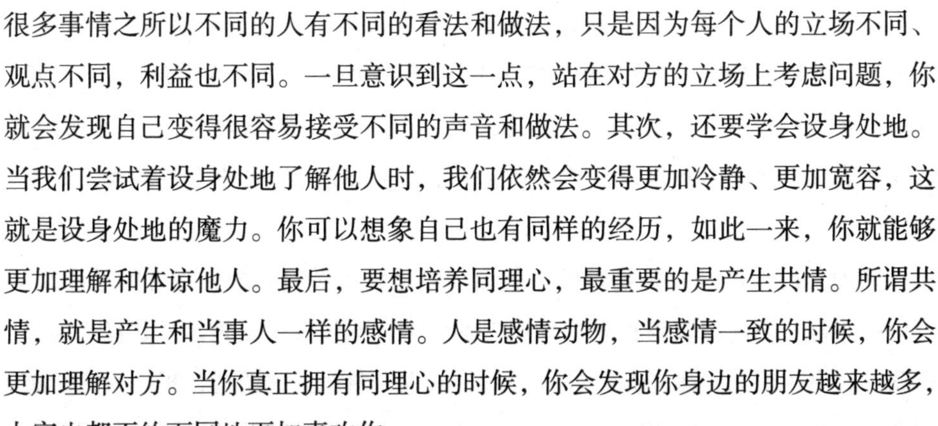

刘刚是一名今年刚刚大学毕业的实习医生。自从穿上了白大褂，他发现现实和学校所学到的理论真的相差太远了。为此，他产生了巨大的心理落差，甚至想要脱掉这身白大褂。最让刘刚困惑的是，很多患者都不相信他。即使他本着治病救人的理想，设身处地地为患者制定最合理的治疗方案，患者还是会提出种种质疑。这让刘刚倍受打击。

有一天，刘刚又被患者质疑，而且患者还因为刘刚的不耐烦和他产生了冲突。对于主任严厉的批评，刘刚真想一走了之，再也不回到医院。主任似乎看透了他的心思，问他："你知道张静为什么那么受患者欢迎吗？实际上，她医术并不高明。"刘刚疑惑不解地摇了摇头。主任继续说："每年，张静都被评选为我们科室最受欢迎的医生。她的医术虽然算不上高明，但是她和患者沟通得非常好，她的每一位患者都特别配合治疗，所以，她的治疗效果非常显著。你可以仔细观察她几天，就会了解她的秘密。当然，有很多医生都曾经偷偷地模仿她，成功的却没有几个。"

几天之后，刘刚找到主任，说："我发现，张医生对患者特别温柔、有耐心。"主任笑了笑，说："你看到的只是表象。你可以让张医生亲自告诉你秘诀，她一定会毫无保留的。"刘刚离开主任办公室后就去找张静。张静听到刘刚的提问，很平淡地说："我的秘诀就是把自己当成所面对的病人，想象他的担忧和焦虑，帮助他解决他的苦恼和困惑，然后再实施具体的治疗方案。"刘刚恍然大悟。

原来，他虽然面对病人很真诚、很负责，却从未用心地去度量病人的心理。很多时候，对于病人来说，最迫切的不是如何治病，而是先要消除心结。从此之后，刘刚更加用心地观察张静如何和患者交流，渐渐地，居然悟出了一些东西。他惊喜地发现，患者不再像以前那么抵触他了，甚至有几个患者和他还成了朋友。

同理心待人虽然只是简单的一句话，但是真正做起来却有很大的难度。事例中的张静，之所以能够得到广大患者的认可，不仅仅是因为她的善良、温柔、有耐心，更重要的是她总是用同理心对待病人，急病人之所急，想病人之所想。如今，医患纠纷愈演愈烈，也正是因为很多医生对待患者的提问及其不耐烦，在制定治疗方案的时候，医生和患者之间并没有取得很好的沟通。

女孩们，同理心并非只对医患之间的关系才有神奇的作用哦！在日常生活中，不管是对亲人、朋友，还是同学、伙伴，只要你真正站在对方立场上设身处地地考虑问题，体谅对方，你们一定会彼此谅解，成为朋友！

对朋友敞开心扉，坦露真心

在这个世界上生存，我们究竟有多少假面？所谓假面，并非是纯粹的贬义。就像谎言一样，既有邪恶的谎言，也有善意的谎言。这一切，都要看撒谎的初衷。假面也是如此，有些人为了安慰心爱的人、保护心爱的人而戴上假面；有些人，因为不愿意吐露真诚，所以戴上虚伪的假面；有些人心怀险恶，生怕别人揭穿他们的真面目，因此总是以假面示人，还有些人，常常喜欢戴着假面，因为他们已经习惯了虚伪和伪善……然而，也有那么极少数的人，不愿意伪装自己。他们真诚地对待一切，坚持做最真的自己，哪怕这个自己是不那么受欢迎的，

他们也依然无怨无悔。他们把满身的刺全部都张开，就像一只刺猬，时而用柔软的腹部待人，时而用张开的刺待人。其实，这样两种极端的人都是不好的。我们的确要有真性情，然而，未必要在每个人面前都展露真性情。我们的确应该学会控制自己的感情和情绪，表现出完美的自己，但是不一定要在每个人面前都极尽完美。人应该把最真的一面留给自己的朋友和亲人。尤其是在和朋友相处的时候，一定要真诚。

所谓心扉，指的是心的门。顾名思义，敞开心扉就是要敞开心的门。当朋友以真心对待我们的时候，我们也要打开心门，毫无隔阂和芥蒂地面对朋友。不管我们心里的阳光面、阴暗面、人性的弱点等都可以展示给朋友看。真正的朋友，不会因为我们不够完美就离开我们。相反，当看到更加真实的我们时他们会珍惜，并且以更大的真诚回报我们。朋友的真心需要我们敞开心扉去拥抱。试想，当朋友以真心对待我们，我们却说着言不由衷的话，脸上挂着矫饰的笑容，朋友会感觉不到吗？当朋友一如既往地对待我们，你又怎么对得起朋友的真情呢？朋友之间理应肝胆相照。

乔爱和丽敏是好朋友。从大学时代开始，她们就经常在一起吃饭、跑步等，几乎形影不离。大学毕业后，乔爱回到老家，成为一名小学老师。丽敏呢，因为不甘心回到家乡，所以只身去了上海打拼。丽敏每年回家都会和乔爱相聚。她们一起逛街吃饭，仿佛又回到了大学时光。几年之后，她们彼此都有了最爱的人，开始谈婚论嫁。

也许是虚荣心作怪，丽敏每次和乔爱说上海时都眉飞色舞。在她的描述中，乔爱简直把上海想成了人间天堂。行色匆匆的白领、高速飞驰的列车、高楼大厦、车水马龙……在乔爱心里，丽敏是每天出入高档写字楼、喝咖啡、抱着鲜花的现代白领，真正和电视上的白领们一样光鲜亮丽、衣食无忧。因此，当乔爱因为买房还差几万块钱和丽敏求助时，乔爱根本没想到丽敏会拒绝她。丽敏的确也没有拒绝她，只是说自己的钱全部投资在股票和基金里，而且下个月也会开始买婚房，价值大概三百万，不但要花光所有积蓄，还要和银行借一百多万……乔爱当然知道丽敏的拒绝，她黯然说再想想办法，从此再未因为钱的事情向丽

敏张嘴。

一年春节，久未见面的她们再次相见。丽敏很热情地邀请乔爱一起吃饭，乔爱原本不想去，但还是去了，毕竟是这么多年的好朋友呢。酒过三巡，乔爱喝多了。说起当年借钱的事情，乔爱说自己的脸都丢光了，因为她和老公主动请缨，并且保证说丽敏一定会帮忙。丽敏看着乔爱，认真地说："乔爱，你以为大城市的生活灯红酒绿，其实我的压力比你大多了。当时，我根本没有什么积蓄，但是碍于面子，所以说钱都在基金和股票里。我是做销售的，每个月都要请客户吃饭，一桌酒菜就是几千元。虽然工资也有个万儿八千，但是吃几次饭就花光了。不吃又不行，后续就没有生意做。你看我以前滴酒不沾，现在这么能喝酒，都是被逼出来的。"听了丽敏的话，乔爱当即释然。她感慨地说："丽敏，我们是最好的朋友。不管你在大上海过得好还是不好，对我都不应该隐瞒啊。如果当时你就告诉我真实情况，我何至于疏远你这好几年呢，心里确实过不去啊。现在好了，一切都过去了，咱们还是好姐妹。"

丽敏为了面子没有把真相告诉真诚对待她的乔爱。如果不是把丽敏当最好的朋友，乔爱又怎么会打电话求助呢？女孩们，对于最好的朋友，我们不需要面具，也不要找借口和托辞。把自己的真心袒露给朋友吧，只有这样，我们的友谊才会万古长青！

女孩儿别当"小小长舌妇"

长舌妇，顾名思义就是大嘴巴。她们总是喜欢在人群中传递消息，搬弄是非，以讹传讹，给人际交往带来很多不愉快的音符。大多数人以为长舌妇指的

都是那些已婚已育的无聊妇女，她们或者全职照顾家庭，或者做着悠闲的工作，因此有大把的时间用来发呆和闲扯，无形之中就承担起长舌妇的角色。殊不知，长舌妇并非都是妇人，也有很多女孩，因为喜欢传播小道消息，喜欢在人前人后说些不咸不淡的话，所以也成了长舌妇。当然，长舌妇也并非单指女性。如果男性喜欢搬弄是非，造谣生事，也会成为典型的长舌妇。总而言之，喜欢搬弄是非、说张家长李家短的人都是长舌妇。在社交活动中，这些人总是喜欢躲在背后说长道短，导致很多误会的产生，是不折不扣的负能量。

女孩们的生活相对比较简单，没有那么多家长里短的事情。不过，即便是对于在校读书的女孩来说，一旦管不好自己的嘴巴，也是有可能变为长舌妇的。为人做事，应该坦坦荡荡。不管是说别人的好话，还是说别人的坏话，都应该当着别人的面，而不应该在背后偷偷摸摸地搞小动作。在学校生活中，如果同学之间有特别出类拔萃的，你尽可以当面表示敬仰之情。如果有些同学学习很差，人品也不好，你也可以当面指责。这些原本符合实情的话，一旦转入地下，传播的人就难逃长舌妇的嫌疑。青春期的少男少女们，往往会彼此产生好感。当同学之间有异性交往密切的时候，如果对方是你的好朋友，你完全可以光明正大地提醒他们注意把握分寸，而千万不要在私底下嘀嘀咕咕。古人云，三人成虎。很多时候，捕风捉影的事情说的人多了，就会变成真的。所以，我们一定要管好自己，千万不要成为流言蜚语的源头，更不要成为流言蜚语的传播者。

晓敏和丹丹不但是同桌，也是好朋友。最近，晓敏发现丹丹和自己疏远了一些，这一切都是因为那个叫格雷的男孩。格雷是隔壁班级的男生，不但人长得帅气，学习成绩也很好。不知道从什么时候开始，丹丹和格雷走得很近。他们放学的时候会有意一前一后地走着，佯装偶遇地聊天。即使在学校里，也常常会找各种各样的借口见面，或者借书，或者还个本子。课间的时候，因为教室就在隔壁，他们还会常常装作若无其事地一起在阳台上站着，漫不经心地聊天。看到丹丹因为一个不相干的男孩疏远了自己，晓敏很不高兴。

有一次，一个同学看到晓敏放学独自回家，就问:“晓敏，你怎么落单了啊？”晓敏满怀醋意地说：“我的搭档有新欢啦！”听到晓敏的回答，那个同学不由

得哈哈大笑。没几天，班级里就有好几个同学都开始说丹丹的流言。大家都说丹丹在和格雷谈恋爱，还说她为了格雷，“抛弃”了晓敏。世上没有不透风的墙，一段时间之后，这些流言蜚语传到了丹丹耳中。丹丹生气地找到晓敏，问：“晓敏，我和格雷的事情是你最早说的吧？”晓敏不以为然地说：“怎么了，你做了还怕别人说吗？”丹丹气愤地说：“我和格雷只是普通朋友，你为什么要往我身上泼脏水呢？”说完，丹丹羞愧地跑开了。

没过多久，丹丹就转学了。看着身边空空的座位，晓敏后悔不已。

丹丹之所以转学，一则是为了躲避流言蜚语，二则是为了向大家证实她和格雷真的只是普通朋友。如果不是晓敏在不了解真相的情况下就充当了长舌妇，丹丹也不会无奈转学。如今，晓敏虽然懊悔不已，却对事情的现状无能为力。

很多时候，说出去的话就像是泼出去的水，即便发现是错的，也很难收回。女孩们，在生活中，我们一定要谨言慎行，千万不要犯和晓敏一样的错误。俗话说，祸从口出。要想让自己的生活环境整洁清净，就一定要管好自己的嘴巴，不要无风起浪。

容纳对手，让你的人生海阔天空

对于朋友，我们往往能够做到宽容相待。然而，对于对手，大多数人却是横眉竖眼、势不两立。其实，有位名人曾经说过，看一个人的底线，看他的朋友；看一个人的实力，看他的对手。从这句话不难看出，对手对于我们来说还是很重要的，从某种意义上来说，他们代表了我们的实力。的确，没有人会和一个实力远远不如自己的人为敌。因此，你的对手的实力就代表了你的实力。最起

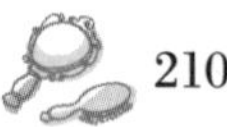

码你们的实力是旗鼓相当的，所以才会成为对手。

在生活中，陪伴我们的不仅仅是我们的朋友，还有我们的对手。跑过马拉松的人都知道，马拉松的全程很长，很难坚持跑完。很多人之所以能够坚持跑完全程，就是因为他们把漫长的赛道以标志物分割成很多段，每个标志物都是一段赛程的目标。就这样，他们跑完一程又一程，最终跑完了全程。在我们的人生赛道上，对手也有同样的作用。在不同的人生阶段，我们会为自己树立不同的对手。我们不停地战胜对手，进入人生的下一个阶段，最终完美地跑完人生的全程。在幼儿园阶段，小红吃饭吃得比我多，做操做得比我好，我把她定位对手。我不断努力，最终战胜了她。进入小学之后，一年级的小豆包开始学习拼音，我又为自己树立了一个对手。进入三年之后，作文是个大难题。我常常翻看班级里最好的作文，将那位文采斐然的同学视为对手。我努力看书，积累词汇，甚至还做了个剪贴本，就为了把作文写得比她的更漂亮……如此下来，每个阶段我都有一个对手。我从未与对手你死我活地奋斗，相反，我很欣赏他们，也很敬佩他们。我心甘情愿地视他们为我的奋斗目标，向着他们的高度努力奋进。我容纳了他们，让他们鞭策我不断进步。这就是对手的力量。

每个人都应该为自己寻找合适的对手，如此一来，我们的进步会更快，动力会更足。女孩们，告别对对手恨之入骨的时代吧。要想更快地提升自己，你就要寻找对手、接纳对手、研究对手，最终才能战胜对手。对手，是你进步的阶梯，是你成长的捷径。

晨晨是个很好强的女孩，每次考试，成绩都名列前茅。不过，晨晨有个很强劲的对手，他叫张丹。每次考试，不是晨晨第一，就是张丹第一。张丹不仅在学习上和晨晨不相上下，还有一个特长，就是唱歌。张丹的妈妈是音乐老师，当张丹被评选为合唱领唱的时候，晨晨这样安慰自己。思来想去，晨晨还是不愿意在张丹的带领下唱歌，因此，她借口生病，没有参加大合唱。

然而，每年都有合唱比赛。每年，张丹都无一例外地成为领唱。晨晨不可能一直躲下去啊。晨晨曾经认真听过张丹唱歌，他的嗓音的确很优美，而且，每个音符都唱得很准。晨晨决定向张丹学习。在大合唱比赛即将拉开序幕的时

候，晨晨主动找到张丹，拜他为师。其实，张丹是很热心的男孩。他不但自己尽心尽力地教晨晨，有的时候，还会把晨晨带回家中，接受他妈妈的专业辅导。聪明的晨晨进步非常快，一个月下来，当再次选拔大合唱领唱的时候，她的唱歌水平已经有了很大的提高。老师听到晨晨优美的独唱，突发奇想，决定今年选出一男一女两个领唱。就这样，昔日的对手如今并排站在领唱的位置。

晨晨真的非常聪明，借病逃避一次之后，她意识到一味地逃避只会让自己失去更多，还不如勇敢面对。正因为这种积极的想法，她才能进步神速，成为领唱。人们常说机会留给有准备的人，此话一点儿都不假。

女孩们，你们是不是也曾经像晨晨一样把对手视为眼中钉肉中刺呢！要知道，这个世界上，每个人都有自己的优点和长处，也都有自己的缺点和弱点。对于自己的优点，我们要发扬光大，对于他人的优点，我们要虚心学习。哪怕我们将其视为对手，也应该心平气和地接纳他。唯有如此，我们才有机会超越他，最大限度地提升自己的能力，为自己赢得广阔的天空。

你就是你，做好自己无须逢迎

生活中，有些人就像是刺猬，总是炸开浑身的刺，从来不给别人好脸色，更不会好好说话。也有些人恰恰相反，就像是拔了毛的刺猬，恨不得成为所有人心目中的好好先生，得到所有人的认可和赞赏。其实，我们既无须当刺猬，也无须当好好先生。我们唯一需要做好的就是自己。在这个世界上，绝对没有两片完全相同的树叶，也绝对没有两个完全相同的人。每个人都是一个独特的个体，无法取代和模仿。我们之所以与众不同，就是因为我们是自己，而不是

其他任何人。

有些人非常胆小怕事，就像是契科夫笔下的套中人，从不敢表现出自己的本性，只是一味地压抑自己、逢迎别人。试想，如果你的一生都在讨好别人，害怕别人的非议和指责，因而始终不敢做最真实的自己，那么你的一生还有什么意义呢？不能按照自己的意志生活，生命就是毫无意义的。人生非常短暂，任何人都没有机会重新来过。想到这里，你还甘愿失去自己地活着吗？我们逢迎得了一时，却逢迎不了一世。我们可以逢迎一两个人，却无法逢迎所有人。一个人，即使再完美也终究会有人看不惯他，不喜欢他。就像那些大明星，有人觉得他们英俊帅气，有人却完全不喜欢他那种类型的，而只喜欢其他类型的。归根结底，我们只能成为自己。

从前，有一对父子俩要去赶集，把家里唯一的驴卖掉。他们赶着驴出门了，路过一个村庄时，人们指着他们说："看看，这两个人可真傻，明明有驴却不骑。"听到这话，父亲骑到驴背上，儿子牵着驴走。走了没多久，他们有来到一个村庄。在树下乘凉的人们看到他们，气愤地说："天底下竟然有这样的父亲，自己骑着驴一点儿都不累，却让孩子跟着走。这肯定是后爹吧，要不怎么这么狠心呢！"听到人们的话，父亲面红耳之地从驴背上跳了下来，让儿子骑在驴背上。

他们走啊走啊，又来到一个村长。很多老人都在大街上站着呢，看到这父子俩，他们愤愤不平地说："现在的孩子可真不孝，父亲都那么大年纪了，却让父亲走路。自己年纪轻轻，身强体壮的，却骑在驴背上。"刚好，这话又被父亲听见了。他思来想去，决定和儿子一起骑到驴背上，这样人们就没什么好说的了。走到村头，看到没人的时候，父亲也骑到驴背上。小毛驴驮着父子二人，累得呼哧呼哧的，直喘粗气。走了没多远，就遇到了一个老爷爷。老爷爷看着这父子二人，气愤地骂道："看看你们两个人，身强体壮的，居然不会走路。这头小毛驴还这么小，你们一点热都不知道爱惜牲畜，居然让它驮着两个人，真是造孽啊，小毛驴早晚被你们累死。"父亲被老人指着鼻子一骂。再看看毛驴，果然累得大汗淋漓。因此，他和儿子都从驴背上下来，又跟着毛驴一起走。走着走着，父亲转念一想：不对啊，我们最早的时候就是跟着毛驴走的，人们说

我们傻。我们要是一直这么走下去，肯定还会被人说。他和儿子商量之后，决定抬着毛驴走，这样，人们总说不出什么来了吧！想到这里，父亲去找了一根小树干，把毛驴的四蹄结实地捆起来，和儿子一前一后抬着毛驴往集市上走去。

很快，他们就来到了集市的小桥上。桥头的人们看到他俩累得直喘粗气，抬着一头小毛驴不由得捧腹大笑。人们一边笑一边喊道："快来看啊，快来看啊，天底下最大的傻瓜们来啦！他们有驴不骑，居然抬着。"听到人们的笑声，父子俩慌了，摇摇晃晃，险些摔倒。小毛驴受到惊吓，也不顾一切地挣扎起来。"噗通"一声，父子俩抬着驴掉进了河里。

故事中的父子俩丝毫没有自己的主见，别人说什么，他们马上就会改变心意和做法，一味地逢迎他人。他们先是牵着驴，后来儿子骑驴，后来父亲骑驴，再后来父子俩一起骑驴，最终父子俩抬着驴掉进了水里。如果他们知道自己应该怎么做，并且坚定不移地按照自己的想法去做，最终也就不会掉进河里了。

女孩们，虽然我们不用抬驴，但是道理却是一样的。每个人看待问题的立场和角度不同，这也就决定了他们对事情的看法和决定的主张不同。与其逢迎他人，我们不如认真想想自己要怎么做，然后坚持自己的做法。只有做自己，才不会人云亦云，不知所措。

吃亏是福，不要处处想着占便宜

生活中，很多人都喜欢占便宜，似乎人的天性就是如此。尤其是当遇到天上掉馅饼的事情时，估计大多数人都会笑得合不拢嘴，根本不会想着这馅饼后面隐藏着什么猫腻。正因为这种心理，所以社会上的骗子才会那么多，并且还

屡屡得逞。细心的人会发现，大多数上当受骗的人，都是想着不劳而获的人。当然，这个社会上也有极少数人，抱着吃亏是福的想法，从来不愿意占便宜，这种人往往对各种各样的骗术有着免疫力，即使再高明的骗术也无法使其上当受骗。

吃亏真的是福气吗？答案是肯定的。首先，我们必须弄明白，占便宜不是福气。天上不会无缘无故地掉馅饼，世界上也没有不劳而获的事情。所以，千万不要占无缘无故的便宜。人和人之间的交往，不会是绝对等价的。中国自古崇尚礼尚往来，虽然相亲相近的人们之间你来我往，但是也做不到绝对的平等。对于心思正直的人来说，拿了自己不该拿的东西，占了自己不该占的便宜，即使背后没有猫腻和骗局，自己也会良心不安。吃亏则不同，吃亏是我们给别人便宜占，我们心里会很踏实，不担心有朝一日别人找上门来，闹得鸡飞狗跳。而且，吃亏的人心安理得，和占便宜的人良心不安相比，心安就是莫大的福气。再者，别人占了你的便宜，一定会在心里记得你的好处。即使现在没有机会报答你，日后一旦有机会，一定会回报给你。如此说来，吃亏落得好人缘，甚至会多个朋友多条路，又何尝不是一种福气呢！

小小高中毕业后，开了一家服装店。有一天，服装店里的生意很清淡，小小百无聊赖地在看韩剧。突然，一个女孩走进来，挑来选去，选中了一件衣服。这件衣服小小要价 200 元，女孩和她讨价还价之后，最终小小同意 150 元成交。女孩拿出钱包掏钱，翻来找去，只有把十元钱。小小眼睛很亮，发现这个姑娘掏钱包的时候掉了一张百元大钞在地上。姑娘说："老板，我就在不远处的凉皮店上班，我现在回去和同事借钱，马上给你送回来。咱们都是邻居，衣服我先拿走，好吧？"小小心想：即使你不回来，地上还有一百呢，我也不亏。因此，她很痛快地回答："没问题，我放心，你走吧！"

等到女孩走后，小小赶紧去捡地上的百元大钞。然而，她傻眼了，因为那张百元大钞是假的。小小这才知道，自己上当受骗了。那件衣服进价就是一百元，她还倒贴了二十块钱呢！

东汉时期，京城洛阳的太学里正在分发皇帝的赏赐。原来，皇帝顾念大学士们平日里很辛苦，所以赏赐给他们每人一只羊。这可把大家给难住了，因为这些羊高矮胖瘦都不一样，无法做到公平地分配。正当大家为如何分配议论纷纷的时候，一名姓甄的大学士说："我看不如每人自己挑选一只，我先来挑。"听到他的话，当即有人表示异议："要是你把最大的挑走怎么办？"姓甄的大学士一言不发，只是笑了笑。只见他走到羊群里，把最瘦小的那只羊牵了出来。看到他如此大度，其他人也都默不作声，每人牵了一只羊。就这样，原本无法平均分配的难题，被姓甄的大学士轻而易举地解决了，每个人都很高兴，和和气气的。从此之后，人们都尊敬地称呼姓甄的大学士为"瘦羊学士"。

在第一个事例中，小小因为贪图小便宜，反而被骗赔了二十元钱。在第二个事例中，姓甄的大学士带头牵了一只又瘦又小的羊，看似吃了亏。实际上，他的高风亮节让人们都心生敬仰，他的美名尽人皆知，他是赚了一个大便宜——为自己树立了好口碑。

女孩们，生活中的很多事情都没有必要斤斤计较。如果我们能够摆正心态，不该占的便宜不占，吃点儿小亏也不计较，那么一定会好运相随的。

第 14 章

珍视每一份情谊，让温暖陪伴着你的一生

人是情感动物，每个人的人生都需要感情的陪伴。从在母亲温暖的子宫里开始，我们就感受到父母的爱抚。等到呱呱坠地，我们更是得到了父母无尽的疼爱。除了亲情，我们还有兄弟姐妹之情、朋友之情、同学之情等。即使是陌生人之间也有情谊。情谊是值得每个人珍惜的。我们的人生之所以温暖，就是情谊的温度。

父爱如山，大爱无言

和母亲琐碎的爱相比，父亲的爱更像是一座大山，沉默无言，却默默地为家庭和孩子们撑起一片蓝天。在大多数人的心里，父亲似乎很少说话。他们每天都在忙于工作，有些父亲因为工作的原因还常常出差，陪伴家人的时间很少。其实，这并非代表父亲不爱我们。恰恰相反，每一个奔波忙碌的父亲，心里都装着对子女沉甸甸的爱和对家庭义无反顾的责任。很多母亲为了照顾孩子，不得不在家当全职主妇。如此一来，赚钱养家的重任就全部落到父亲的肩膀上。无论生活的压力有多么大，父亲始终坚强地站立着，顶天立地。

父爱，是每个人心里坚强的所在。尤其是女孩，父亲的爱往往会给她很强大的安全感。一个有责任有担当的父亲，能让女孩的心中无所畏惧，即使遇到再大的风雨，也毫不害怕。因为，她知道父亲的臂弯就是她永远的港湾。父亲是女孩心中的天，只要父亲在，家就在，天就在。即使父亲沉默不语，也是女孩心中的天。每个女孩都有父亲，每个父亲都不一样。有的父亲是面朝黄土背朝天的农民，一年四季都和深沉的土地打交道，他们憨厚老实、沉默寡言，一遇到发愁的事情就叼起旱烟袋，默默地抽烟；有的父亲是老师，一生教书育人，诲人不倦，因此和孩子也有很多共同的语言；有的父亲是商人，忙于自己的事业，为了给妻子儿女创造更好的生活条件，总是四处奔波……每个父亲都是父亲，每个父亲在身为父亲的同时也有着自己的社会角色。无论我们的父亲做什么工作，职位是高还是低，身份是高贵还是卑贱，在世人面前，他们都有着一个共同的身份，那就是——父亲。对于男人而言，父亲是一生之中最重要的职

业。不管生活如何艰难，他们可以更换社会角色，却无法改变父亲的身份。父亲，是需要每个男人穷尽一生去扮好的角色，它比任何工作难度都大，也更需要我们付出更多的心力、精力和情感。

安徒生是举世闻名的童话作家，他一生之中创作了很多童话，丰富了全世界儿童的精神世界。他出生在富恩岛，他的家乡是一个偏僻的城镇。在那个城镇，安徒生的父母都生活在社会的最底层，他的父亲是个贫穷的鞋匠，为了贴补家用，他的母亲靠给贵族和地主洗衣服赚取低廉的佣金。安徒生从小就是受到贵族和地主阶级的排斥，他们甚至叮嘱孩子不要和身份卑贱的安徒生一起玩耍。看到心爱的儿子受到不公正的待遇，安徒生的父亲特别生气。然而，他没有在小小的安徒生面前表现出来。他压抑心中的怒火，佯装轻松地对安徒生说："儿子，没关系，爸爸可以陪你一起玩。"

为了改善安徒生的生活环境，父亲非常用心地布置了安徒生的房间。在父亲精心地安排下，安徒生原本非常简陋的房间摇身一变成了微型博物馆。父亲找到很多美丽的图画和富有艺术气息的瓷器，将它们挂在房间的墙壁上；还亲手打了一个壁柜，用来给安徒生摆放那些玩具；在书架上，满满的都是各种各样的书籍，还有乐谱；即便是玻璃门窗，父亲也没有遗忘，他和安徒生一起为它们穿上了美丽的画衣。为了让安徒生的生活更加丰富，一有闲暇，父亲就会带他在大街小巷中行走，看看那些社会底层的手艺人为了生活是多么艰辛，看看那些老无所依的乞丐为了讨口吃的受尽了多少冷眼，看看那些做着华丽的马车横冲直撞的贵族和地主阶层，生活是多么地奢靡。父亲虽然识字不多，但是常常在夜晚到来的时候给安徒生讲《一千零一夜》的故事。有的时候，他还会给安徒生读一读莎士比亚的剧本，遇到不认识的字，他就去请教别人。就这样，小小年纪的安徒生就了解了人间的疾苦和社会的不公平，也因为父亲竭力营造的微型博物馆的熏陶，他的精神世界越来越丰富。这一切，都为他日后的童话创作奠定了生活的基础。

每一位父亲都在用自己的方式爱着孩子。有的时候，我们却常常曲解了父亲的本意。女孩们，无论何时我们都要牢牢记住一个事实：父亲一定是这个世界上最爱我们的人。只要记住这一点，你就能够理解很多父亲的作为。

慈母手中线，游子身上衣

自古以来，母爱就得到无数文人墨客的颂扬。其中，尤其是唐代诗人孟郊的《游子吟》最是广为流传。“慈母手中线，游子身上衣。临行密密缝，意恐迟迟归。谁言寸草心，报得三春晖！”这首诗，以临别之前慈母为即将远行的游子缝制衣服为题材，生动地表现出母亲对孩子的牵挂。一针一线都充满了母亲深深的爱。相对于母亲的恩泽，孩子的孝心就像小草一样微不足道，永远也报答不了母亲的恩情。这就是母亲的爱。

和父爱相比，母亲的爱显然更加具体，更加琐碎，也更加唠叨。一提起母亲，很多人都会想起母亲的唠叨。的确，大多数母亲都是唠叨的。因为她们牵挂着子女的一言一行、一举一动，所以，她们不停地提醒孩子要及时增添衣物，要好好吃饭，要认真学习，要注意安全，要……母亲的唠叨几乎涵盖了生活的方方面面，几乎可以写成一本厚厚的书。只有我们想不到的，却没有母亲想不到的。母爱，就是如此“啰嗦”。曾经，我们盼望着长大成人，飞出家门，从此以后再也不用听母亲的唠叨。等到我们真的行千里，才发现我们是如此怀念母亲的唠叨。世界上有一个最疼爱我们的人，那个人就是我们的母亲。没有任何爱可以和母爱相提并论，没有任何人会像母亲对待我们那样无私。母爱是这个世界上最深沉、最真挚、最无私的爱。女孩们，请爱你们的母亲。她们不但给了你身体发肤，也给你了她毕生的爱。

唐山大地震发生之前，一位年轻的母亲在哄小婴儿睡觉。她一边哼着摇篮曲，一边用脚轻轻晃动摇篮，手上还织着毛衣。转眼之间，地动山摇，母亲意识到是地震，赶紧扑过去用身体护住摇篮，随后和摇篮里的婴儿一起被埋进了废墟之中。幸运的是，婴儿没有受伤，母亲却身负重伤。她艰难地把哭泣的婴儿抱进怀里，让他吮吸乳汁，不再惊吓。时间一天天过去，母亲的乳房已经干瘪，婴儿饿得哇哇直哭。在生命渐行渐远的时刻，母亲勉强支撑着自己，从废墟中摸到毛衣针，刺破手指，让孩子吮吸自己的鲜血。母亲的伤势已经很重了，就这样，她依次刺破自己的十指，用鲜血浇灌婴儿的生命。等到救援人员找到她们的时候，母亲已经陷入昏迷，婴儿却酣然熟睡。看到这一幕，救援人员无不泪流满面。

孟子自幼就很顽皮，为了教育孟子，她的妈妈花费了很多心思。最早的时候，孟子和妈妈住的对方靠近墓地。孟子经常和小伙们学着大人送葬，他们也跪拜，也假装哭得撕心裂肺，学得有模有样。看到孟子经常玩这个游戏，妈妈不由得忧心忡忡。她眉头紧锁，暗暗想道：我们不能住在这里了。

很快，妈妈带着孟子搬到了远离墓地的集市旁。没过多久，孟子开始和新认识的小伙伴玩买东西的游戏。他们有的扮演商人，吆喝着卖自己的商品，有的扮演客人，和商人讨价还价，表演得惟妙惟肖。对此，妈妈依然很不满意，觉得集市也不是一个适合居住的地方。这一次，妈妈思来想去，带着孟子搬到了学校旁边。很快，妈妈就发现，孟子变得好学了，他主动央求妈妈把他送进学堂，还变得很有礼貌、很遵守秩序。妈妈不由得欣慰地想道：这才是适合居住的地方啊！

第一个事例中，在生命垂危的时刻，母亲不惜用鲜血维持孩子的生命，母爱的伟大让人肃然起敬。第二个事例叫“孟母三迁”，已经流传了上千年。孟子的母亲为了给孟子良好的生活环境，不惜几次搬家，最终搬到学校附近，才感到满意。正是因为母亲对教育的重视，孟子日后才会成为圣人，流传千古。

大文豪高尔基曾说，世界上的一切光荣和骄傲都来自母亲。的确，没有母

亲就没有我们的生命。任何一个家庭，即使再怎么贫穷，只要母亲正直、善良，孩子们就一定会拥有美好的人生。

长大后，我就成了你

“小时候，我以为你很美丽，领着一群小鸟飞来飞去。小时候，我以为你很神气，说上一句话也惊天动地。长大后，我就成了你……”这首歌，曾经成为很多学生献给老师的歌。每个人都有老师，老师不但传授给我们知识，还教授给我们做人做事的道理，所以，自古以来老师的作用都不可取代。古人云，师者，传道授业解惑也。新中国成立之后，教师的地位不断得到提高。如今，社会上已经养成尊师重教的良好风气。人们还经常说，一日为师，终身为父，也表达了人们对于教师的崇敬之情。

女孩们，尊重老师应该从现在做起。很多人常常把尊师重教挂在嘴上，但是在实际的学习中，却常常不够尊重老师。尊重老师不是一句话，而应该是落实到切实的生活和学习中。在课堂上，老师卖力地讲课，声音都沙哑了，当学生的不爱听，就是不尊重老师；对于老师布置的作业，没有认真完成，也是不尊重老师；课堂上，老师在上面讲，你在下面和同学窃窃私语，也是不尊重老师……真正尊重老师的同学，会设身处地地为老师着想，尊重老师的劳动成果，能够为老师排忧解难。很多女孩长大后都选择了从教，所以，也应该在学生时代就好好地体会老师的辛苦。

宋朝时期，著名学者杨时不但刻苦学习，而且特别尊重老师。有一次，他和一个同学在某个学术问题上产生了分歧，争执不休。为了弄明白谁错谁对，

虽然天上飘着鹅毛大雪，他们还是结伴去找程颐老师。到了程老师家门口，杨时正准备敲门，却想到老师有可能在午休，因此侧耳倾听。果然，屋内传来老师打鼾的声音。因此，杨时小声对同学说："现在是正午，老师正在午休。我看，我们应该等老师睡醒了再问。"就这样，他们一声不吭地站在门口，在心里默默地背书。

很久之后，程老师午睡醒来，看到他们站在雪地里，身上落满了雪花，赶紧把他们叫进屋里。看着他们冻得瑟瑟发抖，老师心疼地说："这么大的雪，你们怎么不进屋啊！"杨时看着程老师，毕恭毕敬地说："您在午休，学生不敢惊动。"程老师看着门外纷飞的雪花，良久不语。

一个下雨的日子，张乐平提着蛋糕，撑着雨伞，去看自己的老师。他就是创作了"三毛漫画"的作者，是一个很有名气的漫画作家。此时的他也已经人到中年，他要去看望的是他的小学启蒙老师陆寅生。他们已经有五十多年没见面了。张乐平之所以走上漫画创作的道路，正是因为年当年陆老师给他出了个题目，引导他用漫画讽刺政治。时至今日，张乐平依然记得自己走上漫画道路的开始，他从未敢忘记老师。

80 岁高龄的陆老师显然已经认不出张乐平了，她上下打量着张乐平，问："您找谁？"张平乐恭恭敬敬地说："老师，我是张乐平啊，我就找你。"陆老师想起了张乐平，兴奋不已，连声地说："这么多年了，难为你还记得我啊！"张乐平紧紧地握着老师的手，说："是您教会我画第一幅漫画，学生怎么敢忘呢！"

杨时冒着大雪站在门外静候老师午睡醒来，对老师的尊重显而易见。在第二个事例中，张乐平时隔五十多年，依然记得自己的启蒙老师。的确，如果没有启蒙老师带他走进漫画的世界，也许他的一生都会不同。

女孩们，从幼儿园到大学，你们也一定会经历很多老师。无论何时，我们都不应该忘记老师的谆谆教诲，更要记住老师的辛勤指导。没有人能够独立自学成才，其实，老师不仅仅限于我们在学校里的老师，很多时候，生活中也

有我们的很多老师。例如，有的同学教会你打羽毛球；有的朋友教会你做一道菜……正所谓生活处处皆学问，生活中也处处都有我们的老师。无论何时，我们都要尊重自己的老师。

感谢这个世界上还有一个你

这个世界上绝对没有完全相同的两片叶子，也绝对没有完全相同的两个人。不过，尽管如此，这个世界上还有可能有那么一两个甚至几个和我们相似的人。他们，就是我们的兄弟姐妹。早在几十年前，几乎每家每户都会有五六个孩子。七八十年代，因为独生子女政策的推广，诞生了独生子女一代。他们没有兄弟姐妹，就连表兄弟姐妹，也都很少。不过，今年有一个重大的好消息，那就是国家放开了二胎政策，这就意味着孩子们又将会有兄弟姐妹，一起分享童年的快乐和父母的疼爱。

独生子女的一代养成了很多坏习惯，他们习惯了一个人独享父母的爱，一个人玩玩具，一个人吃所有的美食。他们渐渐变得自私，不愿意分享，进入幼儿园之后，小朋友之间经常为了抢玩具而打架。如果家里有一个兄弟姐妹，从小就和他一起分享所有的好吃的好玩的，和他分享父母的关注和爱，那么，他的性格一定会发生改变。其实，兄弟姐妹不但会分享我们的一切，还会带给我们无限的温暖和亲情。想想吧，母亲温暖的子宫是你们共同的家，你们的身上流着相同的血，你们有着共同的父亲和母亲，你们共有一个家。多少年之后，父母也许渐渐老去，不能再陪伴我们一起成长，但是，兄弟姐妹却始终伴你身边。不管在生活中遇到怎样的困难和坎坷，手足之情让兄弟姐妹始终坚定不移地支持你，站在你的身边。你们的长相也许非常相似，眉宇之间透露着一样的神气。

即使你们长得完全不同，也割不断你们的血脉亲情。现代社会，生活节奏越来越快，各种压力接踵而至，人与人之间也变得越来越冷漠。然而，无论时代如何变迁，手足之情无法割舍。女孩们，如果你幸运地拥有兄弟姐妹，那么，你们一定要真诚地对他们说：感谢这个世界上还有一个你！

晓军与晓蒙是孪生兄妹。从小，他们在一个摇篮里长大，抢着吃一个碗里的食物，为了一个玩具打得涕泪横流……在哭哭笑笑、打打闹闹中，他们一起长大了。虽然在不同的大学里读书，相隔千里，但是他们几乎每天都要通电话，分享生活中的喜乐。

一个下午，晓蒙突然发起烧来，持续了好几天都高烧不退。经过检查，医生说她患了白血病，需要换骨髓。得知这个消息的父母，如遭受了晴天霹雳，痛不欲生。晓蒙正值青春花季，生命却面临着戛然而止的威胁。父母停下手里的一切工作，双双配型，却都与女儿的骨髓不匹配。着急之余，父母突然想起了晓军。得知晓蒙还有个孪生哥哥，医生非常高兴地说："孪生兄妹的配型成功率是最高的。"然而，手心手背都是肉，父母心痛不已。当晓军知道妹妹需要骨髓配型时，毫不犹豫地来到医院，告诉父母："爸爸妈妈，我愿意。只要能挽救妹妹的生命，让我付出生命我也愿意。"

晓军果然和妹妹配型成功，晓蒙的生命得到了挽救。

感谢这个世界上还有一个你，这句话肯定是晓蒙最想和哥哥说的。在生命的考验面前，他们的兄妹情谊吓退了死神。这就是兄弟姐妹的真情，足以感天动地。

女孩们，感谢父母给予你最珍贵的礼物——你的兄弟姐妹。小的时候，你们互相陪伴，一起长大；长大后，你们彼此扶持，相依相靠。世界上，人与人之间，没有任何一种感情能够和兄妹之情相媲美，这是一母同胞的真感情。血浓于水，这种感情永远不会淡漠。

同桌的你，别来无恙啊

“明天你是否会想起，昨天你写的日记；明天你是否还惦记，曾经最爱哭的你。老师们都已想不起，猜不出问题的你；我也是偶然翻相片，才想起同桌的你……”老狼的一首《同桌的你》，唤醒了无数人心目中对于同桌的记忆。这记忆就像是温暖的潮水，瞬间温暖了我们的心灵。每个人都曾经有过“同桌的你”，每个人的记忆深处都住着同桌的你。时光荏苒，光阴似箭，今天的你是否还能想起同桌的你，今天的你是否还有对青春年少的无限怀念。当我们越长越大，渐渐成熟，我们就越发怀念懵懂的青葱岁月。那是我们生命中最值得留念的美好时光，是所有人心里对青春永远的梦想。

记得上学时，我们总是要和同桌打交道。还记得那道三八线吗？那就是你们在一次次争吵后，用以结束战争的借口。还记得同桌递给你的小磁珠吗？那是你们一次吵架之后和好的信物。还记得你受伤的疤痕吗？那是同桌的女孩在和你嬉笑打闹的时候不小心挠破留下的。还记得你们总是手握两支笔一次性写两行作业吗？那是你和同桌齐心协力想出的好主意。还记得……那么多的美好时光，那么多的嬉笑打闹，你们都还记得吗？同桌的你，还好吗？都说同学情深，同桌之间的情谊更加百味齐全。大多数同桌都是有哭有笑，又吵又闹，但是情谊却更加深厚。同桌的你，还好吗？

李海军和张咪是初中同桌。初中三年，他们一直都是同桌。其实，老师也曾经想把他们俩调开，但是他们总是借口学习上互相帮助，又调回同桌。三年都是同桌，并不意味着他们的相处多么融洽和和谐，相反，他们简直是一对冤家，总是吵架，和好，再吵架，再和好。后来，老师完全不管他们之间的争吵了，因为知道他们总会自己想办法和好的。

初中毕业后，他们考上了不同的高中。刚开始的时候彼此之间还有联系，

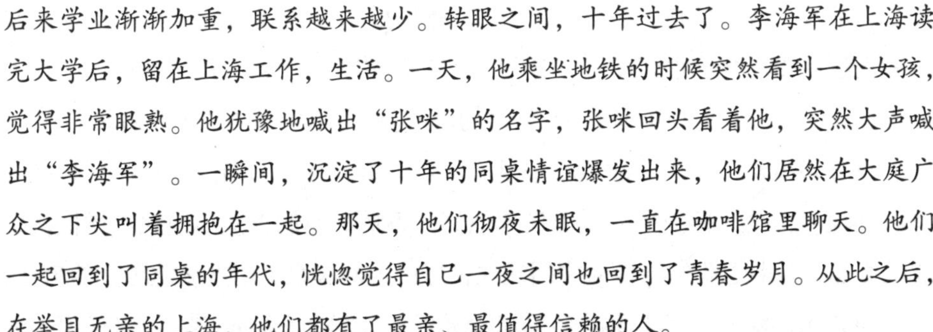

后来学业渐渐加重，联系越来越少。转眼之间，十年过去了。李海军在上海读完大学后，留在上海工作，生活。一天，他乘坐地铁的时候突然看到一个女孩，觉得非常眼熟。他犹豫地喊出“张咪”的名字，张咪回头看着他，突然大声喊出“李海军”。一瞬间，沉淀了十年的同桌情谊爆发出来，他们居然在大庭广众之下尖叫着拥抱在一起。那天，他们彻夜未眠，一直在咖啡馆里聊天。他们一起回到了同桌的年代，恍惚觉得自己一夜之间也回到了青春岁月。从此之后，在举目无亲的上海，他们都有了最亲、最值得信赖的人。

不管时间过去多久，同桌之间的情谊永远不会淡漠。时光也许把我们同桌情谊尘封在心灵深处，一旦时机成熟，这种感情就会被唤醒，新鲜如初。李海军和张咪初中三年都是同桌，他们的感情必然非常深厚。在举目无亲的上海重逢，他们的心里该是多么欣喜若狂啊！

女孩们，请珍惜你们的同桌之情吧。人和人之间，缘分有深有浅。同桌，能够在最美好的年纪共处一桌，一起学习，一起挑战难题，一起品味欣喜，这是多么深厚的缘分啊！同桌的你，别来无恙啊？女孩们，赶快拿起电话，和曾经的同桌们联系联系吧！当你们一起回想起曾经的岁月，也会觉得自己变得充满朝气！

感恩，让你心怀大爱

没有阳光雨露的滋养，就没有万事万物的生长；没有天空的辽阔高远，就没有苍鹰的展翅翱翔；没有无边无际的海洋，就没有你的扬帆远航；没有大地的宽容博大，就没有高山的耸入云霄……没有父母，就没有我们的生命；没有

师长，就没有我们的成长；没有朋友，我们的人生就寂寞无助；没有对手，我们就无法获得一次次的进步……感恩，使我们满怀感激地对待生活中的一切人和事，使我们的人生更加宽容和善，使我们能够得到更多的快乐和满足。

只有知足常乐的人，才能心怀感恩。他们不但宽容，而且善良，总是能够理解别人的苦楚，即使别人做出伤害他们的事情，他们也能不抱怨不憎恨。感恩的心态，有助于我们与他人之间建立良好的人际关系，建立彼此之间的信任，也因为如此，我们对待人生才会更加积极乐观，才会充满希望。没有任何人的人生是一帆风顺的，每个人在人生的道路上都会遇到坎坷和挫折。如果没有感恩之心，你就会充满怨恨，使自己身上的戾气越来越嚣张。唯有充满感恩，你才会以平和的心态对待自己遇到的那些坎坷和挫折，是它们使你不断成长、不断成熟。

心怀感恩的人往往胸怀博大，他们能够宽容地对待和接纳一切。正因为如此，心怀感恩的人也心怀大爱。即使对待陌生人，他们也总是给予关怀和爱。他们感激生命中出现的一切人和事物，哪怕对方曾经给予他们伤害，他们也能做到以德报怨，无怨无悔。他们看似付出了很多，其实他们也得到了很多。人生最宝贵的就是心境的平和，他们得到了。所以，心怀感恩不但是不计较、乐于付出，也能够帮助我们得到平和的心态和宁静的人生。

在竞选美国总统之前，罗斯福的家中曾经被窃贼光顾。他的家被盗贼翻得乱七八糟，所有的东西都七零八落地扔在地上。得知此事后，朋友们纷纷来信，对他表示安慰。在给一个朋友的回信中，罗斯福说："亲爱的朋友，感谢你对我的关心。尽管我的家被盗贼翻得乱七八糟，惨不忍睹，但是我还是很欣慰的。首先，盗贼只是偷走了我的财物，而没有伤害我的生命。其次，盗贼只偷走了一部分东西，没有把我的家完全毁掉。最后一点，也是我最庆幸的，偷东西的人是他，而不是我。"

在漫无边际的沙漠里，有两个朋友结伴而行。旅途中，不知道为何，他们发生了争执，一个人还打了另外一个人一巴掌。那个被打的人伤心极了，在沙

漠里写上：“今天，我的朋友打了我一巴掌。”走着走着，被打的人不小心误入了沼泽地。为了救出他，他的朋友不惜冒着生命危险，费尽千辛万苦，才把他救了出来。他感动不已，找到一块石头，在上面写道：“今天，我的朋友冒着生命危险救了我。”朋友很困惑，问：“你上次是写在沙地里的，这次为什么要写在石头上呢？”这个人说：“你打了我，我已经忘了为什么，把它写在沙地上，风一吹就了无痕迹了。你救了我，我永远不能忘记，刻在石头上，让它每时每刻都提醒我。”

在第一个事例中，罗斯福的宽容和乐观感动了我们。他之所以拥有这样的胸怀和心态，就是因为他心怀感恩。他感恩命运，没有把他逼得走投无路，不得不当窃贼。在第二个事例中，那个人也有着感恩的心。对于朋友的不好，他选择忘记。对于朋友的好，他选择铭记一生。这样的人，永远也不会抱怨，只会感恩。

女孩们，在生命的历程中，你一定也经历过一些不愉快的事情。不管这些事情当时让你多么伤心难过，只要你愿意忘记，时间都会修复你的伤痕。活在怨恨之中，本身就是对自己极大的伤害和永远的惩罚。所以，聪明如你，一定要忘记那些不愉快的事情，让快乐伴随自己的人生。即使是对陌生人，我们也应该心怀大爱。就像刘欢唱的，“我和你，心连心，同住地球村”。只要心怀感恩，心怀大爱，地球就是一个小小的村庄，每个人都是心手相连的乡邻。每个人都应该守望相助，彼此扶持。

参考文献

[1] 吴琦玲 . 青春期女孩心理成长枕边书 [M]. 北京：中国纺织出版社，2013.

[2] 沧浪，谢琳玉 . 中国女孩心理成长枕边书 [M]. 北京：中国妇女出版社，2011.

[3] 杨涓子 . 哈佛女孩心理成长枕边书 [M]. 北京：中央编译出版社，2015.

[4] 张廷伟 . 情绪掌控术：幸福的人生不失控 [M]. 北京：中国社会出版社，2013.